Euro Maths

Cycle des approfondissements

CM2

Marie-Lise Peltier
Maître de conférences - IUFM de Rouen

Joël Briand
Maître de conférences - IUFM de Bordeaux

Bernadette Ngono
Maître de conférences - IUFM de Rouen

Danielle Vergnes
Professeur de mathématiques - IUFM de Versailles

Remerciements pour leur précieuse collaboration aux équipes des écoles de Rouen et de Bordeaux.

Illustrations : François Foyard
Conception maquette : Christine Dufaut
Couverture : Philippe Derrien
Mise en page : Thomas Winock
Dessins techniques : Lydie Boué, Thomas Winock
Cartographie : Édigraphie, Rouen
Iconographie : Hatier illustration

HATIER

Présentation

Le livre de l'élève

Chacune des 5 périodes de 6 ou 7 semaines de classe comprend :

• **une page de présentation** dans laquelle les élèves et leur professeur découvrent le travail de la période : renforcement de connaissances et apprentissage de savoirs nouveaux ;

• **trois types d'étapes :**
– des étapes centrées sur la **consolidation de connaissances** déjà travaillées au cours des années précédentes. Ces étapes peuvent être proposées à la classe entière ou dans des activités de soutien pour préparer à des étapes importantes ;
– des étapes centrées sur la **construction** et la **structuration de connaissances**. Chaque étape (sur une ou deux pages) présente une unité de travail et fait l'objet de une, deux ou trois séances de classe. Les élèves y ont à résoudre de nombreux problèmes tout en apprenant à mieux connaître le monde qui nous entoure et notamment l'Union européenne ;
– des étapes d'**entraînement**. Ces étapes peuvent être suivies d'une autocorrection par les élèves (une fiche autocorrective est présente dans livre du professeur). Elles peuvent aussi, pour certains élèves, être travaillées dans des actions de soutien ;

• **trois pages** pour faire le point : « **Ce que je suis capable de faire** ». Elles permettent aux élèves de vérifier s'ils maîtrisent les compétences fondamentales travaillées au cours des différentes étapes. Le professeur décidera de les corriger collectivement ou de les faire corriger individuellement par les élèves à l'aide des fiches du livre du professeur ;

• **une page « Mathématiques et patrimoine » :** les élèves de CM2 sont assez grands pour découvrir que les mathématiques ont une histoire qui est souvent passionnante. Quelques travaux de mathématiciens illustres, accessibles à ce niveau de la scolarité, sont proposés à leur réflexion.

L'aide-mémoire

Ce fascicule regroupe les savoirs mathématiques que les élèves doivent maîtriser en CM2. C'est un outil de référence auquel ils peuvent se reporter à tout moment.

Le livre du professeur

Il présente les choix des progressions dans chaque domaine, leurs fondements théoriques et leur articulation. Il développe les objectifs de chaque étape, le calcul mental, les éventuelles activités préparatoires et la structure des séances. Il décrit les procédures les plus fréquentes, correctes ou erronées, proposées par les élèves et précise la manière de les prendre en compte pour aider les élèves à les faire évoluer vers des procédures plus expertes. Il propose des bilans que le professeur peut utiliser pour une évaluation plus ou moins différée par rapport au moment d'apprentissage. Enfin, il contient des fiches photocopiables de matériel, notamment pour la géométrie.

Les enfants **Alice, Leïla, Théo** et **Qwang** accompagnent les élèves tout au long de l'année. Ils proposent leurs méthodes à la réflexion des élèves ou posent des questions qui engagent les élèves à débattre entre eux. Un **drôle de furet** prend souvent la parole pour donner des informations complémentaires (dans une bulle) ou pour dire ce qu'il faut retenir (sur une pancarte).

© HATIER PARIS, 2009 - ISBN : 978-2-218-93624-1

Une étape : mode d'emploi

Les **OBJECTIFS** précisent les aspects de la notion qui sont étudiés et les compétences développées.

Le **CALCUL MENTAL** est une pratique quotidienne d'entraînement sur des connaissances en cours d'acquisition ou de préparation pour des notions abordées ultérieurement.

Au cours des **ACTIVITÉS PRÉPARATOIRES DE DÉCOUVERTE**, les élèves construisent ou confortent leurs connaissances sur une notion par des activités, des jeux, des manipulations finalisées.

La **COULEUR** permet d'identifier le thème étudié dans l'étape.

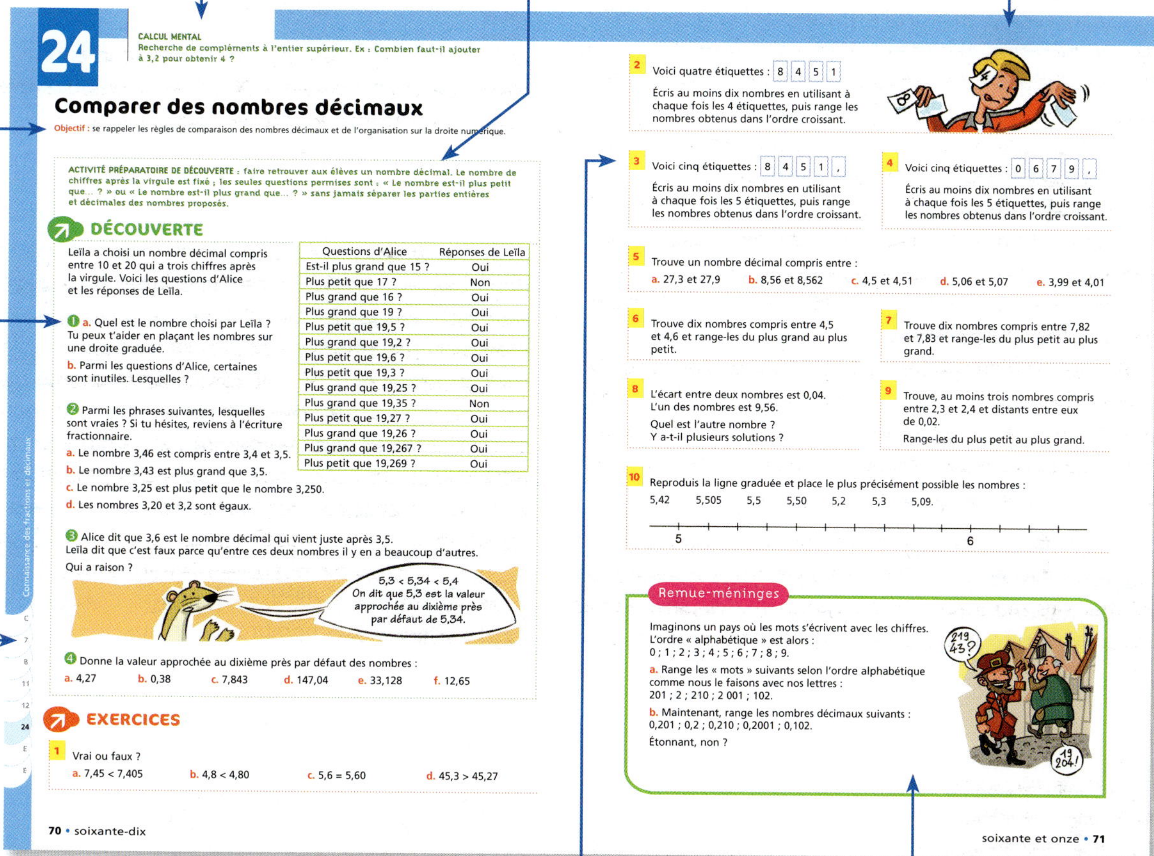

24

CALCUL MENTAL
Recherche de compléments à l'entier supérieur. Ex : Combien faut-il ajouter à 3,2 pour obtenir 4 ?

Comparer des nombres décimaux

Objectif : se rappeler les règles de comparaison des nombres décimaux et de l'organisation sur la droite numérique.

ACTIVITÉ PRÉPARATOIRE DE DÉCOUVERTE : faire retrouver aux élèves un nombre décimal. Le nombre de chiffres après la virgule est fixé ; les seules questions permises sont : « Le nombre est-il plus petit que… ? » ou « Le nombre est-il plus grand que… ? » sans jamais séparer les parties entières et décimales des nombres proposés.

DÉCOUVERTE

Leïla a choisi un nombre décimal compris entre 10 et 20 qui a trois chiffres après la virgule. Voici les questions d'Alice et les réponses de Leïla.

Questions d'Alice	Réponses de Leïla
Est-il plus grand que 15 ?	Oui
Plus petit que 17 ?	Non
Plus grand que 16 ?	Oui
Plus grand que 19 ?	Oui
Plus petit que 19,5 ?	Oui
Plus grand que 19,2 ?	Oui
Plus petit que 19,6 ?	Oui
Plus petit que 19,3 ?	Oui
Plus grand que 19,25 ?	Oui
Plus grand que 19,35 ?	Non
Plus petit que 19,27 ?	Oui
Plus grand que 19,26 ?	Oui
Plus grand que 19,267 ?	Oui
Plus petit que 19,269 ?	Oui

1 a. Quel est le nombre choisi par Leïla ? Tu peux t'aider en plaçant les nombres sur une droite graduée.
b. Parmi les questions d'Alice, certaines sont inutiles. Lesquelles ?

2 Parmi les phrases suivantes, lesquelles sont vraies ? Si tu hésites, reviens à l'écriture fractionnaire.
a. Le nombre 3,46 est compris entre 3,4 et 3,5.
b. Le nombre 3,43 est plus grand que 3,5.
c. Le nombre 3,25 est plus petit que le nombre 3,250.
d. Les nombres 3,20 et 3,2 sont égaux.

3 Alice dit que 3,6 est le nombre décimal qui vient juste après 3,5.
Leïla dit que c'est faux parce qu'entre ces deux nombres il y en a beaucoup d'autres.
Qui a raison ?

5,3 < 5,34 < 5,4
On dit que 5,3 est la valeur approchée au dixième près par défaut de 5,34.

4 Donne la valeur approchée au dixième près par défaut des nombres :
a. 4,27 b. 0,38 c. 7,843 d. 147,04 e. 33,128 f. 12,65

EXERCICES

1 Vrai ou faux ?
a. 7,45 < 7,405 b. 4,8 < 4,80 c. 5,6 = 5,60 d. 45,3 > 45,27

2 Voici quatre étiquettes : 8 4 5 1
Écris au moins dix nombres en utilisant à chaque fois les 4 étiquettes, puis range les nombres obtenus dans l'ordre croissant.

3 Voici cinq étiquettes : 8 4 5 1 ,
Écris au moins dix nombres en utilisant à chaque fois les 5 étiquettes, puis range les nombres obtenus dans l'ordre croissant.

4 Voici cinq étiquettes : 0 6 7 9 ,
Écris au moins dix nombres en utilisant à chaque fois les 5 étiquettes, puis range les nombres obtenus dans l'ordre croissant.

5 Trouve un nombre décimal compris entre :
a. 27,3 et 27,9 b. 8,56 et 8,562 c. 4,5 et 4,51 d. 5,06 et 5,07 e. 3,99 et 4,01

6 Trouve dix nombres compris entre 4,5 et 4,6 et range-les du plus grand au plus petit.

7 Trouve dix nombres compris entre 7,82 et 7,83 et range-les du plus petit au plus grand.

8 L'écart entre deux nombres est 0,04. L'un des nombres est 9,56.
Quel est l'autre nombre ?
Y a-t-il plusieurs solutions ?

9 Trouve, au moins trois nombres compris entre 2,3 et 2,4 et distants entre eux de 0,02.
Range-les du plus petit au plus grand.

10 Reproduis la ligne graduée et place le plus précisément possible les nombres :
5,42 5,505 5,5 5,50 5,2 5,3 5,09.

5 6

Remue-méninges

Imaginons un pays où les mots s'écrivent avec les chiffres.
L'ordre « alphabétique » est alors :
0 ; 1 ; 2 ; 3 ; 4 ; 5 ; 6 ; 7 ; 8 ; 9.
a. Range les « mots » suivants selon l'ordre alphabétique comme nous le faisons avec nos lettres :
201 ; 2 ; 210 ; 2 001 ; 102.
b. Maintenant, range les nombres décimaux suivants :
0,201 ; 0,2 ; 0,210 ; 0,2001 ; 0,102.
Étonnant, non ?

70 • soixante-dix

soixante et onze • 71

L'échelle indique le **DOMAINE DE COMPÉTENCES** dans lequel s'inscrit l'étape et la position de celle-ci dans la progression.

Les **EXERCICES** d'application directe, de réinvestissement ou de transfert de connaissances conduisent les élèves à « tisser » les liens nécessaires entre diverses notions. Les exercices signalés par un cartouche vert peuvent nécessiter une aide particulière de l'enseignant.

Les **REMUE-MÉNINGES** nécessitent une réflexion plus poussée ou la mise en œuvre de stratégies originales et variées.

Selon les étapes, la **DÉCOUVERTE** est le complément des activités préparatoires ou le support de l'activité mathématique.

Sommaire

Les activités mathématiques proposées aux élèves sont réparties en cinq thèmes.

- Connaissance des nombres entiers, décimaux, fractionnaires
- Espace et géométrie
- Problèmes et calculs (entiers et décimaux)
- Grandeurs et mesures
- Organisation et gestion de données

Les compétences travaillées dans chaque étape sont répertoriées page 6.

Les trois types d'étapes :

- 4 Construction et structuration de connaissances nouvelles
- C Consolidation de connaissances déjà travaillées
- E Entraînement

Période 1

Période 2

Période 3

Période 4

Période 5

Domaines et échelles de compétences

Ce tableau représente la répartition des domaines de compétences sur les cinq périodes.

- La **couleur** indique le thème principal dont relèvent les compétences (voir page 4).
- Les **numéros** et les **initiales** C (Consolidation) et E (Entraînement) indiquent les étapes du livre dans lequel ce thème est spécifiquement travaillé ; leurs numéros de pages se trouvent dans le sommaire.

À chaque étape, l'échelle rappelle le domaine des compétences travaillé et le curseur indique la position de l'étape dans la progression.

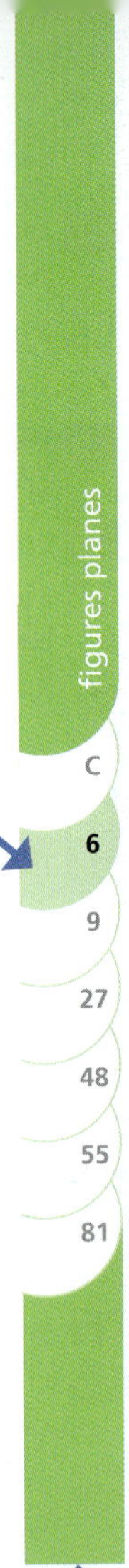

	Période 1	Période 2	Période 3	Période 4	Période 5
Connaissance des nombres entiers	1 2 C	14 C 28	36 44		
Connaissance des fractions et décimaux	C 7 8 11 12	24	E	E	
Calcul automatisé, calcul réfléchi	E E	E 23 E E	E	E 62	65 E
Addition et soustraction : sens et calcul dans ℕ et 𝔻	C C C	21 22			
Multiplication et division : sens et calcul dans ℕ et 𝔻	C C	C C 15 16	31 32	46 E	72 73 77 78
Introduction à la proportionnalité			34 35	50 54 60 61	C 66 74 75
Problèmes relevant des quatre opérations	4	E 20 29	E	56	76
Organisation et gestion de données	13	19 30	45	53 63	69
Relations et propriétés géométriques	3 5	18 25 26	C 33 37 38	49 51 52 57	64
Figures planes	C 6 9	27		48 55	81
Solides					67 68 70
Grandeurs et mesures	10	17	39 40 41 42 43	47 58 59	71 79 80

Période 1

Calculs

Tu vas faire des calculs dans de nombreux problèmes.
Parfois tu les feras mentalement, parfois tu utiliseras ta calculatrice, parfois tu appliqueras des techniques.

Tu vas revoir en particulier la technique de la soustraction et celle de la multiplication avec des nombres entiers.

Nombres entiers

Tu vas les écrire en chiffres et en lettres et revoir comment on passe d'une écriture à l'autre. Tu vas les comparer, les décomposer…

Fractions, décimaux et mesures

Tu sais déjà qu'il n'y a pas que les nombres entiers : entre deux nombres entiers consécutifs, il y a plein d'autres nombres, par exemple les fractions.

Certaines fractions sont plus faciles à comparer : les fractions décimales. On peut les écrire sous forme de nombres décimaux.

Tu vas utiliser tous ces nombres pour repérer des points sur la droite graduée ou mesurer des longueurs et des périmètres.

Figures planes

Pour reproduire et décrire des figures, tu vas trouver les éléments qui les composent, la manière dont ces éléments sont agencés et les mots pour en parler.

Tu vas revoir que le cercle est l'ensemble des points à égale distance d'un point fixé, son centre.

Tu vas découvrir que lorsque tu sauras construire un triangle, tu sauras construire n'importe quel polygone.

1

CALCUL MENTAL
Jeu du furet : compter de 10 en 10, puis de 100 en 100, puis de 5 en 5 en croissant, puis en décroissant à partir d'un nombre de deux ou trois chiffres.

Numération : écriture chiffrée des nombres entiers

Objectif : renforcer les connaissances sur la construction de la suite des nombres.

DÉCOUVERTE

Les élèves du cycle 3 de l'école des Vents ont réservé les 77 places de la voiture 10 du TGV Atlantique. Chaque élève doit coller le numéro de son siège sur son bagage.
Pour cela, la maîtresse a préparé des étiquettes avec les chiffres 0, 1, 2, 3, 4, 5, 6, 7, 8 et 9.

On sait que :
- tous les numéros des sièges sont des nombres d'au moins deux chiffres ;
- aucun numéro de siège ne se termine par 0 ;
- un seul numéro de siège, le 19, se termine par 9 ;
- aucun siège ne porte les numéros 35, 36, 37 et 38.

❶ Trouve tous les numéros de siège de la voiture 10 du TGV Atlantique.

❷ La maîtresse a commencé à préparer 15 étiquettes de chaque chiffre de 0 à 9.
Y en a-t-il assez pour écrire tous les numéros des sièges comportant le chiffre 0 ? et le chiffre 7 ?

EXERCICES

1 Voici un nombre : 5 609.

a. Quel est son chiffre des centaines ?
b. Quel est son nombre de centaines ?
c. Quel est son nombre de dizaines ?
d. Que devient-il si on lui ajoute 5 centaines ?

2 Voici un nombre : 48 032.

a. Quel est son chiffre des centaines ?
b. Quel est son nombre de centaines ?
c. Quel est son nombre d'unités de mille ?
d. Que devient-il si on lui retranche 3 unités de mille ?

3
a. « Je suis un nombre, je contiens 48 dizaines et 8 unités. Qui suis-je ? »
b. « Je suis un nombre, je contiens 5 unités, 4 unités de mille et 7 dizaines. Qui suis-je ? »
c. « Je suis un nombre, je contiens 18 unités et 5 centaines. Qui suis-je ? »
d. « Je suis un nombre, je contiens 10 centaines, 47 dizaines et 8 unités. Qui suis-je ? »

4 Le professeur dicte un nombre de quatre chiffres, mais Martin écrit le chiffre **5** au lieu du chiffre **3**.

Quelle est la différence entre le nombre écrit par Martin et le nombre dicté, si ces chiffres occupent : a. le rang des dizaines ? b. le rang des centaines ?

5 Dans le tableau ci-contre, on a écrit les nombres de 800 à 899.

Combien de fois a-t-on écrit :
a. le chiffre 1 ?
b. le chiffre 7 ?
c. le chiffre 8 ?

800	801	802	803	804	805	806	807	808	809
810	811	812	813	814	815	816	817	818	819
820	821	822	823	824	825	826	827	828	829
830	831	832	833	834	835	836	837	838	839
840	841	842	843	844	845	846	847	848	849
850	851	852	853	854	855	856	857	858	859
860	861	862	863	864	865	866	867	868	869
870	871	872	873	874	875	876	877	878	879
880	881	882	883	884	885	886	887	888	889
890	891	892	893	894	895	896	897	898	899

6 Qwang pense qu'il y a quatre-vingt-dix nombres à deux chiffres. A-t-il raison ?

7 Leïla écrit la suite des nombres à partir de 1. Elle écrit le chiffre 6 pour la 22e fois.

Quel nombre est-elle en train d'écrire ?

8 Théo a écrit les nombres impairs de 381 à 481.

Combien de fois a-t-il écrit le chiffre 5 ?

9 Pour numéroter les pages d'un livre de 1 à 250, un imprimeur a utilisé 155 fois le chiffre 1.

Combien de fois utilisera-t-il le chiffre 1 pour numéroter un livre de la page 1 à la page 500 ?

Théo a-t-il raison ?

10 La directrice a établi la liste des noms de famille de tous les élèves de CM2 par ordre alphabétique, puis elle a donné un numéro à chaque élève en partant de la lettre A. Leïla remarque que si l'on donnait un numéro à chaque élève en partant de Z, elle porterait encore le numéro 31.

Quel est le nombre d'élèves de CM2 dans l'école ?

Remue-méninges

Au milieu de la revue que feuillette Alice, on trouve des pages « Conseils » que l'on peut détacher.
Toutes les pages sont numérotées, sauf les pages de couverture.

Trouve le nombre de pages de cette revue.

2

CALCUL MENTAL
Jeu de mémoire : le professeur écrit au tableau cinq nombres inférieurs à 100, puis les cache. Après dix secondes, les élèves les écrivent en chiffres.

Numération orale

Objectifs : renforcer les connaissances sur la numération orale et étudier les liens entre l'écriture des nombres en chiffres et la manière de les dire.

ACTIVITÉ PRÉPARATOIRE DE DÉCOUVERTE : jeu du Méli-mélo des mots-nombres.

DÉCOUVERTE

RÈGLE DU JEU

Méli-mélo des mots-nombres

- Jeu avec 10 cartes numérotées de 0 à 9.

Un joueur tire successivement 4 cartes et les juxtapose de la gauche vers la droite dans l'ordre où il les tire.
Il écrit en lettres le nombre obtenu.
Les autres joueurs cherchent deux autres nombres de quatre chiffres au plus qui peuvent s'écrire en utilisant exactement les mêmes mots-nombres.

1 Qwang tire les cartes 3 1 4 2

- Écris en lettres le nombre qu'il obtient.
- Joue avec lui : trouve deux nombres de quatre chiffres avec les mêmes mots-nombres. Écris-les en lettres, puis en chiffres.

2 Leïla tire les cartes 2 4 5 7

Elle écrit en lettres le nombre obtenu. Alice joue et trouve alors les nombres : sept mille quatre cent cinquante-deux et quatre mille deux cent soixante-quinze.

Que penses-tu des réponses d'Alice ?

3 Alice vient de tirer des cartes. Elle annonce son nombre.
Théo trouve alors le nombre : six mille trois cent quatre-vingt-dix-huit.

Quelles cartes Alice a-t-elle tirées ? Peut-on savoir dans quel ordre ces cartes ont été tirées ?

4 Après un tirage de cartes, Qwang a écrit le nombre : huit mille soixante-seize.

Peux-tu trouver un autre nombre de quatre chiffres en respectant la règle du jeu ?

EXERCICES

1 Écris en lettres le nombre 3 409.
Combien de nombres de quatre chiffres peux-tu former en utilisant exactement les mêmes mots-nombres ?

2 Écris en lettres le nombre 5 617.
Combien de nombres de quatre chiffres peux-tu former en utilisant exactement les mêmes mots-nombres ?

3 Théo joue au jeu du Méli-mélo des mots-nombres avec cinq cartes : 6, 5, 3, 2, 9.
Écris en lettres le nombre qu'il obtient.
En jouant avec Théo, peut-on obtenir les nombres suivants ?

a. vingt-trois mille neuf cent soixante-cinq
b. vingt-cinq mille neuf cent soixante-quinze
c. soixante-trois mille cinq cent vingt-neuf
d. soixante-neuf mille cinq cent soixante-trois

4 Une seule écriture en lettres du nombre 77 753 est correcte. Laquelle ? Recopie-la.

soixante-sept mille sept cent cinquante-trois
sept mille soixante-dix-sept cinquante-trois
sept cent soixante-dix-sept mille cinquante-trois
soixante-dix-sept mille sept cent cinquante-trois

5 Une seule écriture en chiffres du nombre « douze mille quatorze » est correcte.

Laquelle ? Recopie-la.

12 114   1 200 014   1 214

12 100 014   12 014   121 014

6 Compte de mille en mille à partir de « neuf mille cent trois » jusqu'à « dix-sept mille cent trois ».

Écris en lettres et en chiffres les nombres que tu obtiens.

7 Écris en chiffres les nombres suivants :

a. neuf mille trois cents
b. seize mille deux cent quatre-vingts
c. cinquante-sept mille trente-deux
d. soixante-dix mille six cent quatre-vingt-dix

8 Peux-tu écrire un nombre de quatre chiffres dans lequel on n'entend pas le mot « cent » quand on le lit ? Si oui, donne deux exemples.

9 La petite sœur de Léa lui montre qu'elle compte sans faute jusqu'à 39.
Elle commence « un, deux… » et s'arrête à « trente-neuf ».

a. Combien de fois Léa a-t-elle entendu le mot « deux » ?

b. Léa, elle, écrit les nombres jusqu'à 39. Combien de fois écrit-elle le chiffre 2 ?

10 « Attends deux minutes, dit une maman à sa fille.
– C'est beaucoup, deux minutes ?
– Compte jusqu'à 120 et cela fera deux minutes. »

Combien de fois la fille aura-t-elle dit « deux » pour atteindre 120 ?

Remue-méninges

Complète la phrase ci-contre à l'aide des mots-nombres qui conviennent pour qu'elle soit vraie.

Attention : un tiret n'est pas une lettre.

Cette phrase a … lettres.

CALCUL MENTAL
Jeu de mémoire : le professeur dit cinq nombres inférieurs à 100. Après dix secondes, les élèves les écrivent en chiffres.

Analyser une figure pour la reproduire

Objectif : se rappeler que pour construire une figure, il faut l'analyser afin d'identifier les principaux éléments qui la composent, faire des hypothèses sur leurs positions, puis les contrôler avec des instruments.

DÉCOUVERTE

Un trait qui a servi à construire la figure est en pointillés, d'autres ont été effacés.

- Cherche-les et reproduis la figure sur du papier quadrillé, puis sur du papier uni. Pour cela, construis un carré de 12 cm de côté.
- Efface les traits de construction.

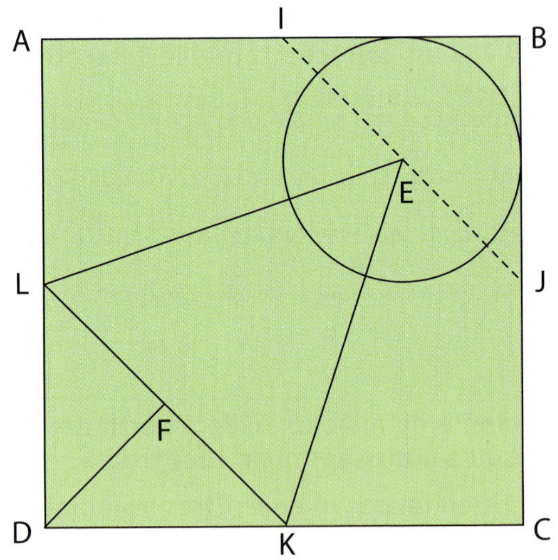

EXERCICE

- Observe les figures et cherche les traits qui ont servi à les construire, mais qui ont été effacés.
- Reproduis les figures sur du papier quadrillé, puis sur du papier uni.

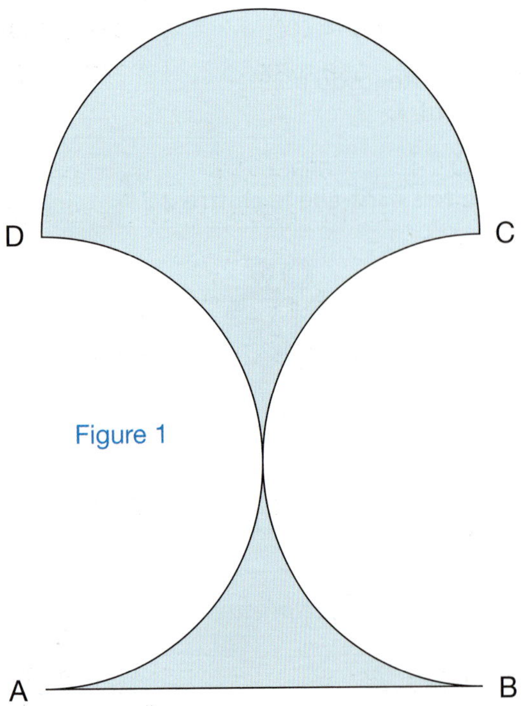

Figure 1

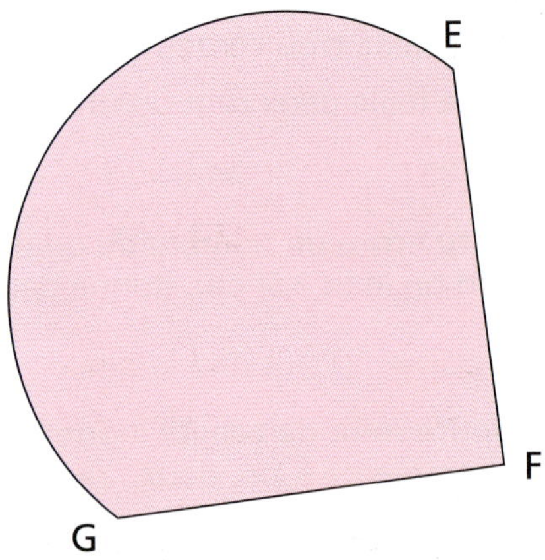

Figure 2

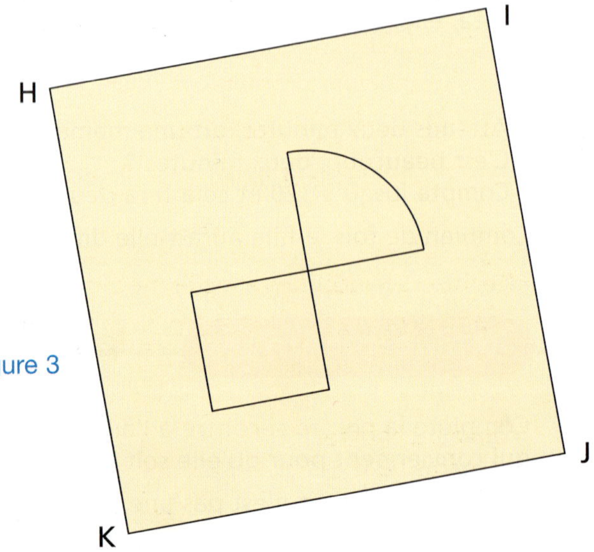

Figure 3

relations et propriétés géométriques
3
5
18
25
26
C
33
37
38
49
51
52
57
64

CALCUL MENTAL. Jeu du furet : à partir d'un nombre inférieur à 100, le professeur alterne les règles ajouter n, ou retrancher p (n et p entiers entre 1 et 9).

Calcul automatisé, calcul réfléchi : addition et soustraction

Objectifs : s'entraîner à automatiser certains calculs et à choisir une méthode de calcul en fonction des nombres en jeu. Revoir la technique de l'addition.

1

Ajouter ou soustraire un nombre plus petit que 10

7 + 9	8 + 9	39 + 7	29 + 8	819 + 8
138 – 6	1 256 – 5	173 – 9	345 – 7	253 – 8

Ajouter ou soustraire un multiple de 10

108 + 30	40 + 270	163 + 50	60 + 830	1 220 + 70
147 – 30	564 – 40	316 – 50	749 – 60	1 430 – 70

Ajouter ou soustraire un multiple de 100

72 + 300	147 + 400	604 + 200	732 + 500	1 038 + 700
484 – 200	1 156 – 300	1 302 – 600	1 568 – 700	1 748 – 400

Trouver un complément

260 + … = 300	… + 310 = 400	530 + … = 600	… + 690 = 700	… + 30 = 200
275 + … = 300	… + 165 = 200	425 + … = 500	25 + … = 400	… + 50 = 300

Être astucieux !

11 + 342	1 349 + 11	132 + 29	49 + 527	1 243 + 19
523 – 11	1 420 – 11	1 245 – 29	452 – 49	140 – 19

2 Effectue ces additions avec la méthode de ton choix.

a. 643 + 214 + 21 **b.** 5 235 + 247 + 319 **c.** 21 342 + 184 + 6 593 **d.** 42 643 + 56 728

3 Trouve les chiffres qui manquent.

```
    • 3          • 4 • 8          6 5 • •
  + 5 •      +     7 2 9 •      + 2 • 6 8
  -----      -----------      ---------
    8 2        1 2 • 2 3        • 2 1 2
```

CALCUL MENTAL. Jeu du furet : à partir d'un nombre inférieur à 100, le maître alterne les règles ajouter 10*n* ou retrancher 10*p* (*n* et *p* entiers entre 1 et 9).

Addition et soustraction : problèmes

Objectif : résoudre des problèmes additifs et soustractifs dans un contexte de distance en utilisant ses propres procédures de calcul.

EXERCICE DIRIGÉ

1 Pendant les vacances, Théo et ses parents sont allés de Paris à Varsovie (Pologne) en passant par Prague (République Tchèque).
Sur son carnet, Théo a dessiné un schéma du voyage.

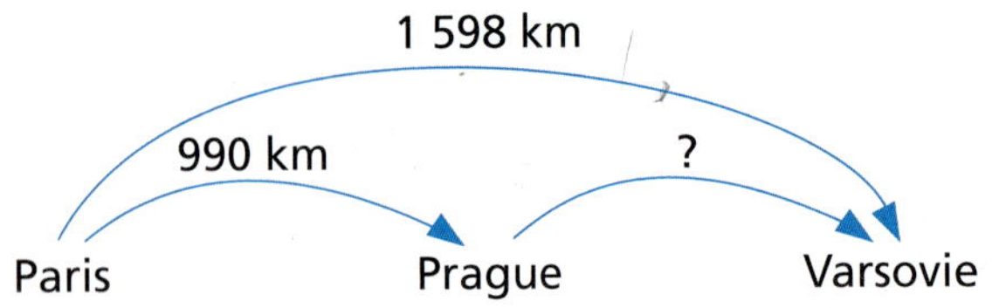

Combien de kilomètres y a-t-il entre Prague et Varsovie ?

2 Alex, un ami de Théo, les a rejoints à Varsovie, en passant par Berlin (Allemagne).

Combien de kilomètres y a-t-il entre Paris et Berlin ?

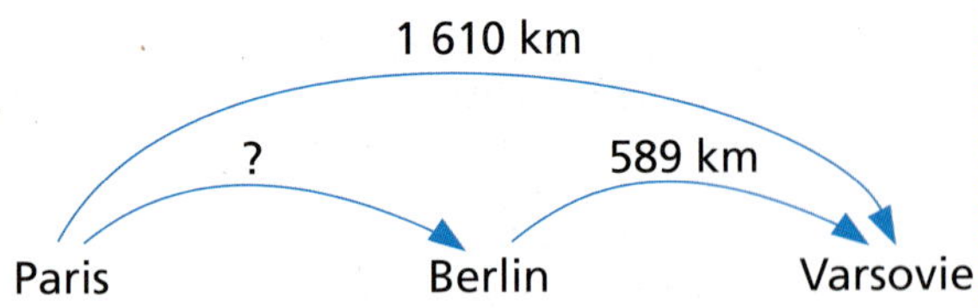

3 Quel est le parcours le plus long : Paris-Prague-Varsovie ou Paris-Berlin-Varsovie ?

De combien est-il plus long ?

4 Ce schéma décrit l'itinéraire de Bordeaux à Tallinn (Estonie) en passant par Luxembourg (Luxembourg), Varsovie (Pologne), Vilnius (Lituanie) et Riga (Lettonie).

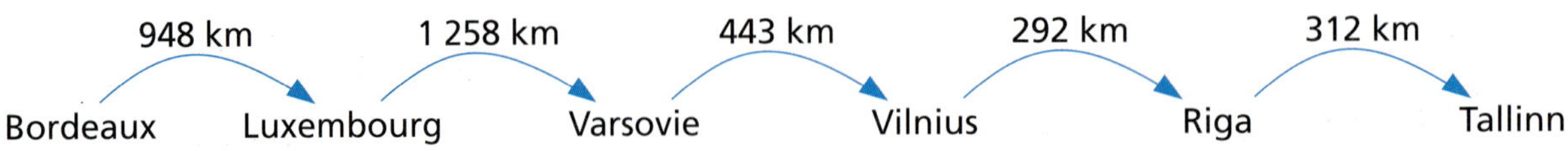

Calcule la distance entre Bordeaux et Tallinn.

EXERCICES

1 L'écart entre deux nombres est 57.
L'un des nombres est 68.

Quel est l'autre nombre ?
Y a-t-il plusieurs solutions ?

2 L'écart entre deux nombres est 260.
L'un des nombres est 530.

Quel est l'autre nombre ?
Y a-t-il plusieurs solutions ?

CALCUL MENTAL. Jeu de mémoire : le professeur écrit cinq nombres inférieurs à 100, puis les cache. Après dix secondes, les élèves écrivent les nombres obtenus en ajoutant 10 (ou en enlevant 10) aux nombres cachés.

Addition et soustraction : calcul

Objectifs : revoir l'équivalence entre l'addition à trou et la soustraction.
Mettre en œuvre différentes procédures de calcul réfléchi et les comparer.

EXERCICE DIRIGÉ

1 Calcule avec la méthode de ton choix : 738 + … = 2 563.

2 Voici comment Alice, Théo et Leïla calculent 738 + … = 2 563.
Observe la proposition de chaque enfant. Complète son calcul et compare avec ta méthode.

- **Alice**

738 → 740 → …
+ 2, + 60, …

2 + 60 + …

- **Théo**

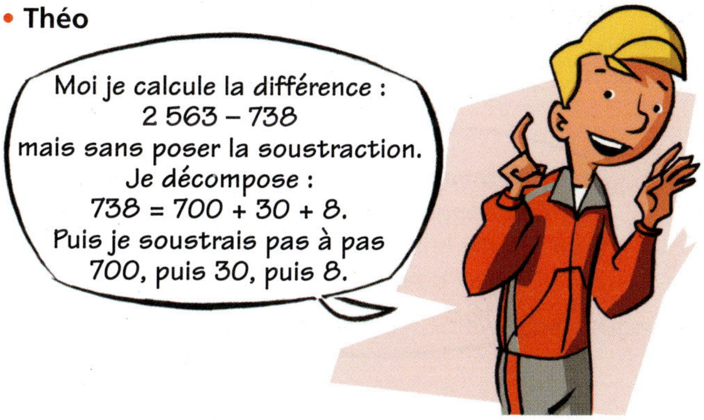

2 563 – 700 = 1 863
1 863 – 30 = 1 833
1 833 – … = …

- **Leïla** utilise la soustraction à la russe.

2 563 – 738
(+ 2) (+ 2)
2 565 – 740
(+ 60) (+ 60)
2 625 – 800
(+ 200) (+ 200)
2 825 – 1 000

EXERCICE

Utilise la technique de ton choix pour calculer :

a. 216 + … = 2 843 **b.** 3 217 – 1 036 **c.** 1 702 + … = 5 041 **d.** 6 000 – 183

CALCUL MENTAL. Jeu de mémoire : le professeur écrit cinq nombres inférieurs à 100 puis les cache. Après dix secondes, les élèves écrivent les nombres obtenus en ajoutant 5 (ou en enlevant 5) aux nombres cachés.

Soustraction : technique usuelle

Objectifs : revoir la technique de la soustraction. Comprendre la propriété utilisée dans cette technique. Vérifier un calcul soustractif par le calcul additif qui lui correspond.

EXERCICE DIRIGÉ

1 Calcule 7 168 – 3 643 avec la méthode de ton choix.

2 La technique usuelle est décrite ci-dessous étape par étape. Termine les calculs.

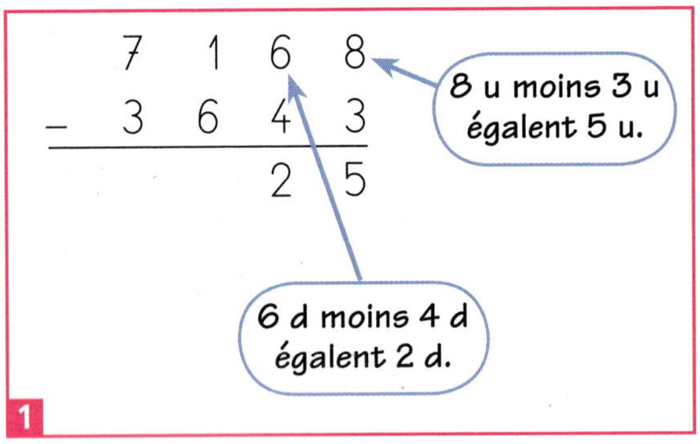

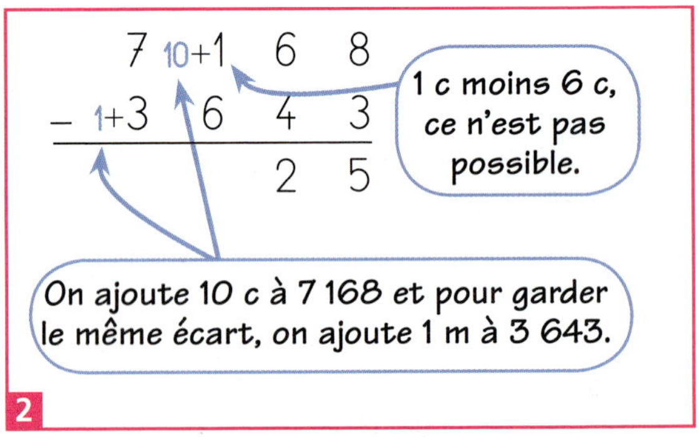

Dans quelle technique de la page 15 a-t-on déjà utilisé cette propriété ?

3 Qwang dit que pour vérifier ce calcul, on peut faire une addition.

A-t-il raison ?
Si oui, effectue cette addition.

4 Calcule avec la technique usuelle :
3 532 – 479.

Vérifie ton calcul en faisant une addition.

EXERCICES

1 Calcule avec la technique usuelle.
Vérifie chaque fois ton calcul en faisant l'addition qui convient.

2 5 4 9	3 5 0 6	2 3 1 1 1	2 7 3 5 8
– 1 8 0 6	– 2 3 8 2	– 1 2 7 4	– 1 6 5 2 6

2 Calcule ces soustractions avec la méthode de ton choix.
Vérifie chaque fois ton calcul en faisant l'addition qui convient.

a. 846 – 137 **b.** 1 684 – 1 421 **c.** 15 314 – 2 021 **d.** 16 038 – 1 544

3 Calcule en utilisant la technique usuelle de la soustraction.

a. 3 742 – 837 **b.** 2 053 – 426 **c.** 4 837 – 2 919 **d.** 54 243 – 2 057

4 N'effectue pas la soustraction. Recopie la réponse qui te semble être le résultat exact.
Explique ton choix.

a. 738 – 290 = 648 / 548 / 448

b. 18 427 – 9 200 = 9 227 / 11 227 / 10 227

5 On sait que 787 – 298 = 489. Sans poser d'opérations calcule :

a. 19 787 – 14 298 **b.** 23 787 – 8 298 **c.** 7 870 – 2 980

6 Le paracétamol est un médicament contre la fièvre et la douleur. Il a été utilisé en France à partir de 1957.

Depuis combien de temps le paracétamol est-il utilisé en France ?

7 La pénicilline est un antibiotique qui existe depuis 1928.

Depuis combien d'années la pénicilline existe-t-elle ?

8 Marie effectue un trajet en voiture.
Au départ, le compteur marque 034673 c'est-à-dire 34 673 km.
À l'arrivée, il marque 034830 c'est-à-dire 34 830 km.

Combien de kilomètres Marie a-t-elle parcourus en voiture ?

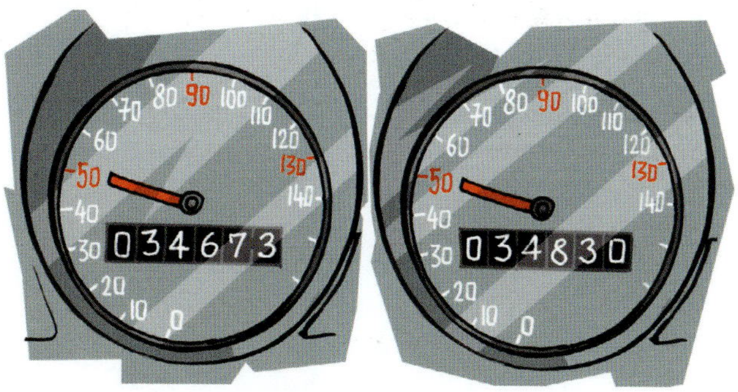

9 Alice et ses parents sont partis en voyage. Ils ont parcouru 1 458 km.
À l'arrivée, le compteur de la voiture marquait 008749.

Que marquait le compteur de la voiture au départ ?

10 Complète les soustractions.

7 • 4 2	• 5 • 8	• • • •	4 6 1 7
– 2 • •	– • 4 •	– 1 7 5 6	– • • • •
• 5 7 1	3 6 8 6	2 2 7 3	1 6 8 9

CALCUL MENTAL. Jeu de mémoire : le professeur écrit cinq nombres inférieurs à 100 puis les cache. Après dix secondes, les élèves écrivent les nombres qui précèdent (ou qui suivent) les nombres cachés.

Décrire des figures pour les identifier ou les construire

Objectif : analyser des figures : identifier les figures simples qui les composent et leurs positions relatives, apprendre à tenir compte de leurs positions relatives sans s'occuper de leurs dimensions.

EXERCICE DIRIGÉ

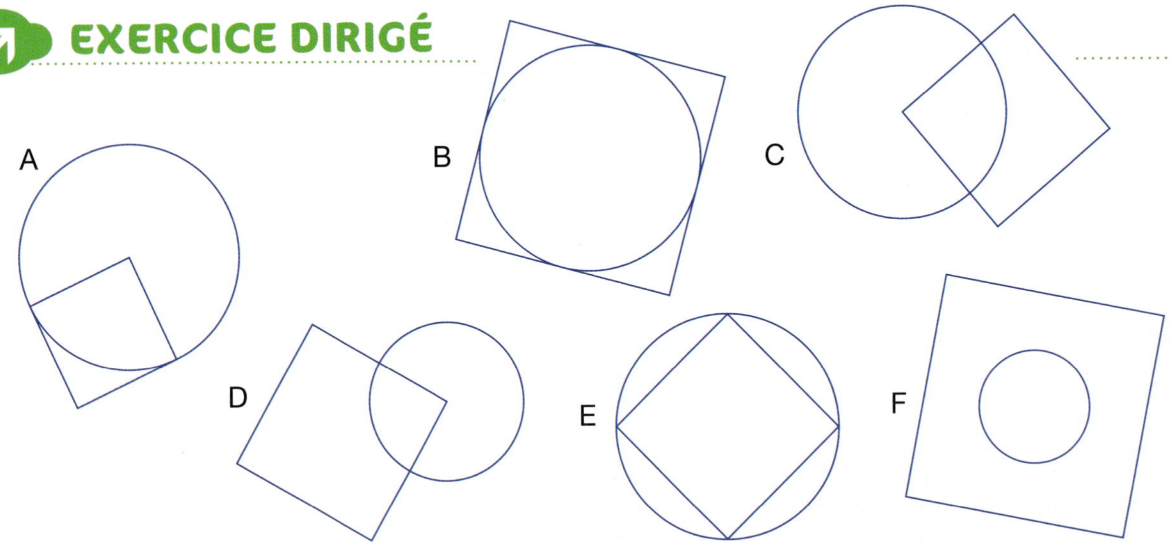

Leïla, Qwang, Théo et Alice ont choisi chacun une figure parmi les six figures ci-dessus.

1 La description de chaque enfant te permet-elle de retrouver de façon certaine la figure qu'il a choisie ? Si oui, reproduis-la sur du papier uni en l'agrandissant à ta convenance. Sinon, explique pourquoi ce n'est pas possible.

2 Parmi les figures que tu n'as pas déjà reproduites, choisis-en une et écris un message pour qu'un autre élève puisse la reconnaître.
Échangez vos messages deux à deux et trouvez chacun la figure décrite par l'autre, puis vérifiez si vous êtes d'accord.

EXERCICES

1 Quel message permet de construire cette figure ?

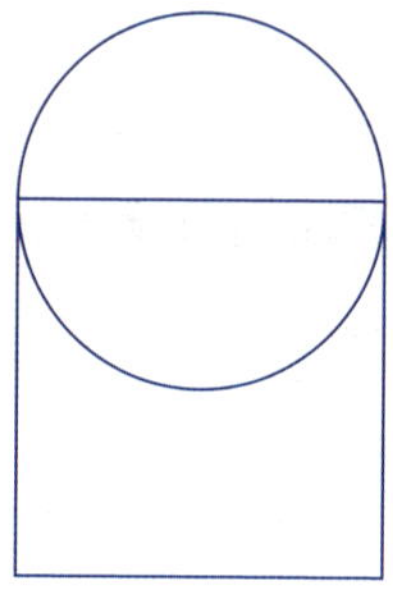

a. Trace un carré puis un cercle qui a pour diamètre un côté du carré.

b. Trace un carré et un cercle qui passe par deux sommets du carré.

2 Associe chaque description à la figure qui convient.

a. La figure est composée d'un rectangle et d'un cercle qui ont le même centre.
La longueur du rectangle est le double de sa largeur.
Le cercle passe par les milieux des longueurs.

b. La figure est composée d'un rectangle et d'un cercle.
La longueur du rectangle est le double de sa largeur.
Le centre du cercle est un sommet du rectangle, son rayon est la largeur du rectangle.

c. La figure est composée d'un rectangle et d'un cercle qui ont le même centre.
La longueur du rectangle est le double de sa largeur.
Le cercle passe par les sommets du rectangle.

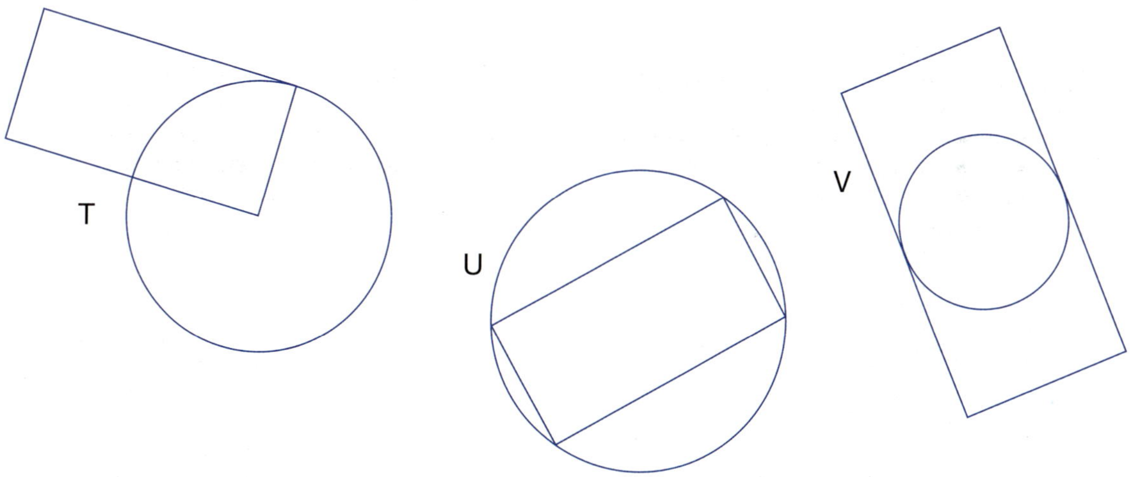

3 **a.** Construis la figure qui correspond au message.

Place deux points A et B distants de 5 cm, puis trace un cercle de centre A et de rayon 7 cm et un cercle de centre B et de rayon 6 cm. Appelle E et F les points où les cercles se coupent.

b. Sans mesurer, peux-tu dire quelle est la distance du point E au point A et quelle est la distance du point E au point B ?

4 Rédige un message permettant de construire cette figure.

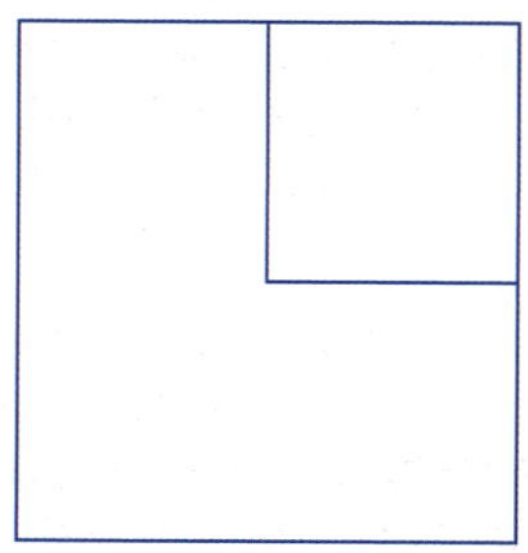

CALCUL MENTAL. Jeu de mémoire : le professeur écrit cinq nombres inférieurs à 100, puis les cache. Après dix secondes, les élèves écrivent les nombres cachés dans l'ordre croissant (ou décroissant).

Numération : comparer des nombres

Objectif : réinvestir les connaissances sur les règles de comparaison de nombres.

EXERCICE DIRIGÉ

1

RÈGLE DU JEU
« Qui a le plus grand nombre ? »
• 2 joueurs • Un jeu de cartes : sur chaque carte est inscrit un nombre de 2, 3, 4 ou 5 chiffres

Chaque joueur prend une carte au hasard. Le but du jeu est de savoir qui des deux joueurs a le plus grand nombre. Pour cela, chaque joueur, à tour de rôle, pose des questions à son adversaire.
Celui qui gagne est le premier joueur qui peut dire qui a le plus grand nombre.

Théo a-t-il raison ? Explique ta réponse.

2 Qwang et Leïla jouent à leur tour.

QWANG : « Ton nombre a-t-il quatre chiffres ? »
LEÏLA : « Oui. Et le tien a-t-il quatre chiffres ? »
QWANG : « Oui. Ton nombre de centaines est-il supérieur à 50 ? »
LEÏLA : « Oui. Et toi, le chiffre des mille est-il inférieur à 5 ? »
QWANG : « Oui. J'ai gagné car je connais la réponse : c'est toi qui as le plus grand nombre. »
Qwang a-t-il raison ? Explique ta réponse.

EXERCICES

1 Écris le plus grand nombre puis le plus petit nombre :
a. de quatre chiffres ;
b. de cinq chiffres ;
c. de trois chiffres.

2 Encadre les nombres suivants entre deux dizaines consécutives.
Exemple : 740 < 748 < 750
a. … < 337 < … … < 6 078 < …
b. … < 2 754 < … … < 54 787 < …

CALCUL MENTAL. Jeu du furet : compter de 4 en 4 en avançant à partir de 0, en reculant à partir d'un multiple de 4. Demander de temps en temps de quel multiple de 4 il s'agit (ex. : 24, c'est 4 fois 6).

Calcul automatisé, calcul réfléchi : multiplication et division

Objectifs : s'entraîner à mémoriser le répertoire multiplicatif. Revoir les règles de la multiplication par 10, par 100 et par leurs multiples.

1 Quand tu auras fini les calculs, tu pourras vérifier avec ta calculatrice.

Trouver le produit de deux ou trois nombres

9 × 10	9 × 11	9 × 12	2 × 5 × 7	3 × 6 × 2	8 × 5 × 2
8 × 10	8 × 11	8 × 12	2 × 3 × 4	5 × 3 × 4	3 × 9 × 2

Trouver un des facteurs d'un produit

7 × … = 42	… × 7 = 63	… × 6 = 54	6 × … = 48
11 × … = 55	… × 9 = 99	… × 4 = 0	11 × … = 0

Trouver le produit d'un nombre par 10, par 100 ou par un de leurs multiples

7 × 100	10 × 17	41 × 1 000	10 × 20	100 × 10
29 × 10	36 × 100	50 × 10	100 × 42	100 × 30
8 × 70	70 × 8	6 × 500	700 × 20	30 × 80

Trouver un des facteurs d'un produit

… × 12 = 120	15 × … = 1 500	… × 10 = 1 000	10 × … = 100
18 × … = 180	… × 100 = 900	… × 39 = 3 900	10 × … = 2 300

2 **a.** « Si l'on me multiplie par 7, on obtient 56. Qui suis-je ? »

b. « Si l'on me multiplie par 12, on obtient 0. Qui suis-je ? »

3 **a.** Combien de fois 4 dans 36 ?
b. Combien de fois 8 dans 80 ?
c. Combien de fois 10 dans 240 ?
d. Combien de fois 5 dans 500 ?

4 Théo, Leïla, Alice et Qwang sont allés chercher des châtaignes.
Théo en a ramassé 54. C'est 6 fois plus que Leïla.
Alice a ramassé 2 fois moins de châtaignes que Théo.
Qwang a ramassé 6 châtaignes de moins que Théo.
Combien de châtaignes chacun des enfants a-t-il ramassées ?

5 Recopie et complète.

×	6	9	7	8
8				
7				
9				
6				

×	4			8
9		45		
				24
		30	42	
5				

×				
		40		30
	28		49	
				54
		24		

CALCUL MENTAL
Jeu du furet : compter de 6 en 6 en avançant à partir de 0, en reculant à partir d'un multiple de 6. Demander de temps en temps de quel multiple de 6 il s'agit (ex. : 66, c'est 6 fois 11).

Problèmes pour apprendre à chercher (1)

Objectif : faire des essais en les contrôlant pour résoudre des problèmes non familiers.

DÉCOUVERTE

1 En jouant avec sa console de jeu, Théo attrape 7 pommes s'il atteint la caisse jaune et 9 pommes s'il atteint la caisse verte. Théo a atteint 12 fois la caisse jaune et 8 fois la verte.
Combien de pommes a-t-il obtenues ?

2 En jouant au même jeu, Leïla a attrapé 76 pommes.
Comment a-t-elle pu réaliser ce score ?

3 Qwang a attrapé 112 pommes. Il a atteint autant de fois la caisse jaune que la caisse verte.
Combien de fois a-t-il atteint chacune de ces caisses ?

EXERCICE

Théo, Qwang, Alice et Leïla ont chez eux des chaises et des tabourets.
Chaque chaise a 4 pieds et chaque tabouret a 3 pieds.

a. Chez Théo, il y a 14 chaises et 7 tabourets. Combien y a-t-il de pieds en tout ?

b. Chez Qwang, il y a plus de chaises que de tabourets. En tout, il y a 53 pieds.
Combien y a-t-il de chaises ? Combien y a-t-il de tabourets ?

c. Chez Alice, il y a autant de chaises que de tabourets. En tout, il y a 98 pieds.
Combien y a-t-il de chaises ? Combien y a-t-il de tabourets ?

d. Chez Leïla, il y a en tout 23 sièges (chaises et tabourets) et 79 pieds.
Combien y a-t-il de chaises ? Combien y a-t-il de tabourets ?

Remue-méninges

Condillac proposait le défi suivant :
« Ayant des jetons dans les deux mains, si je faisais passer un jeton de la main gauche dans la main droite, j'en aurais autant dans chaque main.
Si je faisais passer un jeton de la main droite dans la main gauche, j'en aurais deux fois plus dans la main gauche.
Combien ai-je de jetons dans chaque main ? »

Condillac avait moins de 10 jetons dans chaque main.

Relève ce défi.

Étienne Bonnot de Condillac, homme de lettres français (1715-1780).

problèmes relevant des quatre opérations
4
E
20
29
E
56
76

CALCUL MENTAL. Jeu de mémoire : le professeur écrit quatre nombres pairs inférieurs à 100, puis les cache. Après dix secondes, les élèves écrivent les doubles (les moitiés) des nombres cachés.

Multiplication et division : problèmes

Objectif : résoudre des problèmes de multiplication et de division dans différents contextes en utilisant ses propres procédures de calcul.

EXERCICE DIRIGÉ

La ville de Langres organise un grand défi : habiller les murs des écoles avec des patchworks géants. Dans l'école Camille Claudel, chaque classe décide de fabriquer un grand patchwork avec des carrés de tissus de différentes couleurs.

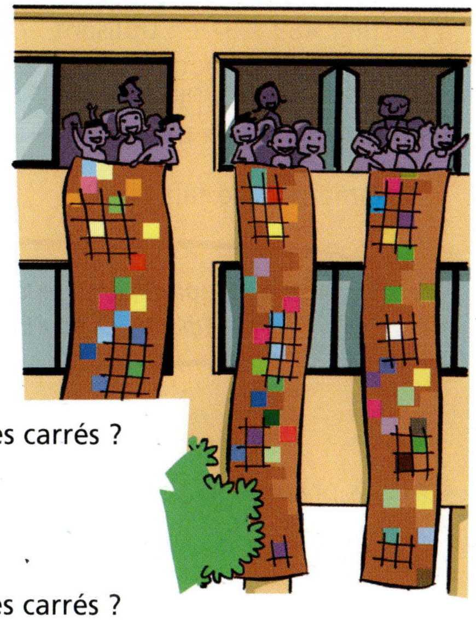

1 Les élèves des classes de CM1 font un patchwork de 127 carrés de long sur 30 carrés de large.
Combien de carrés ont-ils utilisés ?

2 Les élèves des classes de CM2 font un patchwork de 127 carrés de long sur 36 carrés de large.
Combien de carrés ont-ils utilisés ?

3 Les élèves des classes de CE1 ont préparé 2 460 carrés. La largeur de leur patchwork doit avoir 20 carrés.
Combien de carrés aura-t-il sur la longueur ? Restera-t-il des carrés ?

4 Les élèves des classes de CE2 ont préparé 2 520 carrés. La largeur de leur patchwork doit avoir 25 carrés.
Combien de carrés aura-t-il sur la longueur ? Restera-t-il des carrés ?

EXERCICES

1

a. Combien faut-il de pièces de 2 € pour obtenir 1 000 € ? Explique ta réponse.

b. Combien faut-il de billets de 20 € pour obtenir 1 000 € ? Explique ta réponse.

c. Combien faut-il de billets de 5 € pour obtenir 1 000 € ? Explique ta réponse.

2

Un guide de haute montagne renouvelle l'équipement de la station.

Recopie et complète ce bon de commande.

Désignation	Prix unitaire	Quantité	Prix total
Altimètres	138 €	7	....
Mousquetons	....	23	690 €
Cordes	83 €	12	....
Sacs à dos avec réservoir d'eau	45 €	....	....
Torches électriques	....	20	260 €
Total			**3 812 €**

CALCUL MENTAL. Jeu de mémoire : le professeur écrit quatre nombres (multiples de 3) inférieurs à 100, puis les cache. Après dix secondes, les élèves écrivent les triples (les tiers) des nombres cachés.

Multiplication : technique usuelle

Objectifs : revoir la technique de la multiplication. Comprendre la signification des produits partiels.

EXERCICE DIRIGÉ

1 Calcule 483 × 67 avec la méthode de ton choix.

2 **a.** Qwang a commencé à calculer 483 × 67 en utilisant un plan de découpage. Que lui reste-t-il à faire pour calculer 483 × 67 ?

	400	80	3
60	60 × 400 = 24 000	60 × 80 = 4 800	60 × 3 = 180
7	7 × 400 = 2 800	7 × 80 = 560	7 × 3 = 21

b. Comment Alice fait-elle ?

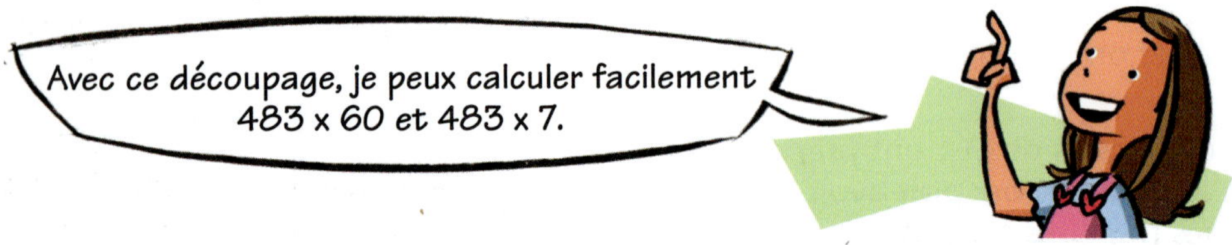

3 Leïla propose la multiplication en colonne, pas à pas.

```
      4 8 3
  ×     6 7
  ---------
  ..........  ← 7 × 3
  ..........  ← 7 × 80
  ..........  ← 7 × …
  ..........  ← 60 × 3
  ..........  ← 60 × …
  ..........  ← 60 × …
  ---------
  ..........  ← 483 × 67
```

Théo propose de faire comme Leïla, mais de ne pas écrire tous les calculs.

```
      4 8 3
  ×     6 7
  ---------
  ..........  ← 7 × 483
  ..........  ← 60 × 483
  ---------
  ..........  ← 483 × 67
```

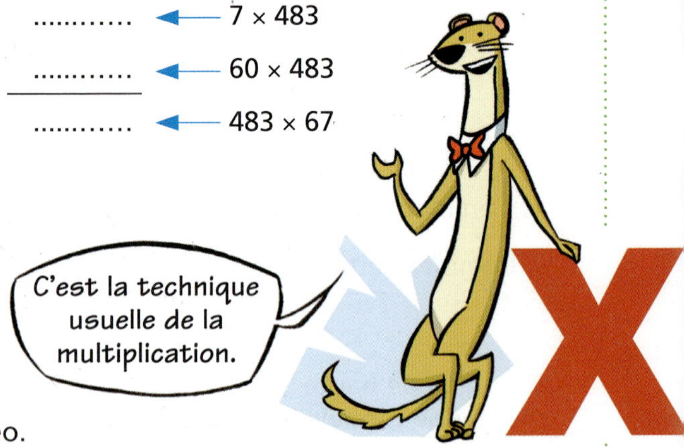

Recopie et complète les calculs de Leïla et de Théo.

EXERCICES

1 Utilise un plan de découpage pour effectuer les multiplications.

a. 321 × 7 **c.** 219 × 6 **e.** 628 × 17 **g.** 901 × 48

b. 430 × 9 **d.** 784 × 8 **f.** 307 × 24 **h.** 653 × 57

2 Utilise la technique usuelle pour effectuer la multiplication : 245 × 34.

Utilise ensuite ton calcul pour trouver : **a.** 2 450 × 34 **b.** 245 × 304 **c.** 245 × 43

3 Voici trois résultats : 5 × 239 = 1 195 8 × 239 = 1 912 7 × 239 = 1 673

Utilise ces résultats pour calculer :

a. 239 × 85 **b.** 85 × 239 **c.** 75 × 239 **d.** 875 × 239 **e.** 239 × 708

Propose d'autres calculs que tu peux effectuer en te servant de ces résultats.

4 Complète ces multiplications :

		5	2	4
×				•
	4	1	9	2

			•	2	4
×				3	•
		5	7	6	8
	•	•	•	•	•
	•	•	•	•	•

			7	•	6
×				•	5
		3	9	8	•
	•	•	6	8	•
	6	7	6	6	0

			•	•	•
×				8	3
		1	7	2	8
	•	•	•	•	0
	4	7	8	0	8

5 Calcule le double, le triple, puis le quadruple des nombres suivants :

a. 76 **b.** 402 **c.** 649 **d.** 824 **e.** 1 047

6 Calcule la moitié, le tiers, puis le quart des nombres suivants :

a. 12 **b.** 36 **c.** 60 **d.** 120 **e.** 264

7 N'effectue pas les multiplications. Recopie simplement la réponse qui te semble être le résultat exact. Explique ta réponse, puis vérifie avec la calculatrice.

a. 505 × 52 = 16 260 / 56 260 / 26 260

b. 98 × 37 = 30 626 / 3 626 / 6 626

c. 984 × 38 = 307 392 / 3 392 / 37 392

8 Pour la bibliothèque de l'école, le directeur a commandé 18 ouvrages de la même collection sur la vie des animaux. Chaque ouvrage coûte 27 €.

Calcule le montant de la commande.

9 Un producteur de melons prépare 42 caissettes contenant chacune 8 melons, et il lui reste 5 melons.

Combien de melons avait-il au départ ?

10 Un producteur d'ananas a récolté 260 ananas qu'il dispose dans des cageots. Chaque cageot contient 25 ananas.

Prévois par le calcul le nombre de cageots nécessaires.

11 Invente un problème : pour résoudre ce problème, il faudra calculer 26 × 18.

Ce que je suis capable de faire

1

« Je suis un nombre,
je contiens 52 dizaines et 8 unités.
Qui suis-je ? »

2

Voici un nombre : 7 856.
Quel est son chiffre des centaines ?
Quel est son nombre de centaines ?

3

Écris en chiffres les nombres suivants :

a. six mille deux cent quatre-vingt-seize
b. quatre mille douze

4

Effectue :
a. 357 + 18 + 1 098 **b.** 4 426 + 387

5

Effectue : 2 653 – 1 347.
Vérifie ton calcul en faisant l'addition qui convient.

6

Pour aller de Marseille à Lille,
Luc décide de passer par Troyes.
Il a dessiné un schéma de son voyage.

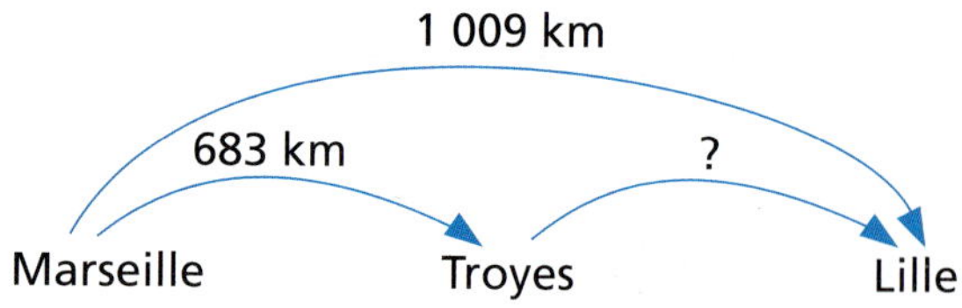

Combien de kilomètres y a-t-il entre Troyes et Lille ?

7

Utilise la technique usuelle pour effectuer la multiplication : 356 × 72.
Utilise ensuite ton calcul pour trouver : **a.** 3 560 × 72 **b.** 356 × 702 **c.** 356 × 27

8

Calcule :

a. 6 × 7 **d.** 5 × 2 × 8 **g.** 100 × 10
b. 8 × 6 **e.** 6 × 7 × 5 **h.** 100 × 32
c. 7 × 4 **f.** 4 × 9 × 3 **i.** 10 × 11

9

À la fin de l'été, le compteur du vélo de Qwang marque 00256. Il a effectué 124 kilomètres pendant l'été.
Que marquait le compteur du vélo de Qwang au début de l'été ?

10

Encadre les nombres suivants entre deux dizaines consécutives :
a. … < 97 < … **b.** … < 285 < … **c.** … < 3 109 < … **d.** … < 1 994 < …

11

Reproduis cette figure sur papier quadrillé, puis sur papier uni.
Prends 4 cm pour le côté du carré.

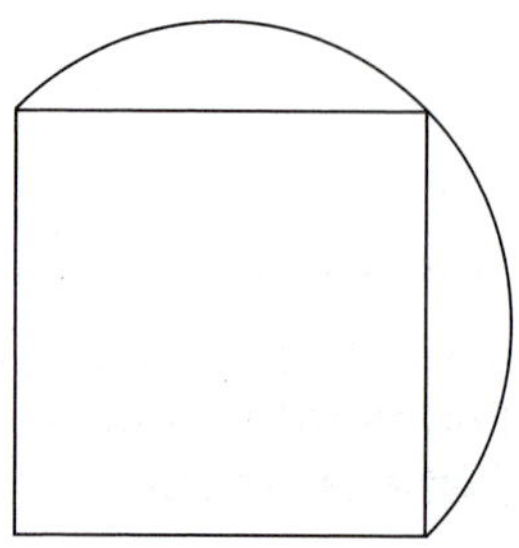

12

Construis la figure qui correspond au message :

> Place deux points A et B distants de 9 cm.
>
> Trace le cercle de centre A et de rayon 6 cm.
>
> Appelle C le point où le cercle coupe le segment [AB].

CALCUL MENTAL
Jeu du furet : compter de 9 en 9 en avançant à partir de 0, en reculant à partir d'un multiple de 9. Demander de temps en temps de quel multiple de 9 il s'agit.

Distance de deux points : cercle

Objectifs : revoir le cercle comme ensemble de points situés à une distance fixée d'un point donné et revoir le vocabulaire sur le cercle.

DÉCOUVERTE

1 Place un point A sur une feuille.
Place un point B a 6 cm du point A.

Quel instrument as-tu utilisé ?

2 Place maintenant le plus rapidement possible 25 autres points à 6 cm du point A.

Quel(s) instrument(s) as-tu utilisé(s) ?

3 Trace sur une feuille un cercle de centre P et de rayon 4 cm.
Place cinq points R, S, T, U, V sur le cercle.

Quelle est la distance du point P au point R ? du point P au point S ? du point P au point T ?
Quelles sont les longueurs des segments [PU] et [PV] ?

4 Place sur une feuille deux points I et J distants de 5 cm.

Cherche s'il est possible de placer un point K qui soit à 3 cm du point I et en même temps à 4 cm du point J. Y a-t-il plusieurs positions possibles pour le point K ?

EXERCICES

1 Trace un cercle de centre A et de rayon 4 cm.
Trace un diamètre de ce cercle.
Appelle I et J ses extrémités.

Quelle est la distance de I à J ?

2 **a.** Trace un demi-cercle de diamètre 5 cm.

b. Trace un cercle de diamètre 4 cm.

3 Reproduis cette rosace, en l'agrandissant.
Pour cela, trace un cercle de rayon 4 cm.

4 Place deux points E et F distants de 8 cm.

Peux-tu placer un point qui soit à 6 cm de E et en même temps à 4 cm de F ?
Explique ta réponse.

5 Place deux points I et J distants de 8 cm.

Peux-tu placer un point qui soit à 3 cm de I et en même temps à 4 cm de F ?
Explique ta réponse.

CALCUL MENTAL
Jeu du furet : compter de 7 en 7 en avançant à partir de 0, en reculant à partir d'un multiple de 7. Demander de temps en temps de quel multiple de 7 il s'agit.

Triangles

Objectifs : comprendre qu'un triangle est entièrement déterminé par la longueur de ses trois côtés. Se familiariser avec les triangles particuliers. Savoir à quelle condition trois nombres peuvent être les longueurs des côtés d'un triangle.

ACTIVITÉ PRÉPARATOIRE DE DÉCOUVERTE : jeu de messages sur les triangles.

DÉCOUVERTE

Voici les messages d'Alice, Leïla, Théo et Qwang à propos des triangles qu'ils ont reçus.

1 Construis, si tu le peux, les triangles correspondant aux messages d'Alice, Théo, Qwang et Leïla. Si tu ne peux pas, explique pourquoi.

2 Choisis l'un des trois triangles ci-dessous.

- Écris un message pour qu'un autre élève puisse refaire, sans le voir, le triangle que tu as choisi.
- Échangez vos messages. Construis le triangle correspondant au message que tu as reçu.
- Pour vérifier, compare le triangle que tu as construit avec le triangle choisi par l'auteur du message.

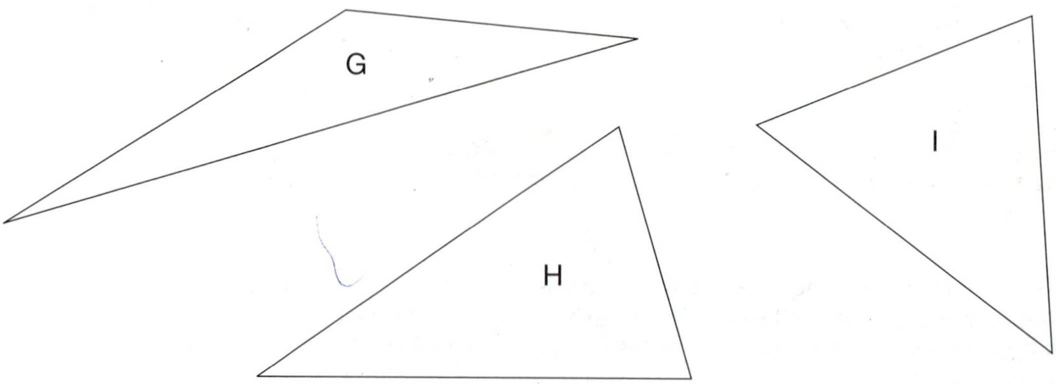

figures planes
C
6
9
27
48
55
81

EXERCICES

1 Construis un triangle équilatéral de côté 4 cm.

2 Leïla dit : « Mon triangle a un côté de 4 cm, un autre qui mesure 6 cm et il a deux côtés de même longueur : c'est un triangle isocèle. »
Construis le triangle de Leïla.
Y a-t-il plusieurs solutions ?

3 Construis un triangle rectangle : les côtés de l'angle droit doivent mesurer 4 cm et 6 cm.

4 Observe ces triangles.

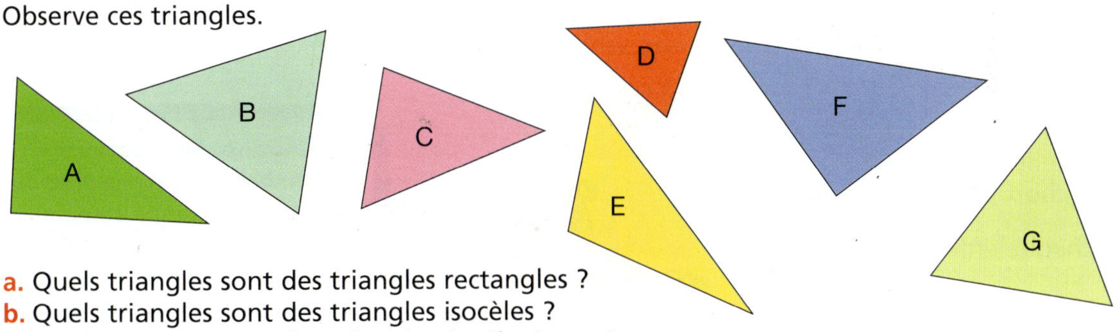

a. Quels triangles sont des triangles rectangles ?
b. Quels triangles sont des triangles isocèles ?
c. Quels triangles sont des triangles équilatéraux ?

5 Reproduis le segment [TU]. Place un point V pour que le triangle TUV soit équilatéral.
Y a-t-il plusieurs solutions ?

6 Reproduis le segment [TU] de l'exercice 5.
Place un point P pour que le triangle TUP soit rectangle en U.
Y a-t-il plusieurs solutions ?

7

Que penses-tu des affirmations de Théo et Qwang ?
Quand c'est possible, construis un triangle possédant ces propriétés.

8 Pour reproduire cet angle sans gabarit, Alice utilise une règle graduée et un compas et Leïla utilise une règle graduée et une équerre. Cherche comment elles font, puis reproduis cet angle avec l'une des deux méthodes.

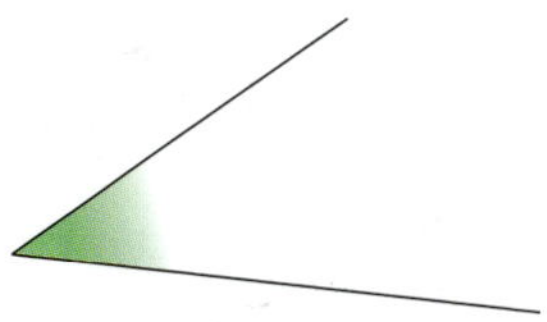

CALCUL MENTAL. Jeu de mémoire : le professeur écrit cinq nombres inférieurs à 100, puis les cache. Après dix secondes, les élèves écrivent le plus grand (le plus petit).

Fractions au quotidien

Objectifs : se rappeler des situations quotidiennes dans lesquelles on utilise des fractions.
Se remémorer le vocabulaire spécifique.

EXERCICE DIRIGÉ

1 Voici quatre gâteaux prédécoupés sortis du même moule.

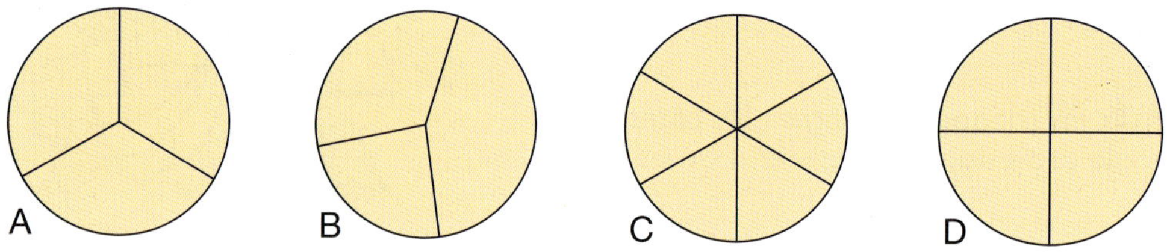

a. Quel gâteau peuvent choisir Alice, Qwang et Leïla pour avoir chacun une part équivalente sans qu'il n'y ait de reste ?

Y a-t-il plusieurs gâteaux répondant à ces critères ?

b. Parmi les phrases suivantes lesquelles correspondent aux choix possibles des enfants ?

- Chaque enfant a $\frac{1}{3}$ du gâteau.
- Chaque enfant a $\frac{1}{4}$ du gâteau.
- Chaque enfant a $\frac{1}{6}$ du gâteau.
- Chaque enfant a $\frac{2}{6}$ du gâteau.

2 Théo a apporté 4 grillés aux pommes qu'il veut partager équitablement avec Alice et Leïla.
Il propose de partager équitablement chaque grillé en 3, puis de distribuer les parts.

- Alice dit qu'elle a trouvé une solution qui permet de faire moins de miettes. Laquelle ?
- Trouve deux écritures mathématiques qui montrent la façon dont chacun veut procéder.

EXERCICES

1 Une heure c'est 60 minutes.
a. Combien de minutes y a-t-il dans $\frac{1}{2}$ heure, dans $\frac{3}{4}$ d'heure ?
b. Quelle fraction d'heure représentent 20 min ?

2 **a.** Un match de football dure 90 minutes. Quelle est la durée de chaque mi-temps ?
b. Qwang dit qu'un match de rugby dure $\frac{4}{3}$ d'heure. Combien cela fait-il de minutes ?

7

CALCUL MENTAL
Jeu du furet : compter de 8 en 8 en avançant à partir de 0, en reculant à partir d'un multiple de 8. Demander de temps en temps de quel multiple de 8 il s'agit.

Fractions : partages de longueurs

Objectif : se réapproprier le codage fractionnaire dans des situations de partages de longueurs.

DÉCOUVERTE

Pour mesurer la longueur d'un segment, Leïla s'est servi du segment u qu'elle a pris pour unité.

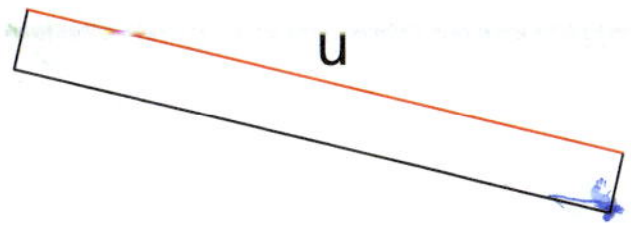

Elle a reporté une fois l'unité u, puis la moitié de u et enfin le tiers de u.

Elle a écrit : $1\text{ u} + \frac{1}{2}\text{ u} + \frac{1}{3}\text{ u}$.

1 Reproduis la bande de l'unité u.
En te servant de cette bande, trouve quel segment Leïla a mesuré.

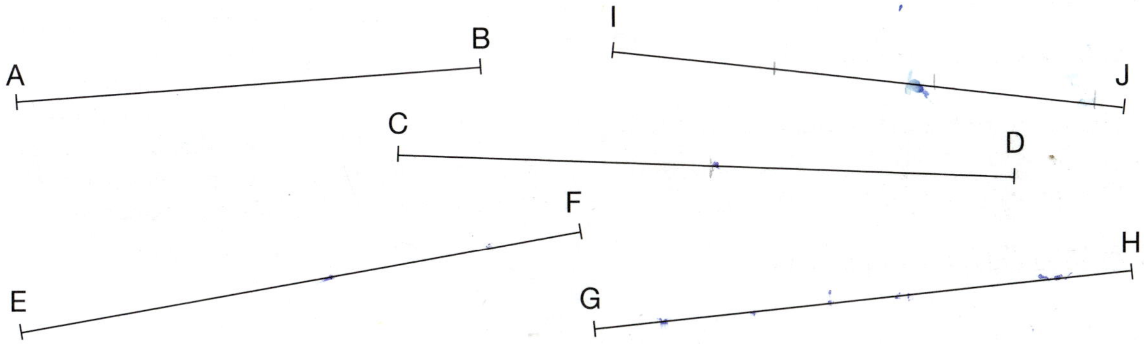

2 Trouve la mesure de la longueur des autres segments en te servant de l'unité u.

3 Leïla affirme que le segment [GH] mesure $\frac{7}{4}$ u. A-t-elle raison ?

EXERCICE

Trace les segments dont les mesures de longueur sont données dans le tableau ci-contre, puis trouve une écriture fractionnaire pour exprimer ces mesures.

Segment	Longueur en unité u	Écriture fractionnaire
[KL]	$1 + \frac{1}{4}$	$\frac{5}{4}$
[MN]	$2 + \frac{1}{3}$	
[OP]	$1 + \frac{3}{4}$	
[QR]	$2 - \frac{1}{4}$	
[ST]	$1 + \frac{2}{3}$	

CALCUL MENTAL
Jeu du recto verso multiplicatif (voir le livre du professeur).

Fractions : partages et graduations

Objectifs : redécouvrir et utiliser un dispositif simple permettant le partage équitable d'un segment. Utiliser les fractions pour coder une longueur ou une position sur la droite graduée.

ACTIVITÉ PRÉPARATOIRE DE DÉCOUVERTE : faire tracer un segment sur une bande de papier. La faire partager en 5 segments de même longueur avac la machine à partager.

DÉCOUVERTE

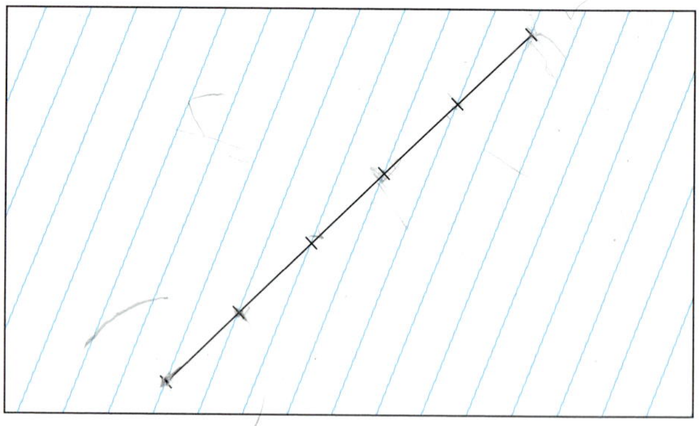

1 Rappelle-toi :
une machine à partager est un réseau de droites parallèles à la même distance les unes des autres. Pour la machine ci-contre, cette distance est 5 mm.

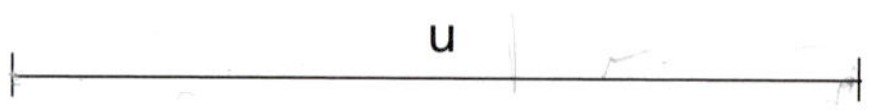

a. En te servant du segment u, trace un segment [AB] de longueur $\frac{3}{5}$ u.

b. Trace un segment [EF] de longueur $\frac{9}{5}$ u et explique comment tu as fait.

2 **a.** Reproduis cette droite graduée : Z est à l'origine et [ZV] mesure 1 u.

b. Place sur cette droite les points :
- G à $\frac{3}{5}$ u de Z
- H à $\frac{9}{5}$ u de Z.
- J à $\frac{12}{5}$ u de Z.

c. Place sur cette droite les points K, L et M. Retrouves-tu des points déjà placés ?
- K à $\frac{6}{10}$ u de Z
- L à $\frac{18}{10}$ u de Z
- M à $\frac{21}{10}$ u de Z.

d. En prenant u pour unité, donne la mesure des longueurs de [ZG], [ZH], [ZJ] et [ZM].

e. En prenant u pour unité, la longueur de [ZH] peut aussi s'écrire $1 + \frac{4}{5}$.

Comment peut s'écrire la longueur de [ZJ] sous forme d'une somme d'un nombre entier et d'une fraction ?

EXERCICES

1

a. Construis une bande de même longueur que le segment u de la découverte.

b. À l'aide de la machine à partager, partage ce segment en 10 segments de même longueur.

c. Trace les segments [GH] de longueur $\frac{4}{10}$ u et [I J] de longueur $\frac{9}{10}$ u.

d. Trace ensuite les segments [KL] de longueur $\frac{15}{10}$ u et [MN] de longueur $\frac{25}{10}$ u.

e. Explique ta méthode.

2

En utilisant la machine à partager de la découverte, on a obtenu $\frac{1}{3}$ u pour [AB] et $\frac{2}{6}$ u pour [CD].

Les deux segments sont-ils de même longueur ? Trouve un moyen pour justifier ta réponse.

3

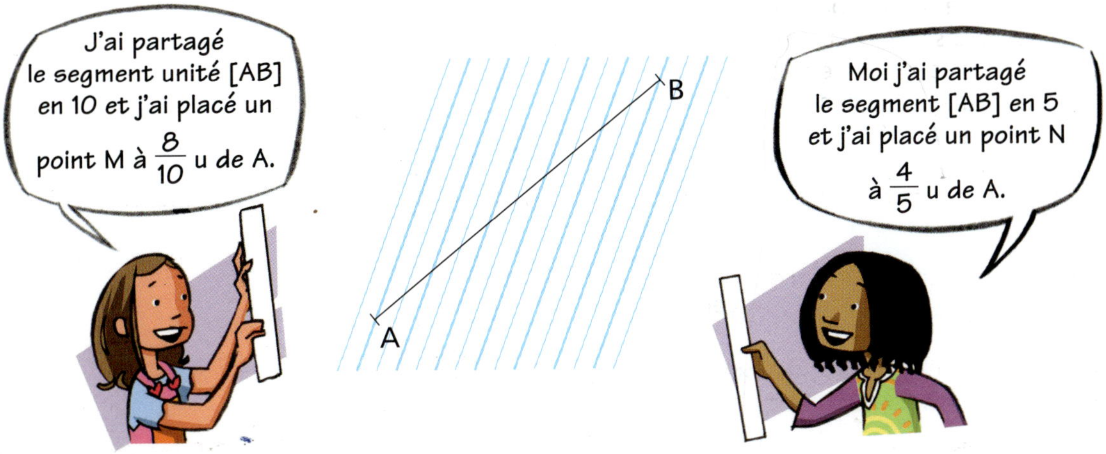

Les points M et N sont ils confondus ? Trouve un moyen pour justifier ta réponse.

4

Associe les étiquettes qui désignent le même nombre.

$\frac{2}{7}$ | $\frac{5}{7}$ | $\frac{3}{4}$ | $\frac{2}{3}$ | $\frac{5}{3}$

cinq tiers | cinq septièmes | deux tiers | deux septièmes | trois quarts

5

On a partagé équitablement de différentes manières le segment unité u.

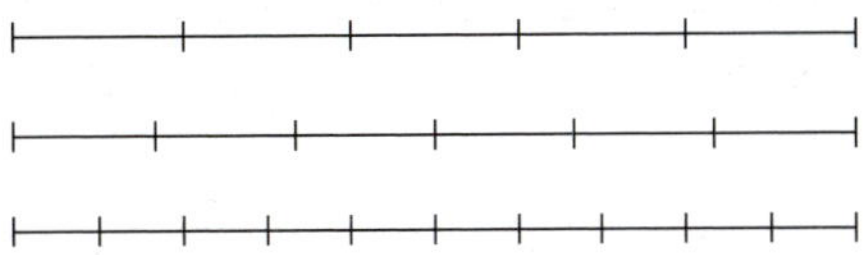

a. Utilise ces partages pour placer sur la droite graduée d'origine Z les points :

- A à $\frac{4}{5}$ u de Z
- B à $\frac{12}{10}$ u de Z
- C à $\frac{9}{10}$ u de Z
- D à $\frac{5}{6}$ u de Z
- E à $\frac{5}{3}$ u de Z

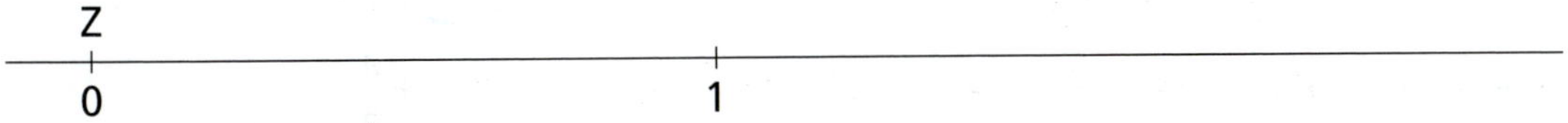

b. Écris les mesures des longueurs des segments [ZB] et [ZE] sous forme d'une somme d'un nombre entier et d'une fraction.

9

CALCUL MENTAL
Le professeur énonce quatre fractions simples. Après dix secondes, les élèves les écrivent en chiffres.

Quadrilatères

Objectif : comprendre que la donnée de la longueur des côtés d'un quadrilatère ne suffit pas pour l'identifier ou le construire et qu'il faut une information supplémentaire, par exemple la longueur d'une diagonale.

ACTIVITÉ PRÉPARATOIRE DE DÉCOUVERTE : situation de messages sur des quadrilatères quelconques.

DÉCOUVERTE

1 Un quadrilatère est un polygone qui a 4 côtés.
Choisis un des trois quadrilatères ci-dessous. Reproduis-le en utilisant la règle et le compas, sans décalquer et sans utiliser de gabarit pour les angles.

Écris un message pour qu'un camarade puisse trouver celui que tu as choisi et qu'il puisse le construire en utilisant, lui aussi, seulement la règle et le compas.

Échangez vos messages, deux à deux. Construis le quadrilatère correspondant au message que tu as reçu. Pour vérifier, compare-le avec le quadrilatère choisi par ton camarade.

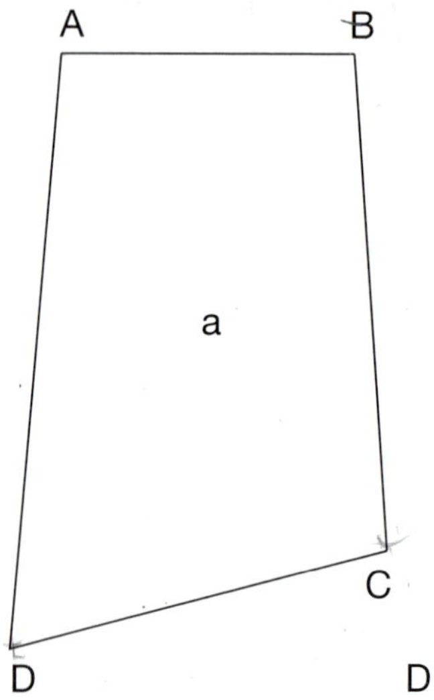

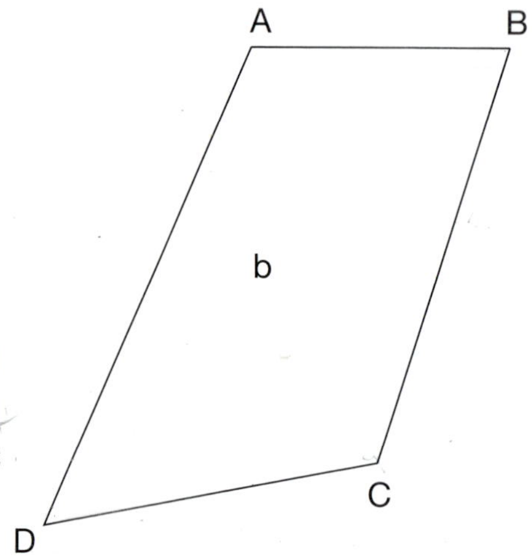

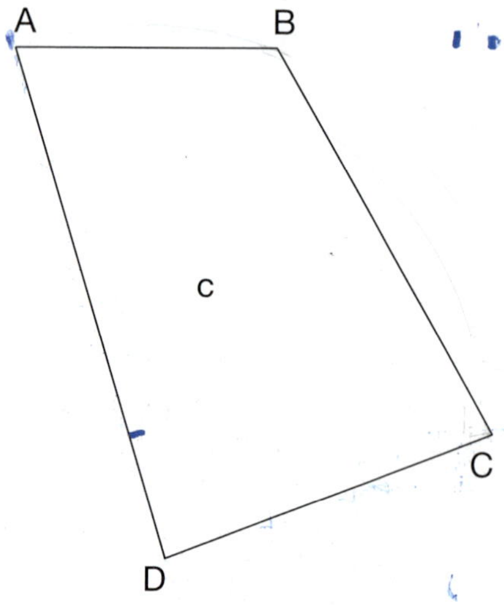

2 Alice dit qu'elle a choisi le quadrilatère dont les côtés mesurent 3 cm, 5 cm, 4 cm et 6 cm.

- Peux-tu trouver le quadrilatère qu'Alice a choisi ?
- Quelle information supplémentaire peut-elle donner ?

3 Théo dit qu'un quadrilatère dont tous les côtés ont la même longueur est un carré.
Qwang lui fait remarquer qu'il a construit un quadrilatère dont tous les côtés mesurent 4 cm et qui n'est pas un carré : c'est un losange qui a une diagonale de 5,5 cm.

a. Théo a-t-il raison ? Justifie ta réponse.

b. Construis le même losange que Qwang.

EXERCICES

1 Voici un schéma à main levée d'un quadrilatère et d'une de ses diagonales ; les nombres indiquent les mesures des segments.

Construis ce quadrilatère en respectant les dimensions.

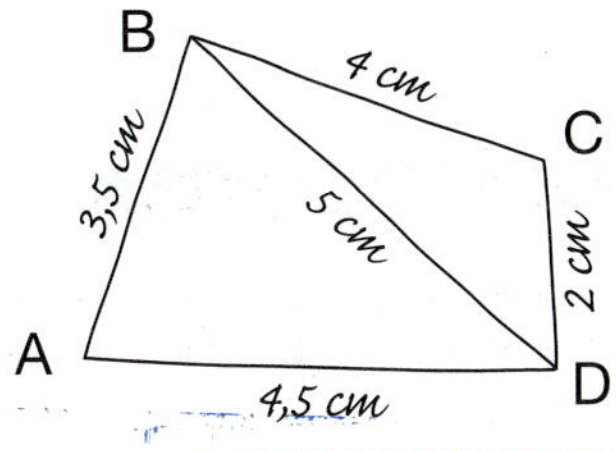

2 Nathan a dessiné à main levée ce schéma d'un quadrilatère en indiquant les mesures qu'il veut lui donner.

Penses-tu qu'il soit possible de construire ce quadrilatère ? Justifie ta réponse.

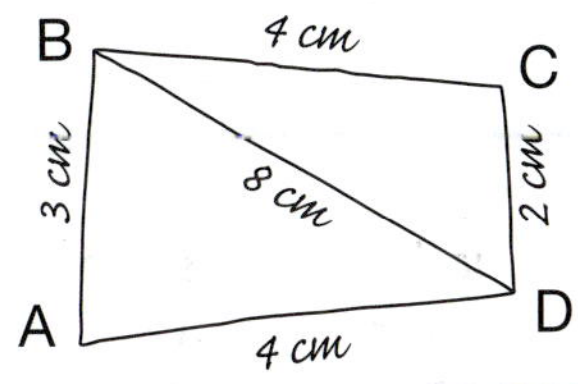

3 Voici un schéma à main levée d'un quadrilatère ; les nombres indiquent les mesures des segments. Construis ce quadrilatère en respectant les indications.

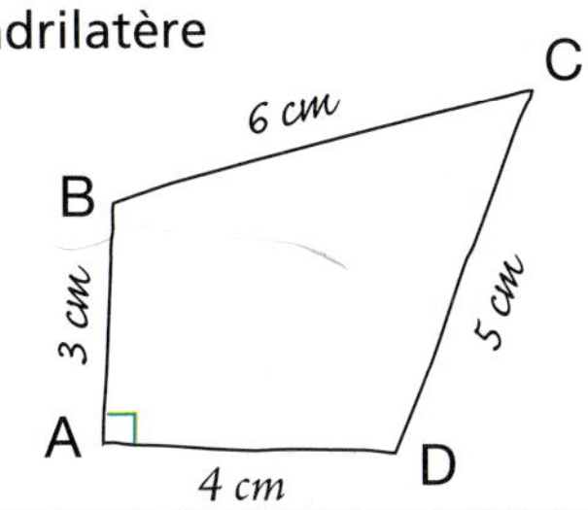

4 ABCDE a 5 côtés, c'est un pentagone. Les mesures réelles des côtés sont indiquées sur le dessin.

Quelles autres informations faut-il donner pour que l'on puisse reproduire ce pentagone en utilisant la règle et le compas, sans décalquer et sans utiliser un gabarit d'angle ?

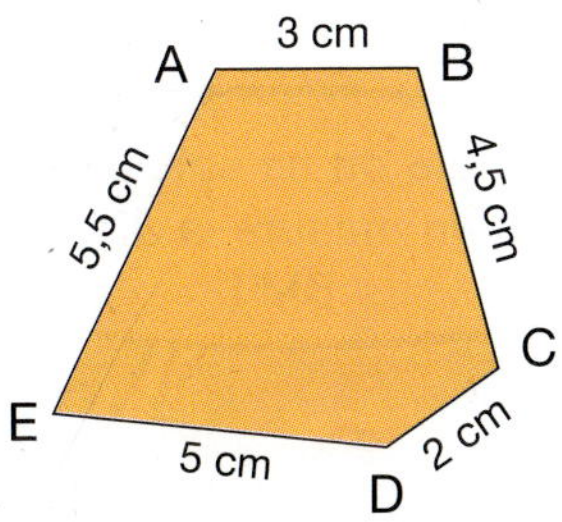

5 On nomme ABCD les sommets d'un rectangle comme sur la figure.
En utilisant la règle, l'équerre et le compas, construis un rectangle ABCD : le côté [AB] mesure 4 cm, la diagonale [AC] mesure 6 cm.

Remue-méninges

ABCDEFGH est un polygone qui a huit côtés.

Combien de segments dois-tu mesurer pour le reproduire à l'identique avec seulement la règle et le compas ?

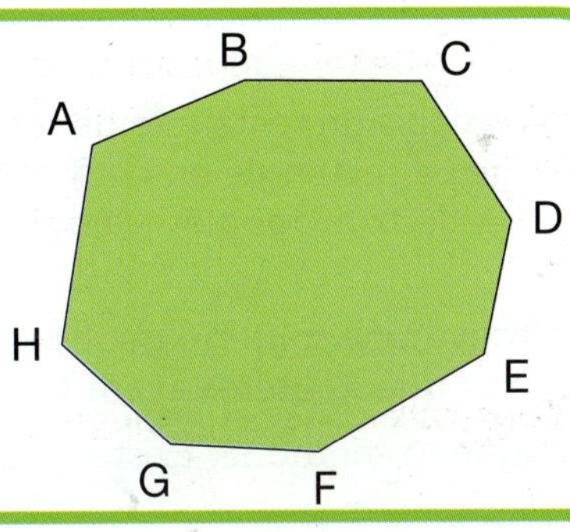

10

CALCUL MENTAL
Le professeur écrit une fraction simple au tableau, les élèves doivent trouver d'autres fractions égales à celle-ci.

Périmètre des polygones

Objectifs : mesurer le périmètre de divers polygones, construire des polygones usuels de périmètre donné.

DÉCOUVERTE

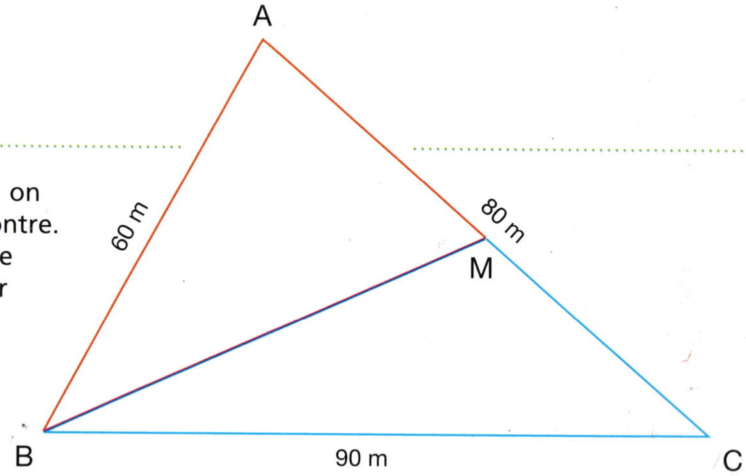

1 Pour faire une course de relais, on a tracé au sol le triangle ABC ci-contre. En M, on a placé un fanion à égale distance de A et de C pour obtenir deux circuits : BMAB et BMCB. Le départ et l'arrivée sont en B.

a. Alice et Théo vont courir sur le circuit BMAB, Leïla et Qwang sur le circuit BMCB.
Soudain, Alice dit : « Ce n'est pas juste, on n'aura pas les mêmes distances à parcourir ! Pourtant, M est bien au milieu de AC. »

Qu'en penses-tu ?

b. Après discussion, tous s'accordent pour mettre le fanion M plus près de C que de A. Aide-les à placer exactement le fanion pour que la course devienne équitable.

c. Explique la réponse de Qwang à Théo.

2 Construis un rectangle de longueur 8 cm et de largeur 5 cm. Partage ce rectangle en deux triangles ayant même périmètre, puis en deux rectangles ayant même périmètre.

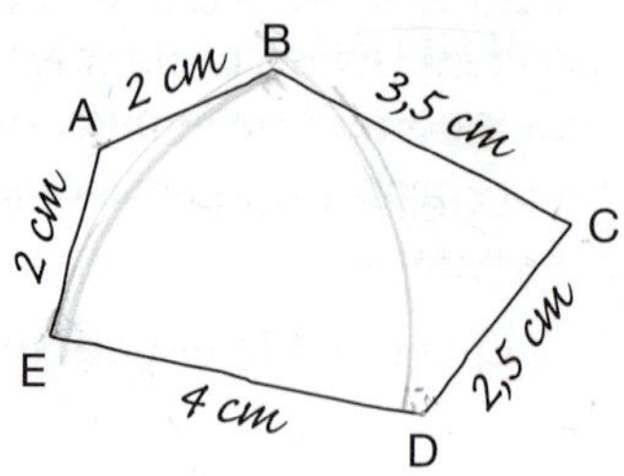

3 Trouve une solution pour partager le polygone ci-contre en deux quadrilatères ayant tous les deux le même périmètre.
Explique ta méthode. Existe-t-il plusieurs solutions ?

EXERCICES

1 a. Voici un triangle rectangle T dont les dimensions réelles des côtés sont inscrites sur la figure.

Quel est le périmètre de ce triangle ?

b. En accolant 2 triangles identiques au triangle T par un côté, on peut construire le triangle U.
Alice affirme que le périmètre du triangle U est le double de celui du triangle T.

A-t-elle raison ? Justifie ta réponse.

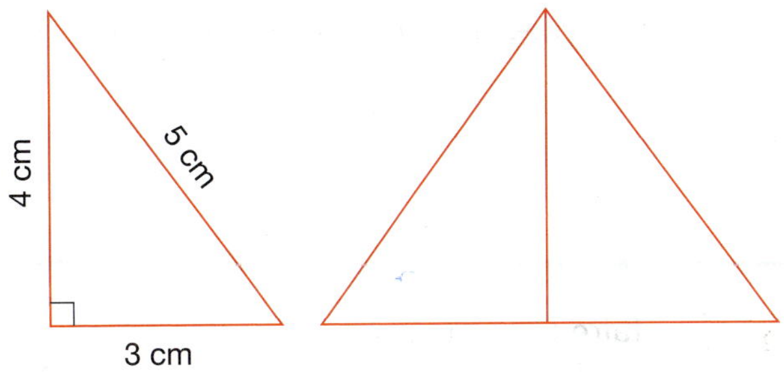

Triangle T Triangle U

2 Chacune des informations suivantes permet-elle de construire une seule figure ou plusieurs ? Justifie tes réponses.

a. C'est un rectangle de périmètre 24 cm dont un côté mesure 5,5 cm.

b. C'est un carré de périmètre 24 cm.

c. C'est un triangle équilatéral de périmètre 24 cm.

d. C'est un triangle isocèle de périmètre 24 cm dont un côté mesure 9 cm.

3 • Qwang a-t-il raison ? Justifie ta réponse.

• Quel est le périmètre d'un carré de côté 7,5 cm ?

4 • Théo a-t-il raison ?

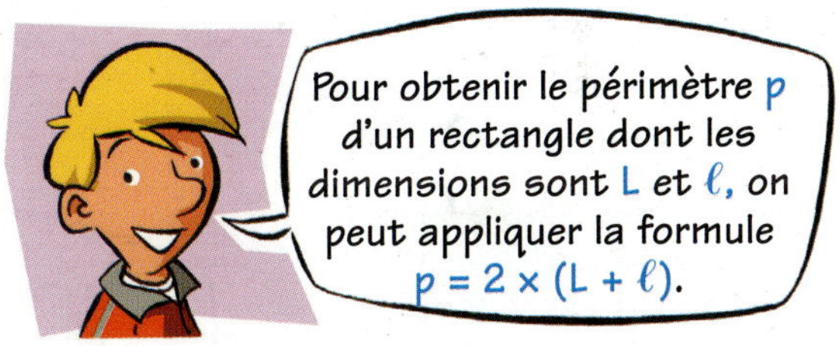

• Vérifie cette formule sur des exemples en construisant un rectangle de dimension 4 cm et 7,5 cm, puis un rectangle de dimension 3,5 cm et 6,5 cm.

5 Voici le schéma d'une page d'étiquettes rectangulaires et de mêmes dimensions.
La longueur de la page est 15 cm.

a. Quelles sont les dimensions d'une étiquette ?

b. Quelle est la largeur de la page ?

CALCUL MENTAL
Jeu du « Tout sur.. » : le professeur dit un nombre. À tour de rôle, les élèves disent quelque chose sur ce nombre (décompositions additives, multiplicatives, canoniques, encadrements, successeur, prédécesseur...).

Encadrer une fraction par des entiers, fractions décimales

Objectifs : revoir que l'unité peut être partagée successivement en 10, 100, 1 000.
Travailler les propriétés spécifiques des fractions décimales pour comprendre les écritures décimales.

DÉCOUVERTE

1 Sur la droite graduée, on veut placer les points suivants :

Point	A	B	C	D	E	F	G	H	I
Distance à Z	$\frac{9}{2}$	$\frac{7}{3}$	$\frac{32}{10}$	$\frac{21}{5}$	$5 + \frac{3}{10}$	$4 + \frac{9}{5}$	$\frac{412}{100}$	$4 + \frac{2}{3}$	$\frac{5}{2}$

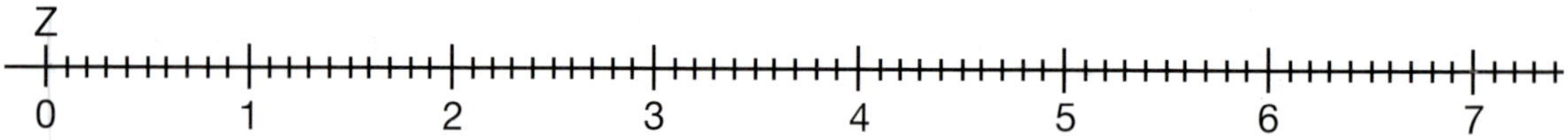

a. Prévois les points qui seront entre les repères 4 et 5 (des points peuvent être confondus).

b. Reproduis la droite graduée, puis, lorsque c'est possible, place les points précisément à l'aide de la graduation.

c. Situe approximativement les nombres : $\frac{7}{3}$ $\frac{412}{100}$ $4 + \frac{2}{3}$.

2 Parmi les fractions suivantes, quelles sont celles qui te paraissent faciles à encadrer entre deux entiers consécutifs ? Encadre-les.

$\frac{32}{10}$ $\frac{33}{8}$ $\frac{12}{10}$ $\frac{11}{9}$ $\frac{412}{100}$ $\frac{11}{3}$

3 Prévois, sans dessiner, dans quel ordre vont être les points M, N, P et Q sur la droite graduée.

- M est à $(1 + \frac{3}{10})$ u de Z
- N est à $\frac{8}{10}$ u de Z
- P est à $(1 + \frac{7}{100})$ u de Z
- Q est à $(1 + \frac{4}{10})$ u de Z

Reproduis la droite sur du papier millimétré, place les points et vérifie ta prévision.

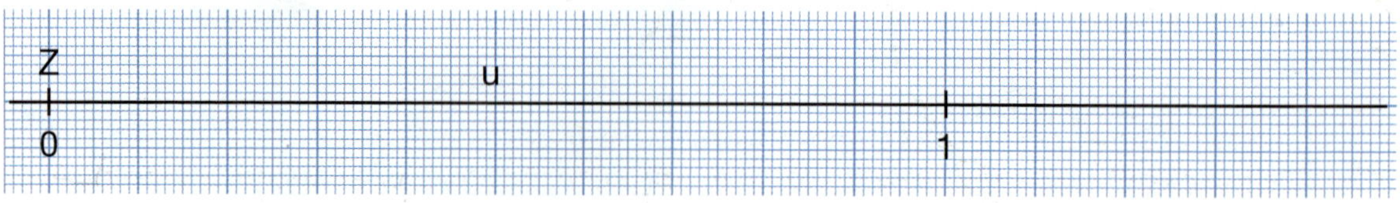

EXERCICES

1

a. Combien de dixièmes y a-t-il dans une unité ? Complète : $\ldots \times \frac{1}{10} = 1$.

b. Combien de centièmes y a-t-il dans une unité ? Complète : $\ldots \times \frac{1}{100} = 1$.

c. Combien de centièmes y a-t-il dans un dixième ? Complète : $\ldots \times \frac{1}{100} = \frac{1}{10}$.

2

Vrai ou faux ?

a. Il n'existe pas de fraction égale à 3.

b. La fraction $\frac{456}{100}$ est entre 4 et 5.

c. La fraction $\frac{45}{10}$ est plus grande que 45.

d. La fraction $\frac{45}{46}$ est plus petite que 1.

3

Parmi les fractions suivantes, certaines sont égales à un nombre entier. Lesquelles ?

$\frac{10}{2}$ $\quad \frac{5}{2}$ $\quad \frac{15}{3}$ $\quad \frac{7}{4}$ $\quad \frac{3}{4}$ $\quad \frac{8}{4}$ $\quad \frac{4}{2}$ $\quad \frac{300}{100}$

4

Leïla a reçu une bande de papier qui mesure 3 u, puis une autre qui mesure $\frac{9}{10}$ u, puis une autre qui mesure $\frac{9}{100}$ u.

Qwang lui dit qu'en mettant bout à bout ces trois bandes, on obtient une bande dont la mesure de la longueur est plus grande que 4. Leïla n'est pas d'accord. Qui a raison ?

5

Range ces six nombres du plus petit au plus grand :

$3 + \frac{4}{10}$ $\quad 3 + \frac{4}{10} + \frac{1}{100}$ $\quad 3 + \frac{5}{100}$ $\quad \frac{35}{10}$ $\quad 3 + \frac{4}{10} + \frac{1}{100} + \frac{5}{1\,000}$ $\quad 3 + \frac{5}{10} + \frac{3}{1\,000}$

6

Complète :

a. $\frac{45}{10} = \ldots + \frac{5}{10}$ b. $1 + \frac{5}{10} = \frac{\ldots}{10}$ c. $\frac{526}{10} = 52 + \frac{\ldots}{10}$ d. $1 + \frac{5}{100} = \frac{\ldots}{100}$ e. $\frac{34}{100} = \frac{\ldots}{10} + \frac{\ldots}{100}$

Remue-méninges

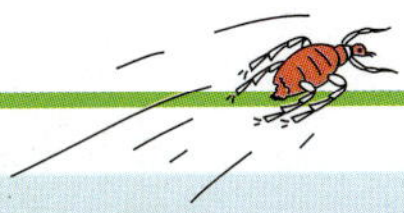

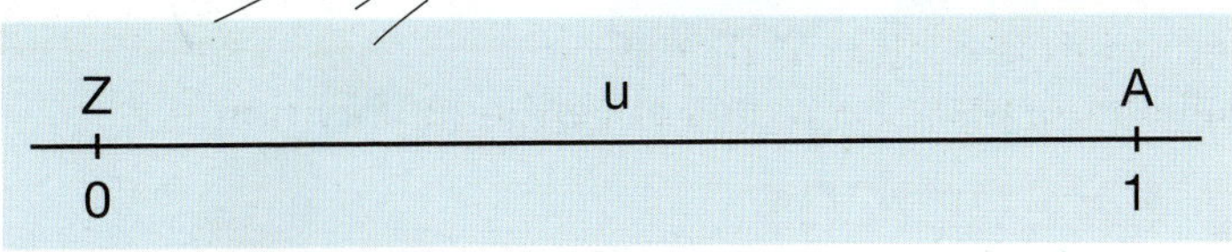

Une puce part de Z pour aller en A.

Elle avance de $\frac{1}{2}$, puis de $\frac{1}{4}$, puis de $\frac{1}{8}$, puis de $\frac{1}{16}$, de la distance ZA.

Recopie la droite et dessine les étapes suivies par la puce.

Et si la puce continue à sauter selon le même procédé, pourra-t-elle atteindre le point A ?

CALCUL MENTAL
Le professeur écrit au tableau deux nombres entiers consécutifs (ex. : 2 et 3), les élèves écrivent une fraction située entre les deux nombres.

Fractions décimales et nombres décimaux (les écritures à virgule)

Objectif : continuer à se familiariser avec l'addition des fractions décimales et la convention d'écriture des nombres décimaux.

DÉCOUVERTE

1 Dans une réunion d'athlétisme, sur le 200 mètres, le temps de passage au 100 mètres d'Alonso est de 10 secondes et 7 centièmes de secondes. Il parcourt les 100 derniers mètres en 9 secondes et 85 centièmes de secondes. Campbell a couru le 200 mètres en 19 secondes et 5 dixièmes de seconde.

a. Lequel des deux est arrivé avant l'autre ?

b. D'autres athlètes arrivent dans les temps suivants (en secondes) :

Santos : $20 + \frac{75}{100}$ Jones : $19 + \frac{6}{10} + \frac{5}{100}$ Antipov : $19 + \frac{4}{100}$

Donne l'ordre d'arrivée des cinq athlètes.

c. Avant cette réunion, le record du monde était de 19 secondes + $\frac{3}{10}$ secondes + $\frac{2}{100}$ secondes. Ce record a-t-il été battu ?

2 Prépare les phrases qui vont être dites au micro pour annoncer les résultats de ce 200 mètres.

3 Sur le panneau d'affichage du stade, les temps en secondes sont inscrits en écriture décimale.
Remplis le tableau d'affichage en rangeant les athlètes du premier au cinquième par leur temps.

Place	Nom	Temps
1		
2		

EXERCICES

1 Écris sous la forme d'une somme d'un entier et de fractions décimales chacun des nombres :
a. 0,5 b. 0,8 c. 3,51 d. 3,5 e. 14,06 f. 3,50 g. 3,502

2 a. Range ces nombres du plus petit au plus grand :

$3 + \frac{4}{10}$ $\quad 3 + \frac{4}{10} + \frac{1}{100}$ $\quad 3 + \frac{5}{100}$ $\quad \frac{35}{10}$ $\quad 3 + \frac{4}{10} + \frac{5}{1\,000}$

Explique comment tu as fait.

b. Donne une écriture à virgule de chacun de ces nombres.

3 Tu sais que $\frac{1}{2} = \frac{5}{10}$ $\quad \frac{1}{4} = \frac{25}{100}$ $\quad \frac{1}{5} = \frac{2}{10}$

Donne les écritures décimales des fractions :

a. $\frac{1}{2}$ b. $\frac{1}{4}$ c. $\frac{1}{5}$

4 Trouve un écriture fractionnaire et une écriture décimale des nombres :

a. $12 + \frac{5}{10}$

b. $4 + \frac{2}{10} + \frac{2}{100}$

c. $1 + \frac{6}{100}$

d. $\frac{5}{10} + \frac{6}{100} + 4$

5 Avec une unité u, Théo a construit une bande de longueur 3,4 cm.
Avec la même unité, Qwang dit qu'il a construit une bande de longueur 3,40 cm.

Compare la longueur de ces deux bandes.

6 Sur cette droite graduée, on a placé les points A, B, C et D. La longueur ZV est l'unité u.

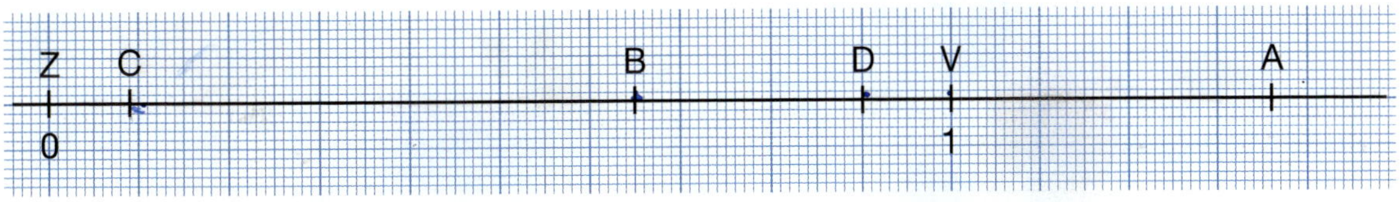

a. Écris sous forme décimale la distance de chacun de ces points au point Z.

b. Recopie cette droite graduée sur du papier millimétré et place les nombres suivants :

1,25 0,5 1,10 1,250 1,04 1,1 0,74

Certains points sont-ils confondus ? Justifie ta réponse.

7 À l'entraînement d'un relais 4 fois 100 mètres :
– le premier sprinter effectue son 100 mètres en 10 secondes 7 dixièmes ;
– le second effectue son 100 mètres lancé en 9 secondes 9 dixièmes ;
– le troisième en 10 secondes 37 centièmes ;
– le quatrième en 10 secondes 5 centièmes.
Le chronométrage total affiche un temps de 40 secondes 72 centièmes.

Vérifie si la somme des chronométrages individuels est bien le temps affiché.

Remue-méninges

Un flacon et son bouchon coûtent ensemble 2,10 €.
Le flacon coûte 2 € de plus que le bouchon.

Combien coûte le bouchon ?

13

CALCUL MENTAL
Jeu de mémoire : le professeur écrit quatre fractions décimales, puis les cache. Après dix secondes, les élèves donnent l'écriture décimale de ces fractions.

Comparer des altitudes

Objectifs : réinvestir les connaissances sur la numération et la comparaison de longueurs. Traiter des informations données sous forme de carte et de tableau.

Le relief de l'Union européenne

Dans certains pays de l'Union européenne, les zones de montagnes représentent plus de la moitié de la superficie. C'est le cas de l'Italie, de l'Espagne, de la Grèce, de l'Autriche...

Voici des montagnes des pays de l'Union européenne qui dépassent 1 000 m d'altitude.

Pays	Plus haute montagne	Altitude de la plus haute montagne
Allemagne	Zugspitze	2 963 m
Autriche	Grossglockner	3 797 m
Chypre	Mont Olympe	1 952 m
Bulgarie	Musala	2 925 m
Espagne	Mulhacén	3 478 m
Finlande	Haltiatunturi	1 324 m
France	Mont Blanc	4 807 m
Grèce	Mont Olympe	2 918 m
Hongrie	Mont Kékes	1 015 m
Irlande	Carrauntoohil	1 041 m
Italie	Grand Paradis	4 061 m
Suède	Kebnekaise	2 111 m
Pologne	Mont Rysy	2 499 m
Portugal	Torre	1 993 m
République tchèque	Snezka	1 603 m
Roumanie	Moldoveanu	2 543 m
Slovaquie	Gerlachovsky Slit	2 663 m
Slovénie	Mont Triglav	2 863 m

1 « Je suis la montagne la plus haute de l'Union européenne. Quelle est mon altitude ? Qui suis-je ? »

2 « Je suis une montagne de l'Union européenne.
Mon altitude est cent mètres de plus que le mont Triglav. Qui suis-je ? »

3 « La somme des chiffres de mon altitude est 10. Mon altitude est un nombre impair.
Quelle est mon altitude ? Qui suis-je ? »

4 « Si on ajoutait 1 mètre à mon altitude, elle serait de 25 centaines de mètres.
Quelle est mon altitude ? Qui-suis-je ? »

5 « Mon altitude est comprise entre 1 900 m et 2 000 m. C'est un nombre impair.
Quelle est mon altitude ? Qui suis-je ? »

6 Écris le nom et les altitudes des montagnes de moins de 2 000 m.

7 Écris le nom des montagnes dont les altitudes sont comprises entre 2 000 m et 4 000 m.
Range ces altitudes de la plus petite à la plus grande.

8 Retrouve le nom des montagnes désignées sur la carte par les lettres a, b, c…

Ce que je suis capable de faire

1

Calcule : **a.** 7 × 8 **b.** 6 × 9 **c.** 4 × 5 × 7 **d.** 9 × 3 × 2 **e.** 87 × 10 **f.** 100 × 29 **g.** 10 × 952 **h.** 45 × 1 000 **i.** 5 × 6 × 100 **j.** 2 × 1 000 × 7

2

a. Calcule le double des nombres :
57 308 75 549

b. Calcule la moitié des nombres :
84 468 132 72

3

a. Écris en lettres le nombre 2 036.

b. Combien de nombres de 4 chiffres peux-tu former en utilisant les mêmes mots-nombres ?

4

Complète cette addition et cette soustraction :

	2	•	7	•
+	•	8	•	7
	4	0	2	0

	3	•	7	3
−	•	9	•	•
		3	6	9

5

Calcule : **a.** 716 × 28 **b.** 2 072 − 436

6

Voici deux résultats :
6 × 137 = 822 8 × 137 = 1 096

Utilise ces résultats pour calculer :
68 × 137 137 × 86 806 × 137

7

Pour renouveler le matériel de l'école de tennis, le directeur achète 18 raquettes de tennis et 20 tee-shirts.
Une raquette coûte 26 € et un tee-shirt coûte 15 €.

Combien le directeur a-t-il payé ?

8

Voici le schéma à main levée d'un triangle ABC.

a. Quelles informations lis-tu sur ce schéma ?

b. Construis le triangle aux dimensions réelles.

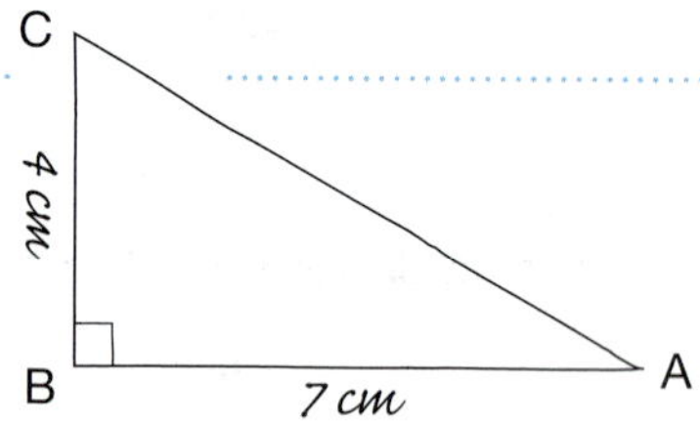

9

Trace un segment [AB] de longueur 10 cm.

Place un point C qui soit à 12 cm de A et en même temps à 14 cm de B.

10

Alice dit qu'elle a construit un triangle dont les côtés mesurent 3 cm, 10 cm et 5 cm.
Théo dit que ce n'est pas possible.

Qui a raison ? Explique ta réponse.

11

Construis un triangle ABC : le côté [AB] mesure 6 cm ; le côté [BC] et le côté [AC] mesurent 5 cm.

Ce triangle a-t-il un nom particulier ? Explique ta réponse.

12 Voici un schéma à main levée d'un quadrilatère et d'une de ses diagonales ; les nombres indiquent les mesures des segments.

Construis ce quadrilatère en respectant les dimensions.

Ce quadrilatère a-t-il un nom particulier ? Explique ta réponse.

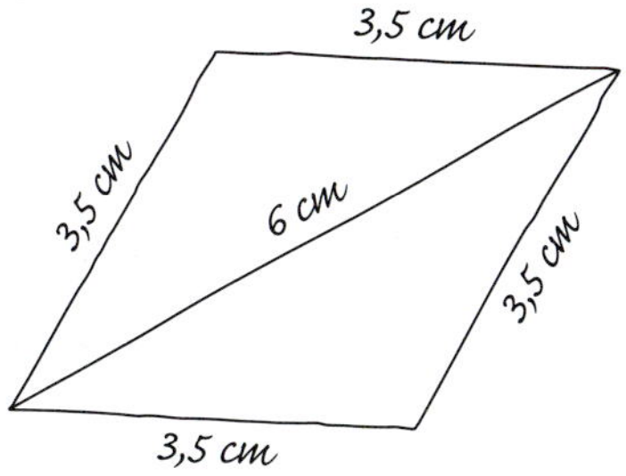

13 La longueur du segment u est choisie pour unité.

a. Trace un segment m de longueur $\frac{1}{2}$ u, un segment p de longueur $\frac{1}{4}$ u, un segment q de longueur $\frac{1}{3}$ u.

Sur la droite graduée ci-dessous, le segment [ZV] a pour longueur 1 u.

b. Place le point A à $\frac{3}{4}$ u de Z, le point B à $\frac{7}{2}$ u de Z, le point C à $\frac{8}{3}$ u de Z.

14 Encadre chacune des fractions suivantes par deux nombres entiers consécutifs, sinon donne le nombre entier qui lui est égal.

a. $\frac{5}{2}$ **b.** $\frac{15}{3}$ **c.** $\frac{9}{4}$ **d.** $\frac{5}{3}$ **e.** $\frac{35}{10}$ **f.** $\frac{4\,532}{100}$

15 Encadre par deux entiers consécutifs les fractions :

a. $\frac{47}{10}$ **b.** $\frac{23}{100}$ **c.** $\frac{742}{10}$ **d.** $\frac{347}{100}$ **f.** $\frac{2\,347}{10}$

16 Écris sous forme de somme d'un entier et d'une fraction décimale les nombres :

a. 1,5 **b.** 4,2 **c.** 7,13 **d.** 0,4 **e.** 8,06

17 Donne l'écriture à virgule des fractions décimales :

a. $\frac{457}{10}$ **b.** $\frac{29}{100}$ **c.** $\frac{304}{100}$ **d.** $\frac{54}{10}$ **e.** $\frac{732}{100}$

18 Donne l'écriture à virgule des fractions :

a. $\frac{1}{10}$ **b.** $\frac{1}{2}$ **c.** $\frac{1}{5}$ **d.** $\frac{1}{4}$ **e.** $\frac{1}{100}$ **f.** $\frac{3}{2}$

19 Quel est le périmètre d'un carré de côté 17 cm ?

20 Quel est le périmètre d'un rectangle dont les cotés mesurent 12 cm et 21 cm ?

Disme, virgule et char à voiles…

C'est à Bruges (aujourd'hui en Belgique) à la fin du XVIe siècle, que **Simon Stevin**, dit Simon de Bruges, écrivit un ouvrage sur les *fractions décimales* dont le titre était *La Disme*.

L'usage des fractions décimales, connues depuis l'antiquité, n'était pas très répandu en Europe. Stevin proposa donc, en 1585, une **écriture en ligne** des fractions décimales ce qui permettait de simplifier considérablement les opérations.
Aussi son ouvrage eut-il un grand succès dans toute l'Europe où cette écriture se propagea rapidement.

Un peu plus tard, en 1615, l'Écossais **Neper**, créa la virgule pour écrire les nombres décimaux.

En fait, l'Europe ignorait les travaux effectués ailleurs. En 1966, on a en effet retrouvé un ouvrage datant de 952, écrit par Al-Uqlidisi, mathématicien arabe. Il proposait déjà la même idée que Stevin.

Voici un extrait de *La Disme*, en français de l'époque :

Décidons d'écrire $\frac{3}{10}\ \frac{7}{100}\ \frac{5}{1\,000}$

de la façon suivante : $3^{\textcircled{1}}\ 7^{\textcircled{2}}\ 5^{\textcircled{3}}$

c'est-à-dire 3 Primes 7 Secondes 5 Tierces.

Semblablement $8^{\textcircled{0}}\ 9^{\textcircled{1}}\ 3^{\textcircled{2}}$

valent $8\ \frac{9}{10}\ \frac{3}{100}$, ensemble $\frac{893}{100}$.

Stevin a eu beaucoup d'autres activités !
La plus spectaculaire de ses inventions, et celle qui lui vaudra la célébrité, est la réalisation d'un char à voiles, qui, en 1600, parcourait les plages de la mer du Nord à une vitesse de 35 km/h.

D'où vient la « disme » ?

- **Cherche** le mot « dîme » dans un dictionnaire qui donne l'étymologie (l'origine) des mots.
- **Explique** son rapport avec les fractions décimales.

En français contemporain

Traduis cet extrait de *La Disme* en français contemporain et **transforme** les écritures décimales avec nos conventions actuelles.

Écris les nombres suivants avec l'écriture de Stevin :

$\frac{56}{100}$ $\quad 15 + \frac{4}{100}$ $\quad 7{,}654$

Période 2

Nombres entiers et décimaux

Tu vas bien comprendre ce que sont les multiples d'un nombre entier.

Dans certaines étapes, tu rencontreras des nombres qui dépassent le million !

Tu vas revoir que les nombres décimaux avec leur écriture à virgule se comparent facilement.

Calculs

Et si on révisait la division ?

Tu vas aussi étudier les techniques de l'addition et de la soustraction avec des nombres décimaux.
Tu verras que c'est facile : c'est comme avec les nombres entiers !

Problèmes numériques

L'addition et la soustraction des nombres décimaux permettent de résoudre de nombreux problèmes : c'est ce que tu vas faire durant cette période.

Tu rencontreras aussi des problèmes où il faudra faire des multiplications et des divisions de nombres entiers.

Et tu vas apprendre à en résoudre d'autres pour lesquels la manière de procéder est moins habituelle.

Propriétés des figures

Qu'est-ce qu'un angle, des droites parallèles entre elles, deux droites perpendiculaires ?
Tu vas revoir tout cela durant cette période.

Et tu vas progresser dans la description et la reproduction de figures.

CALCUL MENTAL
Jeu de portrait sur les nombres entiers (voir livre du professeur).

Relations arithmétiques entre les nombres entiers : les multiples (1)

Objectif : résoudre des problèmes mettant en jeu la notion de multiple.

DÉCOUVERTE

Les trois escaliers ont chacun plus de 10 marches et moins de 40 marches.
Cherche le nombre de marches de chaque escalier.

EXERCICES

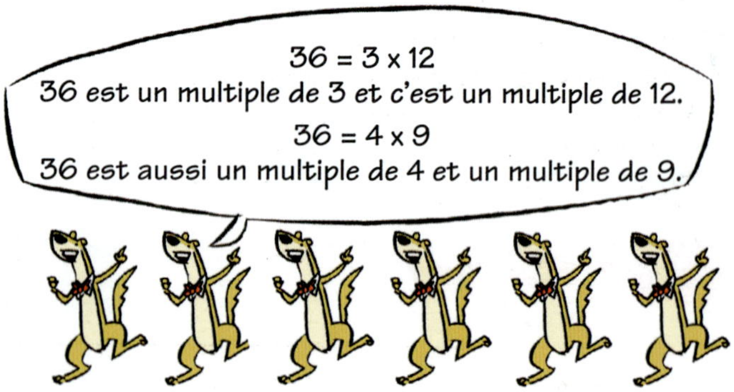

1 Écris : **a.** cinq nombres multiples de 2.
b. cinq nombres multiples de 3.
c. cinq nombres multiples de 5.
d. cinq nombres multiples de 10.

2 Parmi ces nombres :

3	5	15	18	21	28	35	36
49	60	63	65	70	72	105	210

a. Y a-t-il des nombres qui sont à la fois multiples de 5 et de 7 ? Lesquels ?
b. Y a-t-il des nombres qui sont à la fois multiples de 3 et de 5 ? Lesquels ?
c. Y a-t-il des nombres qui sont à la fois multiples de 3 et de 7 ? Lesquels ?
d. Y a-t-il des nombres qui sont à la fois multiples de 3, de 5 et de 7 ? Lesquels ?

3 Quel est le plus petit nombre qu'il faudrait ajouter à chacun des nombres suivants pour obtenir un nombre multiple de 5 ?

a. 94 **b.** 103 **c.** 138 **d.** 4 732 **e.** 4 749 **f.** 6 876 **g.** 7 001

4 Marc collectionne les billets de 5 €, Dimitri collectionne les pièces de 2 €.
Ils ont la même somme d'argent qui est comprise entre 35 € et 45 €.

Quelle est cette somme ?

5 Luc, le fruitier, désire présenter en barquettes les pommes qu'il vient de recevoir.
Il calcule qu'avec le nombre de pommes dont il dispose il peut remplir un nombre exact de barquettes de 6 pommes. Mais il peut aussi remplir un nombre exact de barquettes de 8 pommes ou un nombre exact de barquettes de 9 pommes.
Le nombre de pommes est compris entre 500 et 550.

Combien de pommes Luc a-t-il à présenter ?

6 Au cours de la séance d'éducation physique et sportive, la professeure organise un jeu :

« Vous courez dans tous les sens et, au signal, vous vous regroupez par 5. »
Au signal convenu, chacun s'exécute ; Théo, étonné, se retrouve seul.

« Maintenant, vous faites la même chose mais vous vous regroupez par 6. »
À nouveau, au signal, les groupes se forment. Et, cette fois encore, Théo se retrouve seul.

Fâché il propose alors de former des groupes de 4.
« Essayons », répond la professeure.

Théo va-t-il se retrouver seul ?
Explique ce qui se passe et trouve le nombre d'élèves sachant que celui-ci est compris entre 10 et 50.

Nombres croisés

Horizontalement
A • Multiple de 4 et de 7 • Quadruple de 2.
B • Si on lui ajoute 1, il devient multiple de 10.
C • Triple de 2. • Multiple de 5 et de 2.
D • Multiple de 7 et de 5.

Verticalement
I • Multiple de 8 et de 9 inférieur à 300.
II • Multiple de 6 et de 7. • Si on lui ajoute 3, il devient multiple de 5.
III • Multiple de 9, de 10 et de 11.
IV • Double de 4. • Plus petit nombre.

	I	II	III	IV
A				
B				
C				
D				

Problèmes à une ou plusieurs étapes (1)

Objectifs : s'entraîner à résoudre des problèmes de différents types et dans des contextes variés.
Se préparer à reprendre l'étude de la division.

1 Marie fête son anniversaire le 15 octobre : elle a 10 ans.
Elle dit à sa grand-mère : « J'ai exactement 52 ans de moins que toi ! »

Quel est l'âge de la grand-mère de Marie ?

2 Mehdi a un paquet de bonbons.
Il donne douze bonbons à chacun de ses trois camarades. Il lui en reste deux.

Combien de bonbons y avait-il dans le paquet ?

3 Julien a réalisé un score de 2 635 points sur son jeu électronique. Louise a 1 942 points et il lui reste encore une balle à jouer.

Combien de points doit-elle faire avec cette dernière balle pour battre le score de Julien ?

4 Anna et ses amis jouent aux billes. À la récréation du matin, ils perdent 138 billes. L'après-midi, ils gagnent 245 billes.

À la fin de la journée, ont-ils perdu ou gagné des billes et combien ?

5 De 1950 à 1995, la consommation de pain en France a diminué de moitié. Elle était de 160 g par personne et par jour en 1995.

Quelle était la consommation de pain par personne et par jour en 1950 ?

6 Le directeur de l'arboretum constate qu'il y a eu 364 visiteurs le mardi et 7 fois moins de visiteurs le mercredi.

Combien de personnes sont allées visiter l'arboretum le mercredi ?

7 Dans un village de vacances, le prix par personne et par jour est de 23 €.

Quel est le prix du séjour pour 5 personnes pendant 7 jours ?

8 Dans l'école de Léon, il y a deux classes de CM2.
Dans la première classe, il y a 15 filles et 13 garçons.
Dans la deuxième classe, il y a 29 élèves.
Il y a 32 filles en tout en CM2.

Quel est le nombre de garçons dans la deuxième classe de CM2 ?

9 Yann range les 100 photos de ses dernières vacances dans un classeur.
Il met 12 photos par page.

a. Combien de pages complètes y a-t-il ?

b. Combien de photos y a-t-il sur la page incomplète ?

10 Pour permettre aux 460 supporters de l'équipe de rugby d'assister au match qui a lieu dans la ville voisine, combien de cars au minimum doit-on prévoir ?

Chaque car peut transporter au maximum 55 voyageurs.

CALCUL MENTAL. Jeu des intrus : le professeur note au tableau des multiples de 3 et des intrus. Les élèves écrivent sur leur ardoise le (les) intrus. Reprendre avec les multiples de 5, de 4.

Division : nombre de parts

Objectif : étudier et comparer différentes procédures de calcul dans des situations de recherche d'un nombre de parts.

EXERCICE DIRIGÉ

1 À chaque montée, la cabine transporte 65 personnes. Combien de montées au minimum sont nécessaires pour transporter 1 577 personnes au sommet de l'Aiguille du Midi ?

Téléphérique de l'Aiguille du Midi (Chamonix)

2 Pour résoudre ce problème, Leïla remplit des cabines et cherche le nombre de personnes qui ne sont pas encore montées.

	1 5 7 7	6 5
10 cabines de 65 personnes →	− 6 5 0	1 0
	9 2 7	
10 cabines de 65 personnes →	− 6 5 0	+ 1 0
....		

a. Termine son travail en suivant sa technique.

b. Leïla a conclu son travail par la phrase et l'égalité suivantes que tu compléteras :

« La cabine est montée pleine … fois et, à la dernière montée, il y avait seulement … personnes dans la cabine ».

1 577 = (65 × …) + …

EXERCICES

1 **a.** Effectue la division de 658 par 38 et celle de 675 par 23 en utilisant la technique de Leïla.

b. Complète les égalités : 658 = (38 × …) + … 675 = (23 × …) + …

2 Combien de fois 7 est-il contenu dans 60 ?

3 Combien de fois 11 est-il contenu dans 120 ?

4 **a.** Avec 533 €, combien de livres à 17 € peut-on acheter ?

b. Avec 672 €, combien de dictionnaires à 28 € peut-on acheter ?

5 Les participants à un stage de conduite automobile doivent parcourir 288 km en tournant sur un circuit de 6 km.

Combien de tours de circuit doivent-ils effectuer ?

CALCUL MENTAL. Jeu des intrus : le professeur note au tableau des multiples de 6 et des intrus. Les élèves écrivent sur leur ardoise le (les) intrus. Reprendre avec les multiples de 7, de 8, de 9.

Division : valeur d'une part

Objectifs : comparer différentes procédures de calcul dans des situations de recherche de la valeur d'une part. Comprendre que rechercher le nombre de parts ou la valeur d'une part relève des mêmes procédures de calcul.

EXERCICE DIRIGÉ

Seize pirates veulent se partager équitablement 678 pièces d'or identiques.

1 Prévois par le calcul combien de pièces chaque pirate va recevoir.

2 Voici le procédé de Leïla pour résoudre ce problème.

	6 7 8	1 6
16 fois 10 →	− 1 6 0	1 0
	5 1 8	
16 fois 10 →	− 1 6 0	+ 1 0
	3 5 8	
....		

a. Termine son travail en suivant sa technique.

b. Leïla a conclu son travail par la phrase et l'égalité suivantes que tu compléteras :

« Il faut donner … pièces d'or à chaque pirate et il reste … pièces d'or. »
678 = (16 × …) + ….

Chercher le nombre de parts ou la valeur d'une part c'est toujours un problème de division.

EXERCICES

1 Combien de fois 34 est-il contenu dans 285 ?

2 Combien de fois 8 est-il contenu dans 285 ?

3 Lors de la kermesse d'une école, avec 25 bouteilles identiques de jus de fruits, on a rempli équitablement 150 verres.
Combien de verres a-t-on remplis avec une bouteille ?

4 Avec 2 750 litres d'huile, on a rempli complètement 1 375 bidons identiques.
Quelle est la contenance, en litres, d'un bidon ?

5 Un fermier a ramassé 1 080 œufs de poule. Il les dispose dans 45 plateaux contenant le même nombre d'œufs.
Combien d'œufs met-il sur chaque plateau ?

6 On découpe un rectangle de 960 carreaux dans du papier quadrillé.
Ce rectangle a 30 carreaux sur un côté.
Combien de carreaux a-t-il sur l'autre côté ?

7 Avec un rouleau de 70 m (7 000 cm) de tissu, on fabrique 140 serviettes de table.
Quelle est la longueur de chaque serviette ?

15

CALCUL MENTAL
Jeu de tic tac : jeu du furet des multiples de 3 en remplaçant les multiples de 3 qui sont pairs par « tic ». Recommencer en remplaçant les multiples de 3 qui sont multiples de 5 par « tac ».

Division des nombres entiers : technique (1)

Objectif : retrouver la construction de l'algorithme de la division euclidienne en gardant le contrôle du sens des calculs.

DÉCOUVERTE

1 Effectue la division de 2 851 par 12 en cherchant combien de fois 12 est contenu dans 2 851.

2 Voici la méthode de Leïla pour effectuer cette division :

	2 8 5 1	1 2
100 fois 12 →	− 1 2 0 0	1 0 0
	1 6 5 1	
100 fois 12 →	− 1 2 0 0	+ 1 0 0
	4 5 1	
10 fois 12 →	− 1 2 0	+ 1 0

....

a. Termine le travail de Leïla en suivant sa méthode, puis compare avec ton résultat.

b. Complète l'écriture en ligne de la division : 2 851 = (12 ×...) + ...
Quel est le quotient ? Quel est le reste ?

3 Théo dit que l'on peut améliorer la méthode de Leïla en faisant moins de soustractions. Pour cela, on retire le maximum de centaines en une fois, puis le maximum de dizaines.
Réorganise les calculs de Leïla pour y parvenir.

4 Sers-toi du répertoire des multiples de 17 ci-contre pour effectuer la division de 621 par 17, puis la division de 3 456 par 17 à la manière de Théo.

17 × 1	17
17 × 2	34
17 × 3	51
17 × 4	68
17 × 5	85
17 × 6	102
17 × 7	119
17 × 8	136
17 × 9	153

EXERCICES

1 Vérifie que : 41 × 3 = 123 et 41 × 4 = 164.
Utilise ces calculs pour trouver rapidement le quotient et le reste des divisions :

a. 123 divisé par 41
b. 124 divisé par 3
c. 164 divisé par 4
d. 169 divisé par 41
e. 246 divisé par 41
f. 246 divisé par 3

2 Calcule le quotient et le reste de :

a. 579 divisé par 6
b. 606 divisé par 7
c. 3 842 divisé par 6
d. 5 418 divisé par 9

3 La mairie paie 2 250 € pour l'achat de 125 dictionnaires.
Quel est le prix d'un dictionnaire ?

16

CALCUL MENTAL
Jeu de tic tac : jeu du furet des multiples de 3 en remplaçant les multiples de 3 qui sont pairs par « tic », les multiples de 3 qui sont multiples de 5 par « tac ».

Division des nombres entiers : technique (2)

Objectif : confirmer la maîtrise de la technique de la division des nombres entiers.

DÉCOUVERTE

1 Leïla et Alice ont-elles raison ?

2 Voici le répertoire multiplicatif de 27. Utilise ce répertoire pour calculer le quotient et le reste de la division de 942 par 27.

27 × 1	27
27 × 2	54
27 × 3	81
27 × 4	108
27 × 5	135
27 × 6	162
27 × 7	189
27 × 8	216
27 × 9	243

```
  9 4 2 | 2 7
        | •  •
– 8 1 0 | 3 0
  ......
– ......
  ......
```

Complète : 942 = (27 × ...) + ...

3 Pour chacune des divisions suivantes, trouve le nombre de chiffres du quotient, puis effectue-les.

7 0 0 | 2 7   2 9 1 6 | 2 7   1 9 5 | 2 7

EXERCICES

1 Après avoir déterminé le nombre de chiffres du quotient par un encadrement, calcule mentalement le quotient de chaque division, puis vérifie en effectuant les divisions.

a. 25 divisé par 7
b. 126 divisé par 6
c. 740 divisé par 8
d. 275 divisé par 25
e. 1 548 divisé par 50
f. 345 divisé par 30
g. 7 500 divisé par 250
h. 8 600 divisé par 400
i. 520 divisé par 150

2 a. Vérifie que 7 × 100 < 5 984 < 7 × 1 000. Utilise cet encadrement pour prévoir le nombre de chiffres du quotient de la division de 5 984 par 7.
Effectue cette division.

b. Vérifie que 25 × 10 < 1 436 < 25 × 100. Utilise cet encadrement pour prévoir le nombre de chiffres du quotient de la division de 1 436 par 25. Effectue cette division.

c. Vérifie que 804 × 10 < 16 384 < 804 × 100. Utilise cet encadrement pour prévoir le nombre de chiffres du quotient de la division de 16 384 par 804. Effectue cette division.

3 Pour chaque division, donne le nombre de chiffres du quotient, effectue les divisions, puis donne l'écriture en ligne.

```
7 3 6 | 4 8          2 8 6 4 | 1 4
      |----                  |----
      |                      |
```

4 Complète chaque ligne du tableau en utilisant ta calculatrice.

Note les calculs que tu fais.

Dividende	Diviseur	Quotient	Reste
516	19		3
624		13	0
	8	264	5

5 Retrouve les chiffres effacés dans ces divisions posées.

```
  2 •  | 6           5 • 7 | 7              • • 3 2 | 1 5
- 2 4  |---        - 5 6 0 |----          - 4 5 0 0 |------
    3  | •             3 7 | • 5              1 2 • • | 3 • •
                     - • • |                - • • • • |
                         2 |                      • • |
                                                - • • |
                                                    • |
```

6 Quand l'Airbus A380 vole à 900 km/h, il consomme environ 1 800 litres de kérosène toutes les 7 minutes de vol.

Combien de kérosène consomme-t-il approximativement en 1 minute ?

L'Airbus A380

Remue-méninges

a. Effectue la division de 374 par 7.

b. Voici la méthode de la grand-mère d'Alice. Termine son calcul.

c. Effectue maintenant la division de 317 par 8 avec ta méthode puis avec celle de la grand-mère d'Alice.

CALCUL MENTAL. Jeu de portrait sur les nombres entiers.

Calcul automatisé, calcul réfléchi : les quatre opérations (1)

Objectifs : s'entraîner à automatiser certains calculs sur les nombres entiers. S'entraîner à utiliser les expressions : moitié, double, tiers, etc. Revoir la règle des parenthèses.

1 Calcule :

a. 35 × 2 | 26 × 3 | 15 × 4 | 20 × 5 | 12 × 6 | 30 × 7 | 21 × 8
43 × 2 | 42 × 3 | 17 × 4 | 25 × 5 | 15 × 6 | 19 × 7 | 50 × 8

b. 72 divisé par 2 | 45 divisé par 3 | 84 divisé par 4 | 60 divisé par 5
90 divisé par 2 | 75 divisé par 3 | 48 divisé par 4 | 100 divisé par 5

c. la moitié de : 60 | 70 | 120 | 130 | 240
le tiers de : 60 | 90 | 120 | 150 | 240
le quart de : 60 | 100 | 120 | 200 | 240

d. le double de 17 | le triple de 25 | le quadruple de 30
le double de 36 | le triple de 30 | le quadruple de 50

e. 43 × 20 | 15 × 20 | 30 × 12 | 50 × 30 | 25 × 40
7 × 10 000 | 20 × 100 | 1 000 × 43 | 340 × 20 | 200 × 500

f. 500 divisé par 4 | 1 000 divisé par 4 | 300 divisé par 5 | 1 000 divisé par 5
230 divisé par 10 | 300 divisé par 100 | 250 divisé par 50 | 1 200 divisé par 400

2 Complète chaque phrase avec un des mots de la liste :
la moitié | le double | le tiers | le triple | le quart | le quadruple

24 est … de 12 | 60 est … de 180 | 80 est … de 160
20 est … de 80 | 63 est … de 21 | 60 est … de 15

3 Calcule :

a. 3 + (4 × 7) | 7 + (6 × 3) | (12 × 3) + 7 | (2 × 15) + 10
(3 + 4) × 7 | (7 + 6) × 3 | 12 × (3 + 7) | 2 × (15 + 10)

b. 56 – (6 + 24) | 5 × (8 – 2) | (45 – 20) – 19 | (36 – 6) × 5
(56 – 6) + 24 | (5 × 8) – 2 | 45 – (20 – 19) | 36 – (6 × 5)

Dans un calcul avec des parenthèses, on calcule d'abord les opérations entre parenthèses.

4 On sait que 23 × 16 = 368.
Calcule sans poser les multiplications. Explique comment tu fais.
a. 23 × 17 | **b.** 24 × 16 | **c.** 23 × 26 | **d.** 33 × 16

CALCUL MENTAL. Jeu du furet des multiples de 10, puis de 100, puis de 1 000. Demander de temps en temps de quel multiple de 10 (100, 1 000) il s'agit (ex. : 570, c'est 10 fois 57).

Numération : encadrer des nombres

Objectif : s'entraîner à situer des nombres entre des multiples de 10, 100, 1 000.

EXERCICE DIRIGÉ

Voici deux droites graduées A et B.

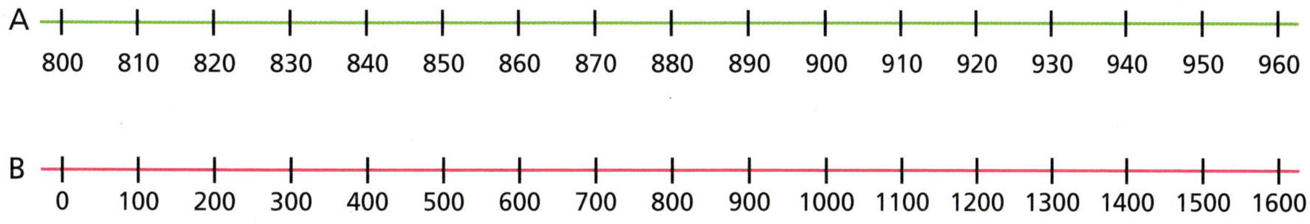

❶ Indique quelle droite graduée Théo utilise. Reproduis-la.
Encadre les nombres suivants entre deux dizaines consécutives : 827 ; 931 ; 937 ; 803 ; 958.
Place-les sur la droite graduée utilisée par Théo.

❷ Indique quelle droite numérique Alice utilise. Reproduis-la.
Encadre les nombres suivants entre deux centaines consécutives : 827 ; 931 ; 1 253 ; 1 306 ; 1 085.
Place-les sur la droite graduée utilisée par Alice.

❸ Encadre 24 352 entre deux milliers consécutifs.
Trouve, parmi ces deux nombres, celui dont 24 352 est le plus proche. Explique pourquoi.

EXERCICES

1 Entre quels nombres se trouve 5 967 :

a. sur une droite graduée de 100 en 100 ?
b. sur une droite graduée de 10 en 10 ?
c. sur une droite graduée de 1 000 en 1 000 ?
d. sur une droite graduée de 10 000 en 10 000 ?

2 Encadre chaque nombre entre deux dizaines consécutives :

a. 347 **c.** 609 **e.** 38 263
b. 1 538 **d.** 4 038 **f.** 57 007

Dans chaque cas, souligne la dizaine dont le nombre est le plus proche.

3 Encadre chaque nombre entre deux centaines consécutives :

a. 568 **c.** 5 036 **e.** 64 984
b. 3 613 **d.** 7 592 **f.** 304 647

Dans chaque cas, souligne la centaine dont le nombre est le plus proche.

17

CALCUL MENTAL
À la recherche du quotient : le professeur donne le dividende et le diviseur d'une division et les place sur la potence, les élèves doivent trouver mentalement le quotient.

Angles

Objectifs : comparer des angles et prendre conscience que les longueurs des côtés n'ont pas d'incidence sur le résultat de la comparaison. Utiliser des gabarits d'angle.

ACTIVITÉ PRÉPARATOIRE DE DÉCOUVERTE : construction d'un porte-angle. Jeu du géométriscrable. Encastrements successifs de figures s'appuyant sur le repérage des égalités d'angles.

DÉCOUVERTE

Au jeu du géométriscrable, les deux pièces A et B sont déjà placées.
Décalque l'assemblage.

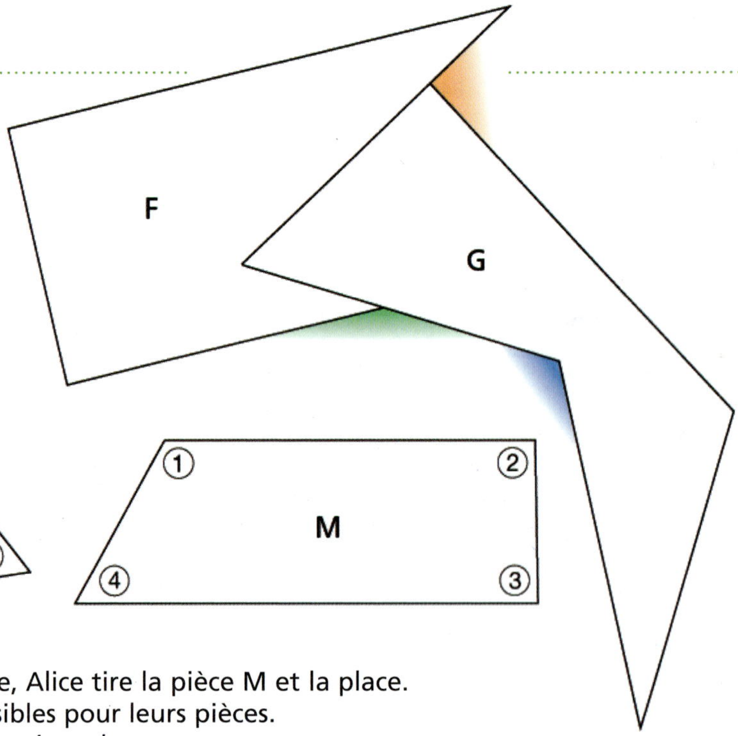

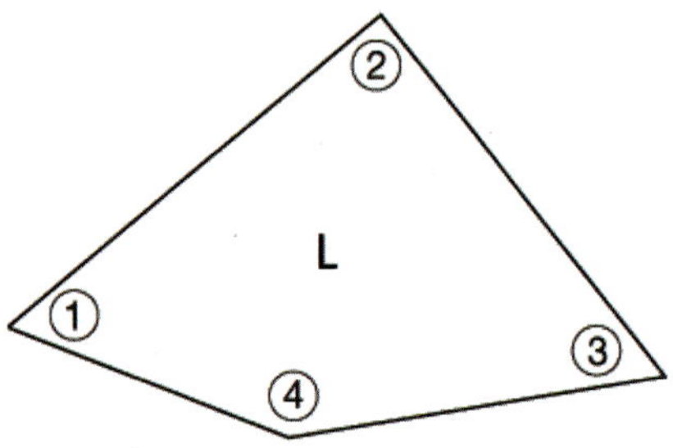

Qwang tire la pièce L et la place, Alice tire la pièce M et la place.
Repère à l'œil les positions possibles pour leurs pièces.
Vérifie en les dessinant sur du papier calque.

EXERCICES

1 Parmi les angles suivants, trouve ceux qui sont égaux, puis cite ceux qui sont aigus, ceux qui sont obtus et ceux qui sont droits.

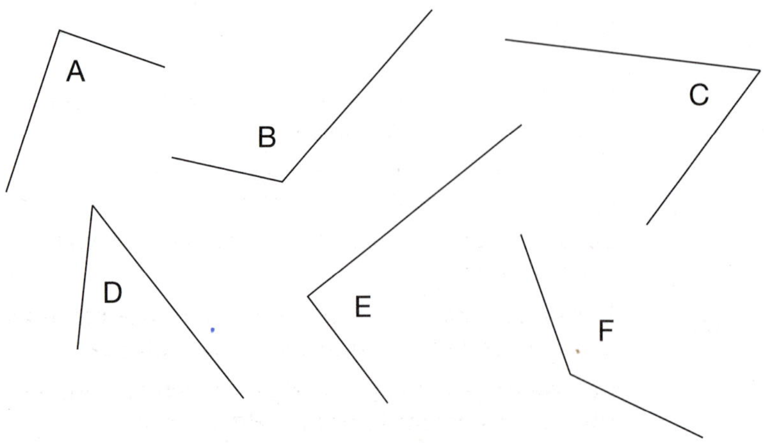

Les angles plus grands que l'angle droit sont des angles obtus, ceux qui sont plus petits sont des angles aigus.

grandeurs et mesures
10
17
39
40
41
42
43
47
58
59
71
79
80

2 **a.** Range les angles suivants dans l'ordre croissant.

b. Cite ceux qui sont aigus.

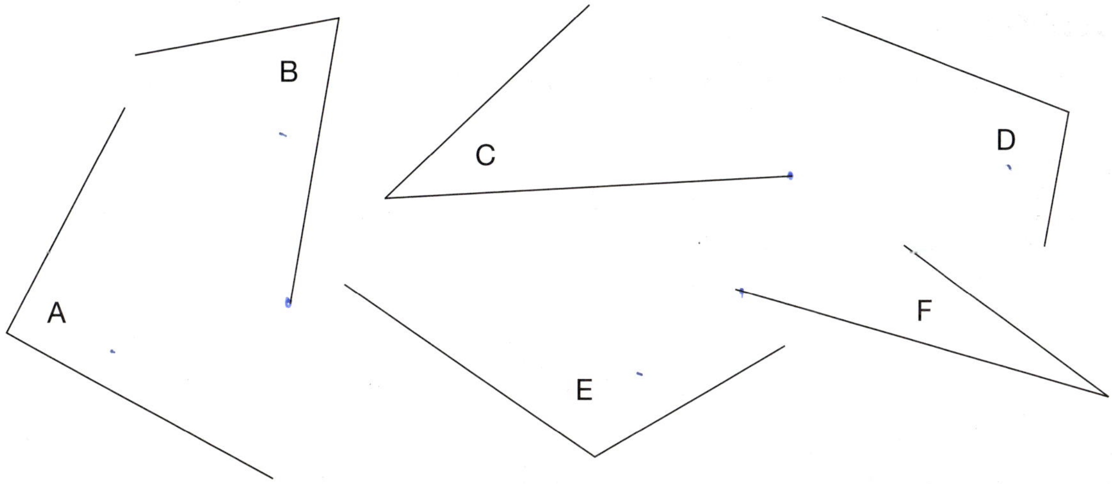

3 Voici un polygone, et un gabarit d'angle.

À vue d'œil, quel est l'angle du polygone qui est égal à celui du gabarit ?

Vérifie à l'aide du porte-angle.

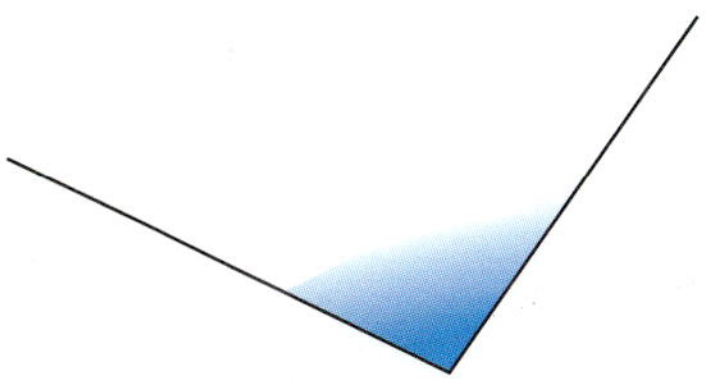

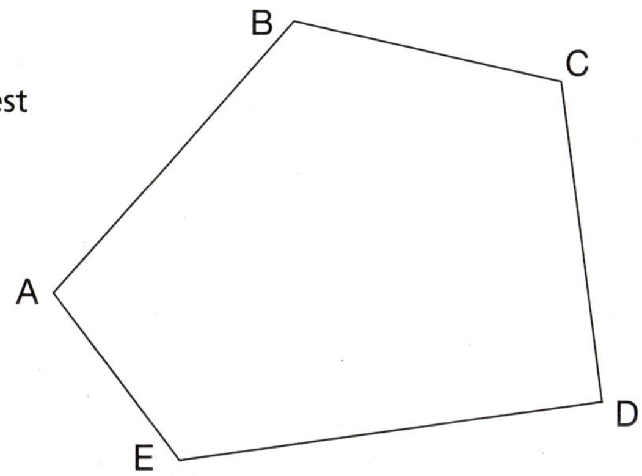

Remue-méninges

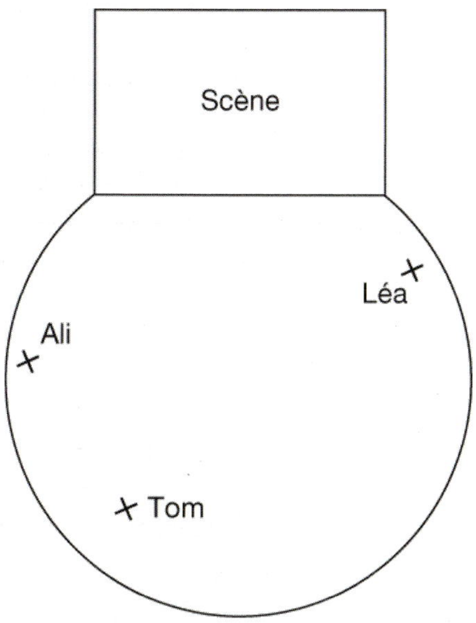

Dans cette salle de théâtre, certaines places sont moins chères que les autres.
En effet, les spectateurs qui y sont assis ne peuvent pas voir toute la scène.

Les spectateurs Ali, Léa et Tom peuvent-ils voir toute la scène ?

Décalque le plan et colorie de différentes couleurs la partie de la scène que chacun ne voit pas.

Colorie en jaune la partie de la salle d'où tous les spectateurs voient la totalité de la scène.

CALCUL MENTAL
À la recherche du reste : le professeur donne le dividende et le diviseur d'une division et les place sur la potence, les élèves doivent trouver mentalement le reste.

Droites perpendiculaires et droites parallèles

Objectifs : se remémorer les positions relatives de deux ou plusieurs droites. Construire deux droites parallèles soit en utilisant une perpendiculaire commune soit en utilisant leur distance.

ACTIVITÉ PRÉPARATOIRE DE DÉCOUVERTE : jeu de message pour construire deux droites parallèles.

DÉCOUVERTE

On a retrouvé un morceau d'une feuille sur laquelle étaient dessinés les rails d'un train miniature.

- Sur une feuille unie, sans décalquer, reconstruis précisément des rails pour ce train. Utilise les instruments de ton choix.
- Vérifie ton tracé avec tes camarades : pour que le train puisse circuler sans dérailler, vous devez pouvoir mettre vos rails bout à bout.

EXERCICES

1 Cette figure est constituée de plusieurs droites. Certaines sont parallèles entre elles. D'autres se coupent : on dit qu'elles sont sécantes. Celles qui se coupent en formant un angle droit sont perpendiculaires entre elles.

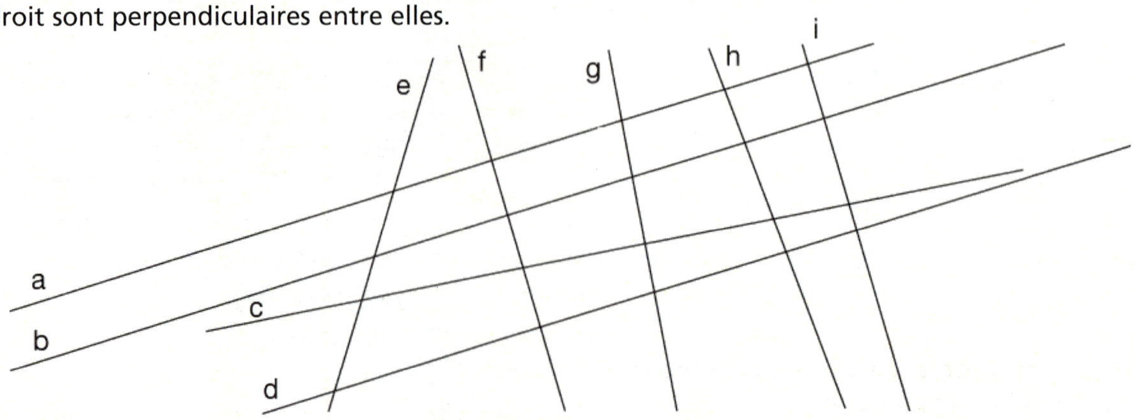

a. Cite trois droites parallèles entre elles. Pourquoi es-tu sûr(e) qu'elles sont parallèles ?

b. Cite deux droites perpendiculaires entre elles.

c. Cite deux droites sécantes qui ne sont pas perpendiculaires entre elles.

2 Leïla dit que pour vérifier que deux droites sont parallèles, on peut « faire glisser » un rectangle entre les deux.

Sa méthode te paraît-elle correcte ? Justifie ta réponse.

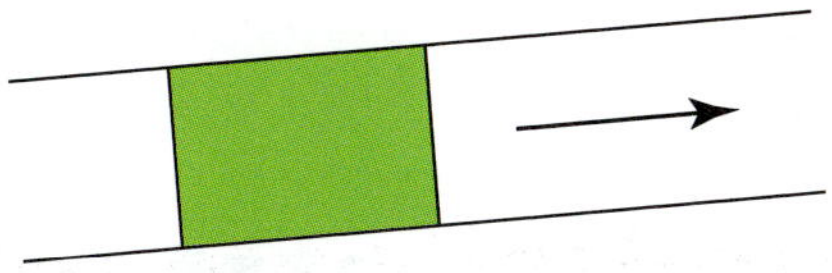

3 Voici plusieurs polygones. Décalques-les.

a. Certains d'entre eux ont des côtés perpendiculaires. Lesquels ?
Repasse en vert les côtés perpendiculaires. Que remarques-tu ?

b. Certains d'entre eux ont des côtés parallèles. Lesquels ?
Repasse en bleu ces côtés parallèles.

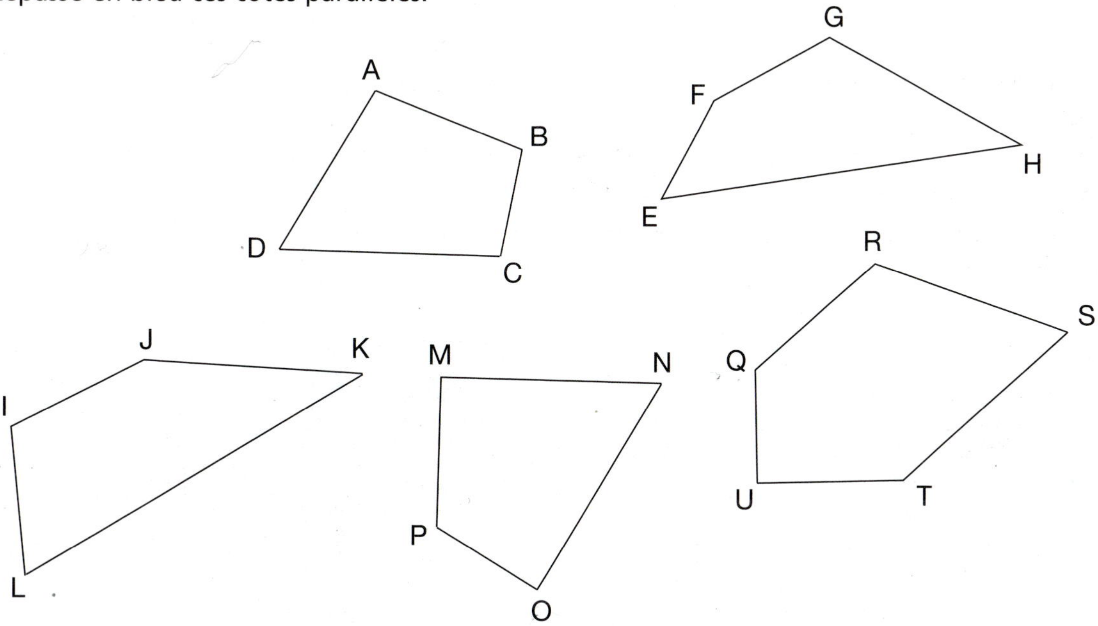

4 Pour fabriquer une machine à partager, trace, sur une feuille quadrillée, 5 droites parallèles ni verticales, ni horizontales.

Explique comment tu as fait.

5 Pour fabriquer une machine à partager, trace, sur une feuille unie, 5 droites parallèles.

Explique comment tu as fait.

6 Trace la droite perpendiculaire à la droite d et qui passe par le point A.

7 Trace la droite parallèle à la droite d et qui passe par le point C.

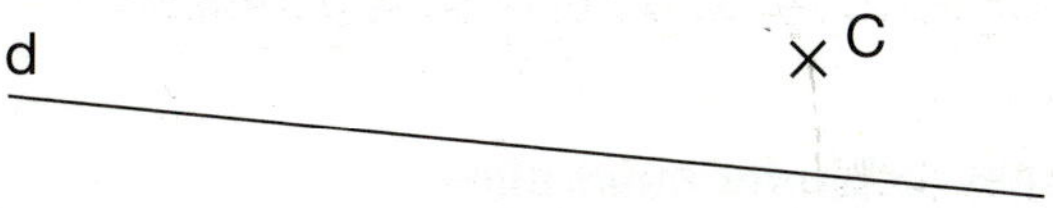

8 Pierre doit aller chercher de l'eau à la rivière. Décalque le plan et trace le trajet qu'il doit suivre pour parcourir la distance la plus courte possible.

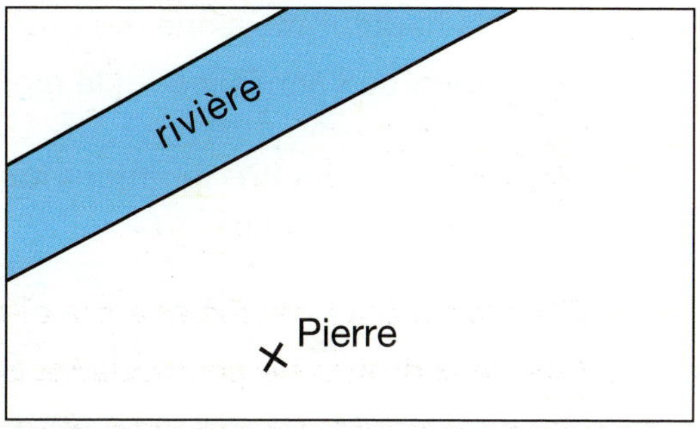

19

CALCUL MENTAL
À la recherche du dividende : le professeur donne le diviseur, le quotient et le reste d'une division et les place sur la potence, les élèves doivent trouver mentalement le dividende.

Représentation de données : graphiques et tableaux

Objectifs : lire, interpréter et construire des tableaux de nombres et des graphiques.

DÉCOUVERTE

1 Ce graphique présente la hauteur moyenne mensuelle (par mois) des précipitations en pluie et neige à Marseille et à Strasbourg pendant 30 ans.

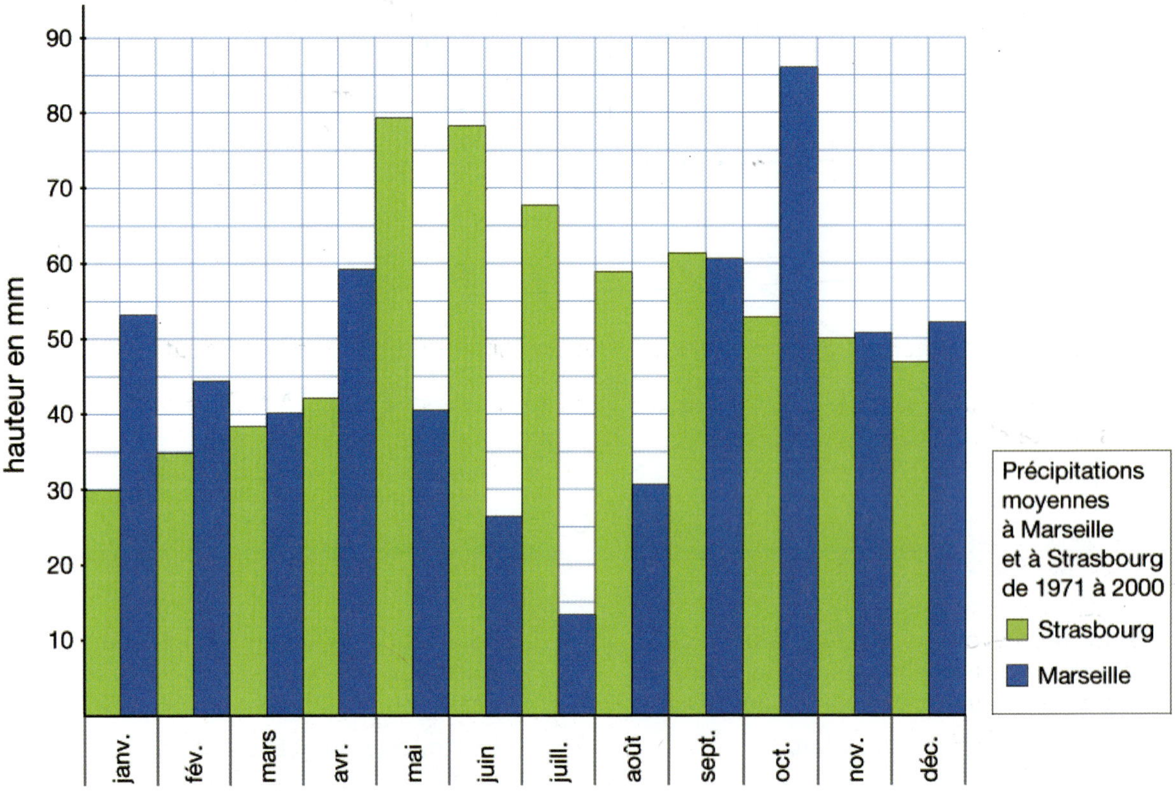

a. En janvier la hauteur moyenne des précipitations à Marseille est de 53 mm. De combien est-elle à Strasbourg ?

b. Quelle est la ville la plus arrosée au mois de juillet ? Quelle est la hauteur moyenne des précipitations dans cette ville ?

c. Quelle est la ville la moins arrosée au mois d'octobre ? Quelle est la hauteur moyenne des précipitations dans cette ville ?

d. En quel mois de l'année y a-t-il le moins de précipitations à Strasbourg ? et à Marseille ?

2 Voici le tableau des précipitations moyennes mensuelles relevées à Brest pendant la même période de 30 ans.

	Janv.	Fév.	Mars	Avr.	Mai	Juin	Juil.	Août	Sept.	Oct.	Nov.	Déc.
hauteur en mm	138	116	98	82	73	56	51	60	89	119	121	141

Construis le graphique correspondant sur une feuille de papier quadrillé.

EXERCICES

1 Pour les météorologues français, la canicule est une période d'une durée supérieure à 48 heures pour laquelle les températures maximales dépassent 35° Celsius.
Voici un graphique qui montre les températures maximales relevées en France entre le 1er août et le 16 août 2003.

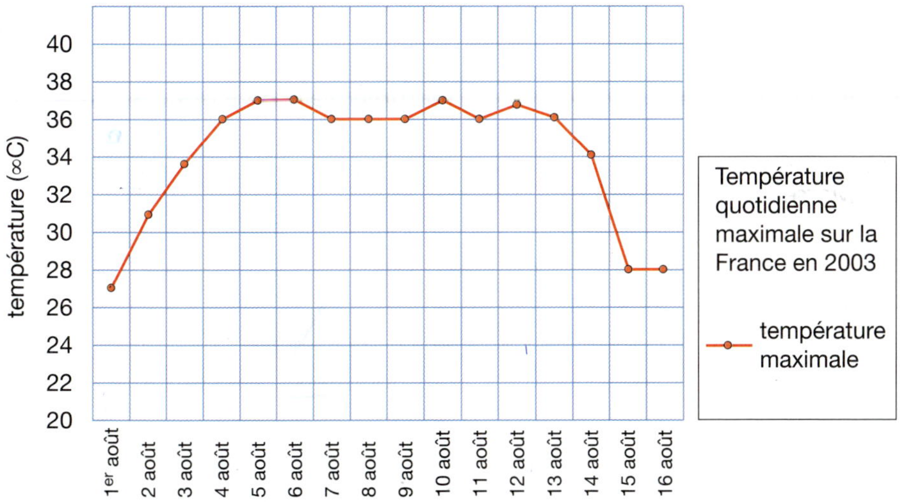

a. Quelle était la température le 3 août ? Quelle était la température le 12 août ?

b. Alice affirme qu'au mois d'août 2003, la canicule a sévi en France. A-t-elle raison ? Justifie ta réponse.

2 En France, les autoroutes sont très souvent à péage. Voici un document qui présente l'évolution du nombre total de kilomètres d'autoroute en France de 1970 à 2000.
Le nombre indiqué entre parenthèses précise la partie qui est à péage.

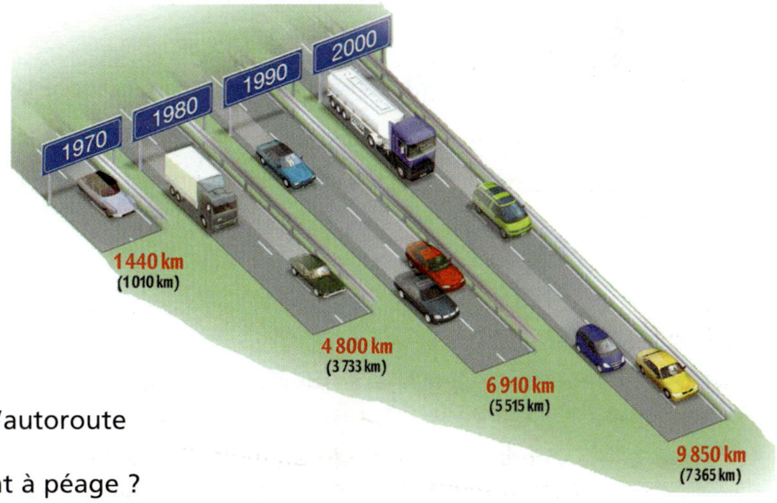

a. En 1970, quelle longueur d'autoroute y avait-il en France ?
Combien de kilomètres étaient à péage ?

b. En 1980, quelle longueur d'autoroute y avait-il en France ?
Combien de kilomètres étaient gratuits ?

c. De combien a augmenté la longueur totale des autoroutes de 1970 à 1980 ?
Et de 1980 à 1990 ?

d. Théo dit qu'entre 1970 et 2000, la partie gratuite des autoroutes a plus que quintuplé.
Leïla ajoute : « Et la partie à péage est près de sept fois plus grande en 2000 qu'en 1970. »
Ont-ils raison ? Justifie ta réponse.

Ce que je suis capable de faire

1

Parmi ces nombres :

7 12 15 43 45 50 68 70 135 136 140

a. quels sont les multiples de 2 ?

b. quels sont les multiples de 5 ?

c. quels sont les multiples communs à 2 et à 5 ? Comment les reconnais-tu ?

2

« Je suis un nombre inférieur à 50.
Je suis un multiple de 10 et de 3.
Qui suis-je ? »

3

Trouve un nombre inférieur à 100 multiple de 2, de 5 et de 3.

4

Calcule : a. 8 + (2 × 6) b. (4 + 6) × 5 c. 40 – (3 × 5) d. (18 – 6) × 3

5

Peut-on partager exactement :
a. 60 billes entre 3 enfants ?
b. 60 billes entre 10 enfants ?
c. 60 billes entre 7 enfants ?

Explique tes réponses

6

Avec 1 550 œillets, un fleuriste veut réaliser des bouquets contenant tous 12 œillets.

Combien de bouquets peut-il réaliser ? Combien d'œillets lui manque-t-il pour réaliser un bouquet de plus ?

7

Avec un rouleau de 90 m de fil électrique, on a fabriqué 15 guirlandes de Noël de même longueur.

Quelle est la longueur d'une guirlande ?

8

Douze pirates veulent se partager équitablement 370 pièces d'or identiques.

Prévois par le calcul combien de pièces chaque pirate va recevoir.

9

Encadre chacun de ces nombres entre deux dizaines successives :

a. 126 b. 432 c. 706 d. 998 e. 1 293

Dans chaque cas, souligne la dizaine dont le nombre est le plus proche.

10

a. Deux côtés du quadrilatère ABCD sont perpendiculaires. Lesquels ?

b. Trouve l'angle du quadrilatère ABCD qui est égal à celui du gabarit.

c. Mesure le périmètre de ce quadrilatère.

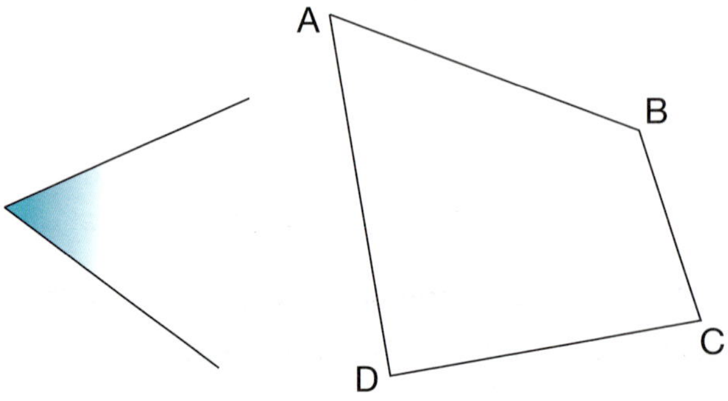

11

Tom a des billets de 5 € et des billets de 10 €. Il a en tout 15 billets.
Avec ces 15 billets, il a 115 €.

Combien a-t-il de billets de 5 € et combien a-t-il de billets de 10 € ?

20

CALCUL MENTAL
Jeu de recto verso des nombres décimaux : avec des cartes portant au recto une fraction décimale, au verso son écriture à virgule. Il s'agit de prévoir le verso lorsque l'on voit le recto (et inversement).

Problèmes pour apprendre à chercher (2)

Objectifs : résoudre des problèmes pour lesquels les élèves ne disposent pas, le plus souvent, de la procédure experte. Émettre et tester des hypothèses, gérer des essais, vérifier que la solution produite tient compte de toutes les contraintes.

DÉCOUVERTE

Pour résoudre ce problème, tu peux utiliser ta calculatrice.

1 On réalise une série de mosaïques de forme carrée. Dans cette série, le pourtour est constitué de carreaux bleus sur une seule rangée et l'intérieur de carreaux jaunes. Voici deux mosaïques qui remplissent ces conditions.

a. Dans cette série, est-il possible de réaliser une mosaïque avec plus de carreaux jaunes que de carreaux bleus ?

b. Combien de carreaux bleus et de carreaux jaunes faut-il pour réaliser une mosaïque de la série ayant 12 carreaux de côté ?

c. Quelle est la plus grande mosaïque de la série, réalisable avec 49 carreaux jaunes ? Combien faut-il de carreaux bleus ?

d. On dispose de 230 carreaux jaunes.
Quelle est la plus grande mosaïque de la série réalisable ?
Combien faut-il de carreaux bleus ?

2 On réalise, cette fois, une nouvelle série de mosaïques carrées avec uniquement des carreaux jaunes.

a. Parmi les nombres de carreaux jaunes ci-dessous, quels sont ceux qui conviennent ?
4 8 10 16 20 25 30 32 40 49 50 60 64

b. Trouve trois autres nombres qui conviendraient.

EXERCICES

1 Dans sa poche gauche, Madame Morin a des pièces de 2 € et, dans sa poche droite, des billets de 5 €.
Elle a le même nombre de pièces et de billets. En tout, elle a 84 €.
Quelle somme a-t-elle dans chaque poche ?

2 Dans sa poche gauche, Monsieur Daumas a des pièces de 2 € et, dans sa poche droite, des billets de 5 €. Il a en tout 27 pièces et billets. Avec ces 27 pièces et billets, il a 84 €.
Quelle somme a-t-il dans chaque poche ?

21

CALCUL MENTAL
Jeu de recto verso des nombres décimaux (voir livre du professeur).

Addition et soustraction de nombres entiers et décimaux

Objectifs : revenir aux fractions décimales pour expliquer la technique d'addition des nombres décimaux. Aborder l'addition à trou des nombres décimaux.

DÉCOUVERTE

Qwang, Alice et Leïla aident le menuisier à poser des plinthes : ils mettent bout à bout deux morceaux de plinthe.
Le premier morceau mesure 1,5 m
et le second 0,97 m.

1 Prévois la longueur de la plinthe obtenue.

2 Leïla a prévu 2,47 m ; Alice : 1,102 m et Qwang 1,147 m.

- Compare avec ta prévision.
- Pour vérifier si ton résultat est juste, choisis une de ces méthodes :

– tracer deux segments alignés bout à bout sur le tableau de la classe et mesurer ;
– calculer en utilisant les écritures fractionnaires des décimaux : $1{,}5 = 1 + \frac{5}{10}$ et 0,97 = … ;
– calculer en utilisant les écritures décimales de Stevin.

$$\begin{array}{r} 1{,}5 \\ +\,0{,}97 \\ \hline \ldots \end{array}$$

3 En mettant bout à bout une plinthe de longueur 1,8 m et une deuxième plinthe, on obtient une plinthe de longueur 2,57 m.

- Trouve la longueur de la deuxième plinthe.
- Alice calcule 1,8 + … = 2,57 en faisant des sauts sur la droite.

Termine le calcul d'Alice.
Compare le résultat d'Alice avec le tien.

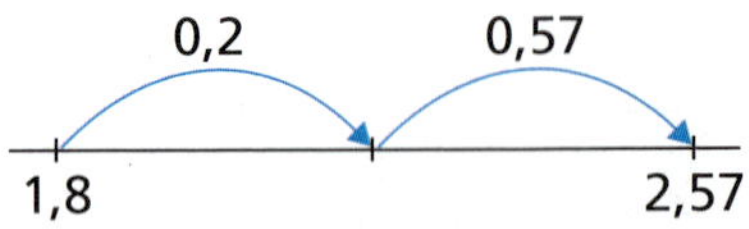

EXERCICES

1 Écris sous forme d'une seule fraction.

a. $1 + \frac{5}{10} + 1 + \frac{3}{10}$

b. $2 + \frac{3}{10} + 5 + \frac{8}{10} + \frac{7}{100}$

c. $\frac{7}{100} + 4 + \frac{6}{10} + \frac{6}{100}$

d. $1 + \frac{4}{1\,000} + 4 + \frac{5}{10} + \frac{3}{100} + \frac{3}{1\,000}$

2 Quelle est l'écriture à virgule des nombres suivants ?

a. $1 + \frac{5}{10}$

b. $2 + \frac{3}{10} + \frac{5}{100}$

c. $2 + \frac{6}{10} + \frac{4}{100}$

d. $3 + \frac{4}{10}$

e. $\frac{5}{10}$

f. $5 + \frac{4}{100}$

3

a. Calcule 4,7 + 2,53

b.

Théo a-t-il raison ?

4 Vrai ou faux ?

a. 15,6 = 15,60

b. 12,03 = 12,3

c. 8,2 = 8,200

d. 5 = 0,500

5 Effectue les additions suivantes :

a. 3,45 + 4,52

b. 274,38 + 12,9

c. 4 + 17,8

d. 3,05 + 15,76 + 6,4

6 Calcule l'écart :

a. entre 2,7 et 3,2

b. entre 12,75 et 13

7 Vrai ou faux ?

a. 3,5 + 5,6 = 8,11

b. 4,67 + 0,3 = 4,70

c. 4,3 + 4,03 = 8,33

d. 8,56 + 0,44 = 9

8

a. « Je pense à un nombre, je lui ajoute 7,5. J'obtiens 10. » Quel est ce nombre ?

b. « Je pense à un nombre, je lui ajoute 2,8. J'obtiens 10. » Quel est ce nombre ?

9 Complète :

a. 3,4 + … = 4

b. … + 1,2 = 2

c. 5,06 + … = 6

d. 8,94 + … = 9

e. 2,45 + … = 3

f. … + 3,14 = 4

g. 6,43 + … = 6,5

h. 7,01 + … = 7,1

10 Pour traiter ses arbres fruitiers, un agriculteur doit mélanger trois produits dont les masses sont : 4, 5 kg ; 550 g et 12 kg.

Quelle sera la masse du mélange ?

11 En lisant les informations sur la carte, trouve la distance parcourue par Joël lors de sa randonnée en vélo dans la Sarthe. Le parcours est coloré en bleu.

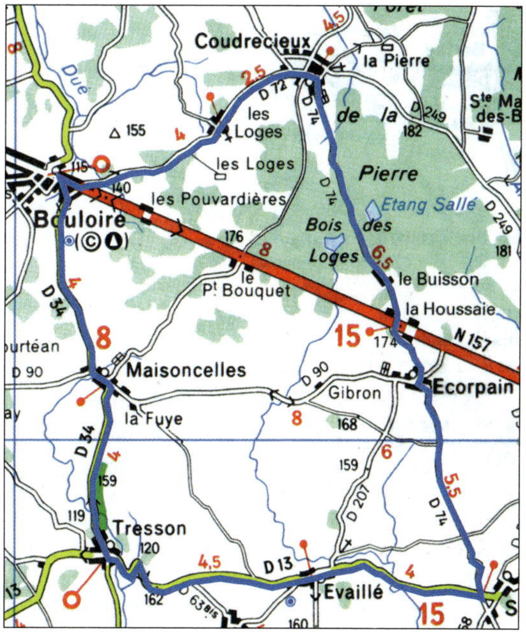

Remue-méninges

Reproduis et complète ces « pyramides ». Dans chaque case, le nombre est égal à la somme des nombres qui se trouvent dans les deux cases situées au-dessous d'elle.

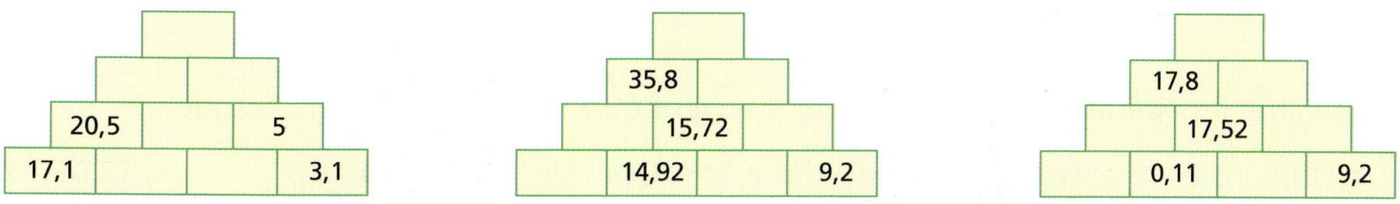

22

CALCUL MENTAL
Jeu du furet avec les nombres décimaux : compter de 0,1 en 0,1 en croissant puis en décroissant à partir d'un nombre donné. Recommencer en comptant de 0,2 en 0,2.

Soustraction des nombres décimaux : technique

Objectif : construire une technique de la soustraction de deux nombres décimaux en étendant à ces nombres les méthodes de calcul étudiées pour les entiers.

DÉCOUVERTE

1 Calcule : 13,5 – 9,35.

2 Alice, Leïla et Piotr, leur ami russe, calculent la différence 13,5 – 9,35.
Étudie toutes les propositions. Complète chaque calcul et compare avec ta méthode.

• **Alice** utilise la technique des sauts pour aller de 9,35 à 13,5.

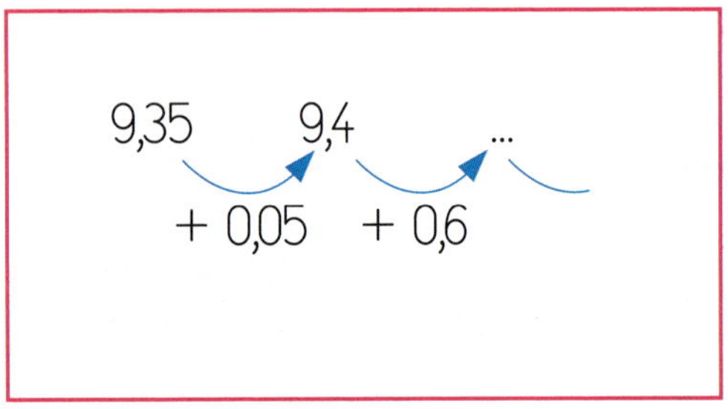

• **Piotr** calcule la différence 13,5 – 9,35. Il ajoute d'abord 0,05 et puis 0,6 aux deux nombres. C'est maintenant facile de calculer 14,15 – 10.

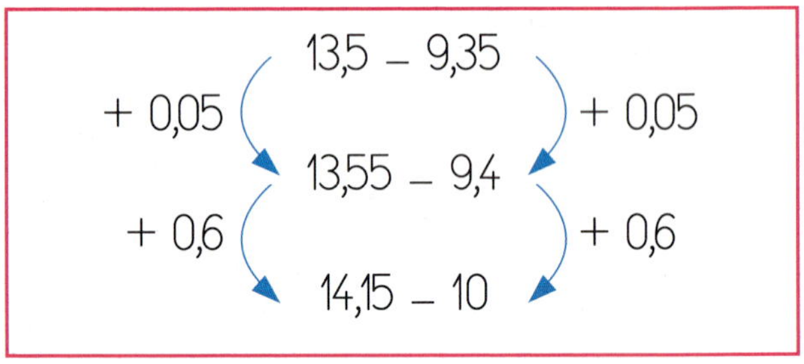

• **Leïla** remplace 13,5 par 13,50 et elle calcule 13,50 – 9,35 puis elle place la virgule.

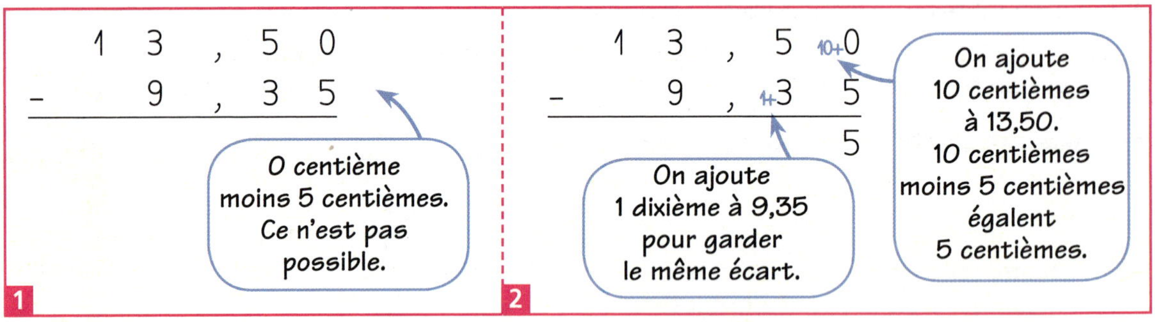

• **Qwang** dit qu'on peut faire une addition pour vérifier ce calcul. A-t-il raison ?

3 Effectue ces soustractions, puis vérifie en faisant une addition :

a. 98,3 – 36,5 **b.** 15,53 – 4,6 **c.** 123,56 – 15,07 **d.** 34 – 2,45

EXERCICE

Effectue les opérations. Certains calculs peuvent être faits mentalement. Lesquels ?

a. 13,4 – 1,2 **b.** 21,5 – 3,8 **c.** 2,14 – 1,14 **d.** 254,14 – 1,7 **e.** 13,05 – 2,4

23

CALCUL MENTAL.
Jeu du furet avec les nombres décimaux : compter de 0,5 en 0,5 en croissant, puis en décroissant à partir d'un nombre donné. Recommencer en comptant de 1,1 en 1,1.

Utiliser la calculatrice (1)

Objectifs : utiliser la calculatrice pour approfondir ses connaissances sur les opérations. S'appuyer sur la signification des chiffres suivant leur position dans les nombres décimaux pour calculer.

DÉCOUVERTE

1 Réponds aux questions de Qwang et d'Alice.

2 Théo dit : « J'ai multiplié deux nombres entre eux. J'ai obtenu 763 422. L'un des nombres est 807. Quel est l'autre nombre ? »

Leïla dit : « J'ai divisé deux nombres entre eux. J'ai obtenu 57 et le reste est 0. L'un des nombres est 1 083. Quel est l'autre nombre ? Moi j'ai trouvé deux solutions. »

Réponds aux questions de Théo et Leïla.

EXERCICES

1 **a.** Affiche le nombre 5 432 sur ta calculatrice. Que dois-tu faire pour obtenir 4 732 sans effacer l'écran ?

b. Même question pour les nombres du tableau.

Nombre affiché	Nombre ciblé
6 785	10 785
23 400	13 400
7 678	8 698
8 654	8 543
10 762	12 562
5 407	25 307

2 **a.** Affiche le nombre 67,34 sur ta calculatrice. Que dois-tu faire pour obtenir 68,54 sans effacer l'écran ?

b. Même question pour les nombres du tableau.

Nombre affiché	Nombre ciblé
30,56	40,56
78,65	78,7
354,27	364,37
28,76	28,75
746,06	745,05
37,54	37,43

CALCUL MENTAL
Recherche de compléments à l'entier supérieur. Ex. : Combien faut-il ajouter à 3,2 pour obtenir 4 ?

Comparer des nombres décimaux

Objectif : se rappeler les règles de comparaison des nombres décimaux et de l'organisation sur la droite numérique.

ACTIVITÉ PRÉPARATOIRE DE DÉCOUVERTE : faire retrouver aux élèves un nombre décimal. Le nombre de chiffres après la virgule est fixé ; les seules questions permises sont : « Le nombre est-il plus petit que... ? » ou « Le nombre est-il plus grand que... ? » sans jamais séparer les parties entières et décimales des nombres proposés.

DÉCOUVERTE

Leïla a choisi un nombre décimal compris entre 10 et 20 qui a trois chiffres après la virgule. Voici les questions d'Alice et les réponses de Leïla.

Questions d'Alice	Réponses de Leïla
Est-il plus grand que 15 ?	Oui
Plus petit que 17 ?	Non
Plus grand que 16 ?	Oui
Plus grand que 19 ?	Oui
Plus petit que 19,5 ?	Oui
Plus grand que 19,2 ?	Oui
Plus petit que 19,6 ?	Oui
Plus petit que 19,3 ?	Oui
Plus grand que 19,25 ?	Oui
Plus grand que 19,35 ?	Non
Plus petit que 19,27 ?	Oui
Plus grand que 19,26 ?	Oui
Plus grand que 19,267 ?	Oui
Plus petit que 19,269 ?	Oui

1 **a.** Quel est le nombre choisi par Leïla ? Tu peux t'aider en plaçant les nombres sur une droite graduée.

b. Parmi les questions d'Alice, certaines sont inutiles. Lesquelles ?

2 Parmi les phrases suivantes, lesquelles sont vraies ? Si tu hésites, reviens à l'écriture fractionnaire.

a. Le nombre 3,46 est compris entre 3,4 et 3,5.

b. Le nombre 3,43 est plus grand que 3,5.

c. Le nombre 3,25 est plus petit que le nombre 3,250.

d. Les nombres 3,20 et 3,2 sont égaux.

3 Alice dit que 3,6 est le nombre décimal qui vient juste après 3,5.
Leïla dit que c'est faux parce qu'entre ces deux nombres il y en a beaucoup d'autres.
Qui a raison ?

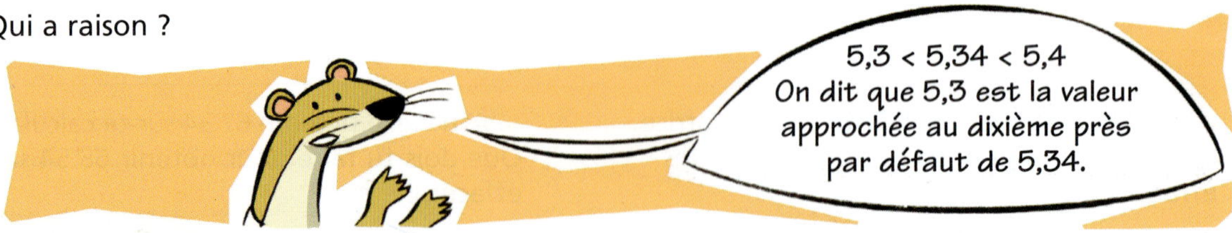

4 Donne la valeur approchée au dixième près par défaut des nombres :

a. 4,27 **b.** 0,38 **c.** 7,843 **d.** 147,04 **e.** 33,128 **f.** 12,65

EXERCICES

1 Vrai ou faux ?

a. 7,45 < 7,405 **b.** 4,8 < 4,80 **c.** 5,6 = 5,60 **d.** 45,3 > 45,27

connaissance des fractions et décimaux
C 7 8 11 12 24 E E

2 Voici quatre étiquettes : 8 | 4 | 5 | 1

Écris au moins dix nombres en utilisant à chaque fois les 4 étiquettes, puis range les nombres obtenus dans l'ordre croissant.

3 Voici cinq étiquettes : 8 | 4 | 5 | 1 | ,

Écris au moins dix nombres en utilisant à chaque fois les 5 étiquettes, puis range les nombres obtenus dans l'ordre croissant.

4 Voici cinq étiquettes : 0 | 6 | 7 | 9 | ,

Écris au moins dix nombres en utilisant à chaque fois les 5 étiquettes, puis range les nombres obtenus dans l'ordre croissant.

5 Trouve un nombre décimal compris entre :

a. 27,3 et 27,9 **b.** 8,56 et 8,562 **c.** 4,5 et 4,51 **d.** 5,06 et 5,07 **e.** 3,99 et 4,01

6 Trouve dix nombres compris entre 4,5 et 4,6 et range-les du plus grand au plus petit.

7 Trouve dix nombres compris entre 7,82 et 7,83 et range-les du plus petit au plus grand.

8 L'écart entre deux nombres est 0,04. L'un des nombres est 9,56.

Quel est l'autre nombre ? Y a-t-il plusieurs solutions ?

9 Trouve, au moins trois nombres compris entre 2,3 et 2,4 et distants entre eux de 0,02.

Range-les du plus petit au plus grand.

10 Reproduis la ligne graduée et place le plus précisément possible les nombres :

5,42 5,505 5,5 5,50 5,2 5,3 5,09.

Remue-méninges

Imaginons un pays où les mots s'écrivent avec les chiffres. L'ordre « alphabétique » est alors :
0 ; 1 ; 2 ; 3 ; 4 ; 5 ; 6 ; 7 ; 8 ; 9.

a. Range les « mots » suivants selon l'ordre alphabétique comme nous le faisons avec nos lettres :
201 ; 2 ; 210 ; 2 001 ; 102.

b. Maintenant, range les nombres décimaux suivants :
0,201 ; 0,2 ; 0,210 ; 0,2001 ; 0,102.

Étonnant, non ?

Calcul automatisé, calcul réfléchi sur les nombres entiers

Objectifs : reconnaître les multiples de 2 ; 5 et 10. Revoir les techniques opératoires dans l'ensemble des nombres entiers.

1 Recopie et complète.

+		7	3	
8	13			
		14		
			12	
4				10

×	30	40	70	90
4				
7				
20				
50				

×	20		60	
	100			
50		150		
			360	
80				800

×				
				56
	160	240		
			450	400
	360		81	

2 Calcule :

```
    8 4 7
+ 3 2 6 8
+ 1 3 5 6
```

```
  2 0 4 8
−   7 7 3
```

```
  7 4 6
×   3 8
```

```
6 3 4 | 1 8
```

3 Calcule avec la méthode de ton choix. Vérifie avec la calculatrice.

a. 327 + 72 + 1953 **b.** 2 532 – 728 **c.** 892 × 45 **d.** 765 divisé par 24

4 **a.** Quels sont les multiples de 2 plus grands que 100 et plus petits que 150 ?

b. Quels sont les multiples de 5 plus grands que 100 et plus petits que 150 ?

c. Quels sont les multiples de 10 plus grands que 100 et plus petits que 150 ?

Remue-méninges

Qui sommes-nous ?

Nous sommes trois nombres.
Chacun de nous s'écrit avec quatre de ces chiffres :

6	5	0	4	9

Nombre A : Je suis le plus proche de 4 000.

Nombre B : Je suis le plus proche de 6 000.

Nombre C : Et moi, je suis le plus proche de 5 000.

CALCUL MENTAL
Le professeur écrit deux nombres décimaux, les élèves écrivent le plus grand (ou le plus petit). Reprendre en disant les nombres sans les écrire.

Reproduction, restauration de figures

Objectif : identifier des propriétés d'alignement, de milieu, de perpendicularité ou de parallélisme pour restaurer des figures à partir de certains éléments.

DÉCOUVERTE

1 Il faut reproduire la figure modèle en décalquant seulement le quadrilatère ABCD.
Cherche les propriétés de la figure modèle qui vont te permettre de terminer la reproduction.

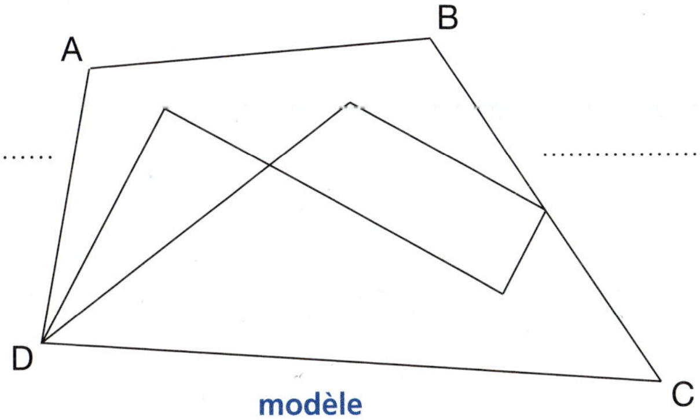

2 Il faut maintenant construire en plus grand une figure semblable à la figure modèle.
Qwang a déjà construit le quadrilatère MNPQ en agrandissant le quadrilatère ABCD.

Décalque le quadrilatère MNPQ et termine la construction.

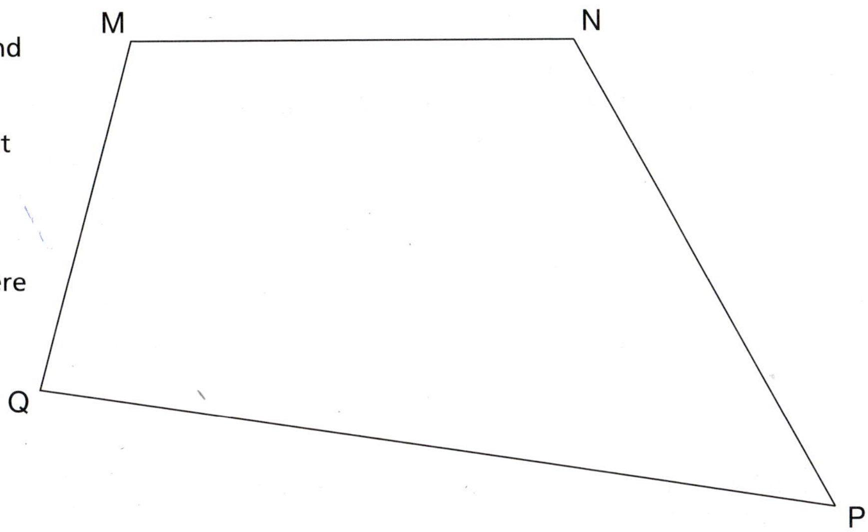

EXERCICE

Décalque seulement le quadrilatère STUV.
Puis, cherche les propriétés de la figure qui vont te permettre de terminer la reproduction.

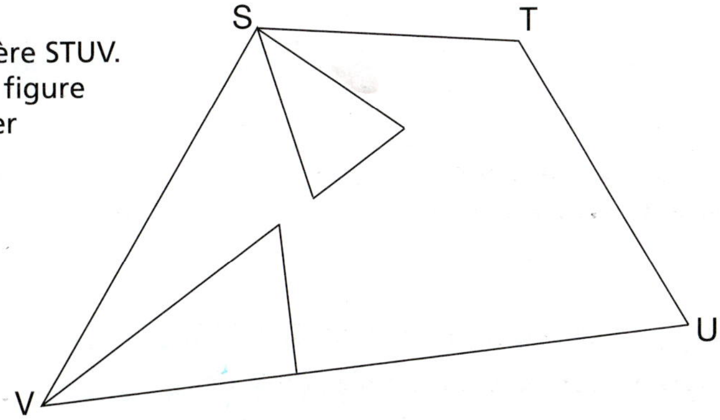

26

CALCUL MENTAL

Jeu de mémoire : le professeur écrit quatre nombres entiers ou décimaux au tableau, puis les cache. Après dix secondes, les élèves les écrivent dans l'ordre croissant.

Distance, milieu, cercle

Objectif : revoir le cercle comme ensemble de points situés à la même distance du centre et la parallèle à une droite comme ensemble de points situés à la même distance de la droite.

DÉCOUVERTE

Leïla, Alice et Théo jouent à la chasse au trésor. Ils ont reçu trois messages et le plan de l'île sur laquelle le pirate a enfoui un trésor fabuleux.
Un centimètre sur le plan correspond à un mètre sur l'île.

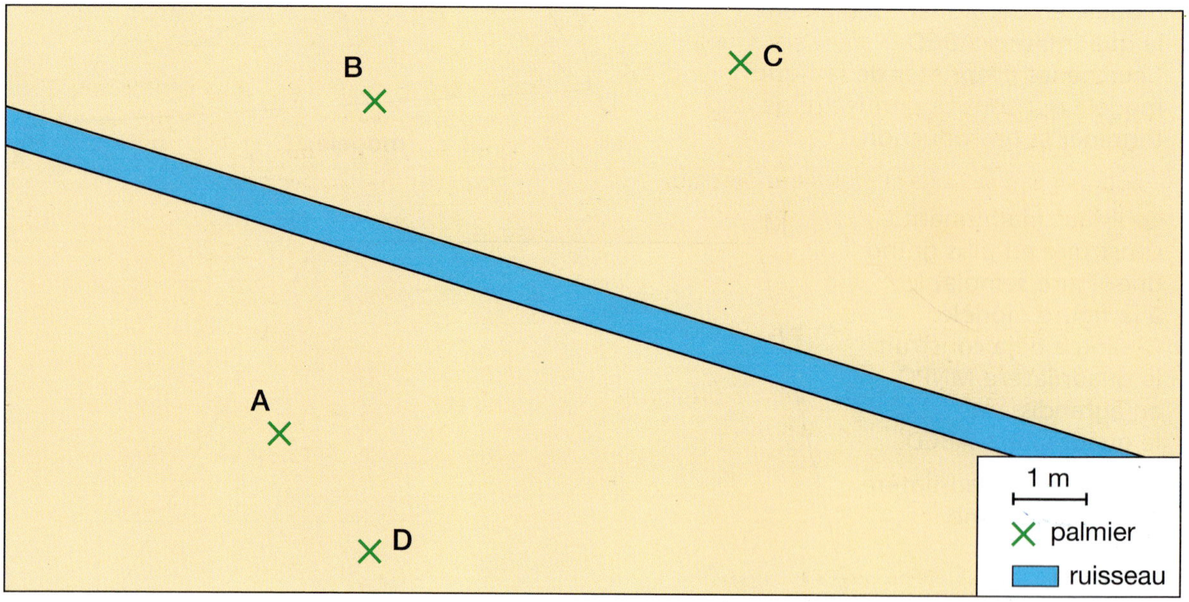

1 Le trésor est à moins de 2 mètres d'un palmier.

Décalque le plan et hachure en bleu les zones où le trésor ne peut pas se trouver.

2 Le trésor est à plus d'1 mètre du ruisseau.

Colorie en bleu les zones où le trésor ne peut pas se trouver.

3 Le trésor est au milieu d'un segment qui joint deux palmiers.

Place sur le plan l'endroit où est enfoui le trésor.

EXERCICES

1 Place un point A sur une feuille unie, puis place 10 points situés à 4 cm de A.

a. Où se trouvent tous les points situés à 4 cm de A ?

b. Où se trouvent tous les points situés à plus de 4 cm de A ?

2 Place un point B sur une feuille unie, puis place 15 points à moins de 3,5 cm de B.

Colorie la zone de tous les points situés à moins de 3,5 cm de B.

3 Place deux points C et D distants de 3 cm.

Colorie la zone de tous les points situés à la fois à moins de 2 cm de C et à moins de 2 cm de D.

4 Trace une droite d sur une feuille unie, puis place 10 points situés à 3 cm de la droite d.

Où se trouvent tous les points situés à 3 cm de la droite d ?

5 Trace une droite f sur une feuille unie, puis place 15 points situés à moins de 2,5 cm de la droite f.

Colorie la zone de tous les points situés à moins de 2,5 cm de la droite f.

6 Écris ce que tu dois vérifier pour savoir qu'un point I est le milieu d'un segment [AB].

À main levée, trace le segment [AB] et son milieu I.
Marque sur ce schéma les symboles qui indiquent que I est le milieu de [AB].

7 Écris ce que tu dois vérifier pour savoir si une figure est un carré.
On a commencé la construction d'un carré EFGH, seul le côté [EF] est tracé.

Reproduis ce côté et termine la construction du carré, puis place le point K qui est le centre du carré.

Comment as-tu procédé ?

8 Écris ce que tu dois vérifier pour savoir si une figure est un rectangle.
On a commencé la construction d'un rectangle ABCD, seuls les côtés [AB] et [BC] sont tracés.

Reproduis ces deux segments et termine la construction, puis place le centre du rectangle ABCD et nomme-le I.
Explique comment tu as fait.

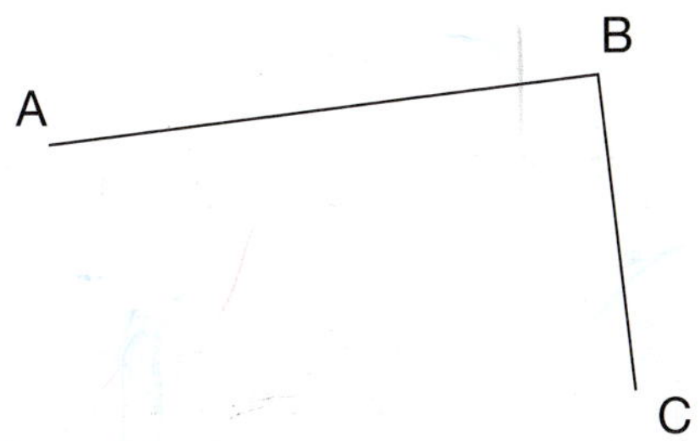

9

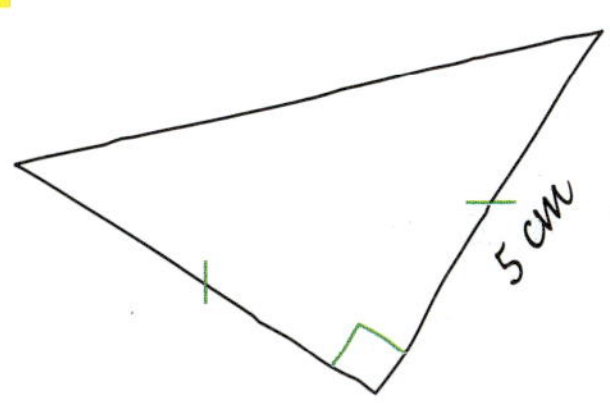

Leïla dit qu'en observant les signes sur ce schéma, elle peut savoir que le triangle est isocèle et que les côtés égaux mesurent 5 cm.
Théo ajoute qu'il est sûr que le triangle est rectangle.

Leïla et Théo ont-ils raison ?
Avec les instruments de ton choix, construis la figure qui correspond à ce schéma.

27

CALCUL MENTAL
Le professeur écrit un nombre décimal, les élèves l'encadrent par deux nombres entiers consécutifs. Reprendre en disant le nombre sans l'écrire.

Reproduire et construire des figures

Objectifs : analyser une figure pour comprendre comment la construire. Apprendre à contrôler ses prévisions avec des instruments et à argumenter ses réponses.

DÉCOUVERTE

Reproduis la partie violette du tableau, sur du papier uni, à la même échelle et sans décalquer.

Max Bill,
Chromographie magique,
Kunstmuseum Winterthur (Suisse).

EXERCICES

1 Laquelle des deux figures le message permet-il de construire ?

Trace un rectangle ABCD, le côté [AB] mesure 4 cm et le côté [AD] mesure 2 cm. Trace le demi-cercle de diamètre [AB] à l'intérieur du rectangle et le demi-cercle de diamètre [AD] à l'intérieur du rectangle.

Figure 1

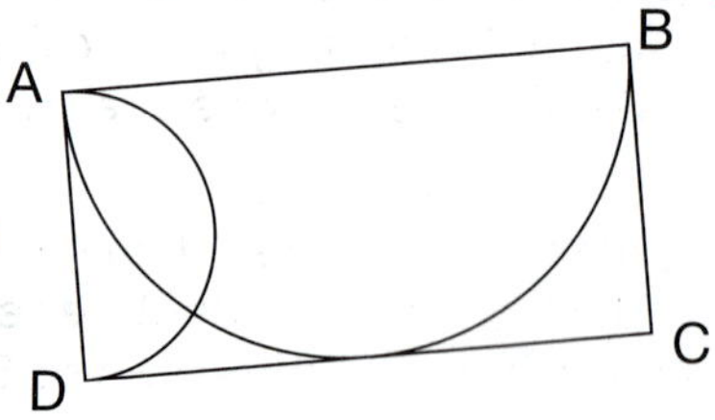

Figure 2

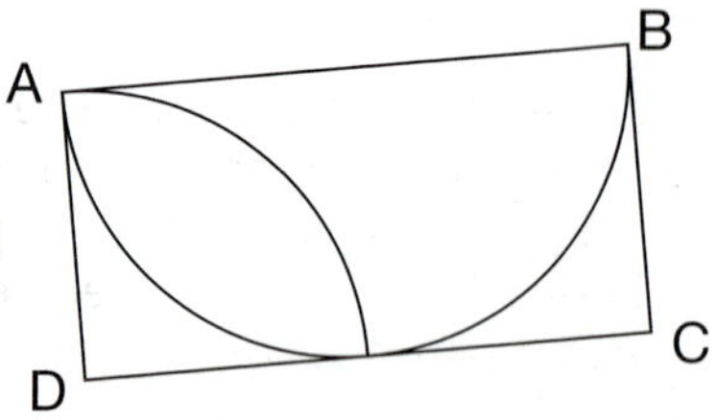

2 Quel message permet de construire la figure ?

a. Trace un rectangle ABCD, le côté [AB] mesure 2 cm, le côté [AD] mesure 4 cm. Trace un quart de cercle de centre B dans le rectangle.

b. Trace un rectangle ABCD, le côté [AB] mesure 2 cm, le côté [AD] mesure 4 cm. Trace le quart de cercle de centre B et de rayon 2 cm à l'intérieur du rectangle.

c. Trace un quart de cercle de centre B et de rayon 2 cm. Trace un rectangle ABCD qui contient le quart de cercle.

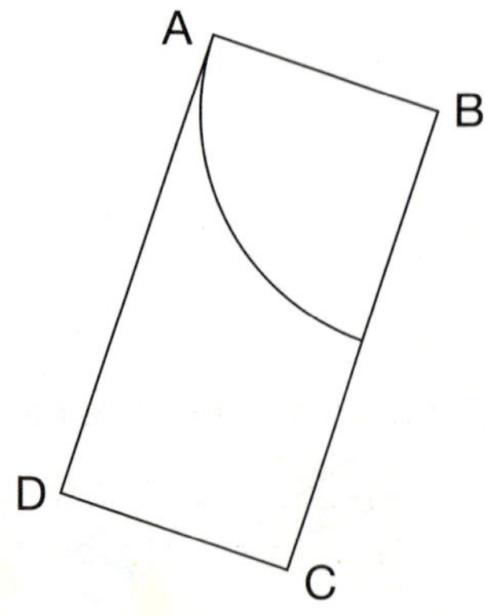

3 Pour faire construire cette figure à Alice qui ne l'a pas vue, Théo a écrit une liste d'instructions, mais il les a mélangées.

Écris-les dans l'ordre et complète si tu penses qu'il a oublié des informations.
Fais la construction sur un papier calque, puis vérifie en la superposant sur la figure.

Trace un quart de cercle de centre I de rayon 1,5 cm qui passe par A et J.

Place le milieu I de [AC] et le milieu J de [BC].

Trace un triangle rectangle et isocèle ABC,

les côtés de même longueur sont [AB] et [AC].

Trace le segment [IJ].

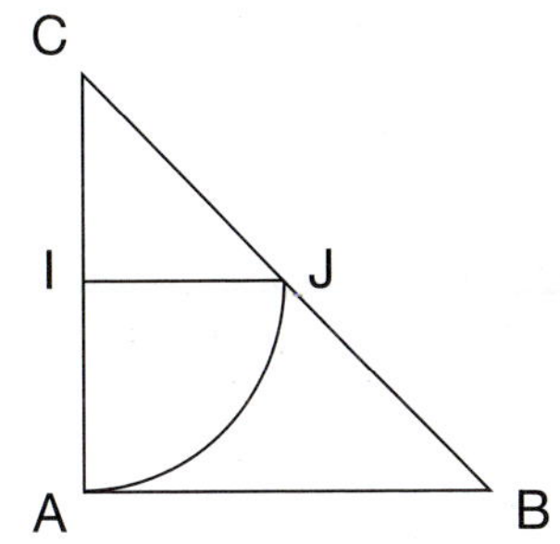

4 **a.** Dans cette figure, repère les angles droits, les angles aigus, les angles obtus. Trouve deux angles aigus égaux.

b. Qwang dit qu'il a prolongé le segment [CB] jusqu'à ce qu'il coupe le segment [AH] en un point I.
Il dit que la figure CFHI est un carré.
A-t-il raison ?

c. À vue d'œil, quel point est aligné avec D et E ? Vérifie avec ta règle.
Quel point est aligné avec A et B ?
Quel point est aligné avec E et F ?
Quel point est aligné avec G et H ?

d. Reproduis la figure :
– d'abord à même échelle,
– puis en l'agrandissant de telle sorte que le segment [EF] mesure 6 cm.

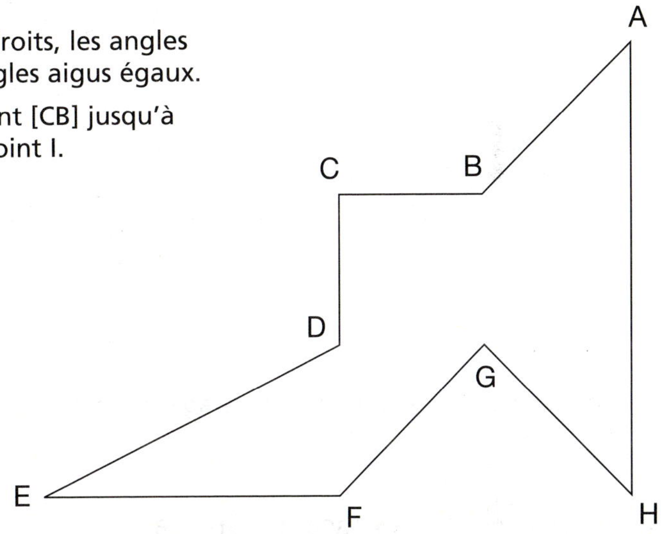

5 Voici le schéma à main levée d'une figure et des informations pour le compléter :
- ABCD est un rectangle,
- le demi-cercle a pour centre I,
- ACEF est un carré.

Écris la liste de tout ce que tu sais sur la figure, puis construis-la avec tes instruments.

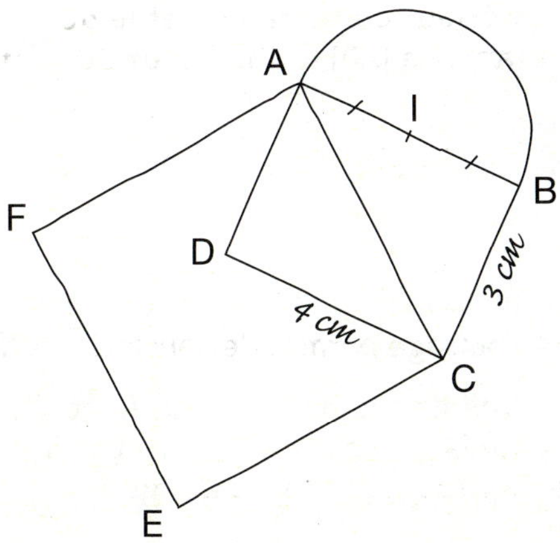

6 Construis la figure correspondant à ce message.

Trace un carré ABCD de côté 8 cm. Trace la diagonale [BD].
Place le point J pour que le triangle BDJ soit équilatéral et contienne le point C.

28

CALCUL MENTAL
Le professeur donne la décomposition d'un nombre décimal dans l'ordre ou le désordre, les élèves écrivent le nombre sur leur ardoise ou l'affichent sur leur calculatrice.

Numération : dépasser le million

Objectifs : rencontrer des grands nombres, associer leur écriture en lettres et en chiffres, les comparer.

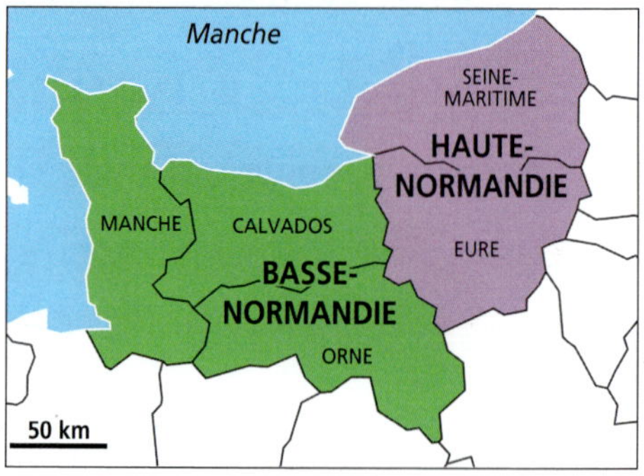

DÉCOUVERTE

La Normandie comprend deux régions administratives : la Basse-Normandie et la Haute-Normandie ;
et cinq départements : la Manche, le Calvados, l'Orne, l'Eure et la Seine-Maritime.
Le tableau ci-dessous donne une estimation du nombre d'habitants de chaque département en 2006.

Régions	Départements	Nombre d'habitants
Basse-Normandie	Calvados	six cent soixante-six mille cinq cents
	Manche	quatre cent quatre-vingt-neuf mille cinq cents
	Orne	deux cent quatre-vingt-treize mille
Haute-Normandie	Eure	cinq cent soixante-six mille
	Seine-Maritime	un million deux cent quarante-cinq mille

1 Parmi les nombres suivants, recopie celui qui correspond au nombre d'habitants

a. du Calvados : 666 500 666 000 500 600 660 500

b. de la Manche : 4 429 000 489 500 489 000 500

c. de l'Orne : 280 130 000 293 000 293 000 000

Tu peux t'aider du tableau de numération :

Classe des millions			Classe des mille					
centaines de millions	dizaines de millions	unités de millions	centaines de mille	dizaines de mille	unités de mille	centaines	dizaines	unités

2 Parmi les décompositions canoniques suivantes, recopie celles qui correspondent au nombre d'habitants de la Seine-Maritime et de la Manche.

a. (4 × 100) + (8 × 10 000) + (9 × 1 000) + 5 × 100

b. (4 × 10 000) + (2 × 100 000) + (1 × 1 000 000) + (5 × 1 000)

c. (1 × 1 000) + (2 × 100 000) + (4 × 10 000) + (5 × 1 000)

d. (4 × 100 000) + (8 × 10 000) + (9 × 1 000) + (5 × 100)

3 **a.** Range les départements normands du moins peuplé au plus peuplé.

b. La Basse-Normandie est-elle plus ou moins peuplée que la Haute-Normandie ?

c. Quelle est la population totale de la Normandie ?

EXERCICES

1 Un garde forestier a effectué un inventaire des arbres dans les forêts qu'il entretient. Il a trouvé :
- trois cent vingt-huit mille neuf cent cinquante-six chênes,
- quatre cent mille six cent quarante-deux érables,
- soixante-dix-huit mille sept cent cinquante-sept hêtres,
- trois cent quatre-vingt-dix-neuf mille neuf cent cinquante-quatre charmes.

Écris en chiffres le nombre d'arbres de chaque espèce.

2 Écris en lettres les nombres :

a. 354 673 **b.** 580 243 **c.** 405 542 **d.** 16 075 **e.** 2 037 845

3 Donne la décomposition canonique des nombres :

a. 567 307 **b.** 45 037 **c.** 902 400 **d.** 1 304 506 **e.** 3 050 097

4 Les nombres suivants sont constitués de chiffres identiques :

640 009 600 049 604 009 600 409

Trouve celui qui correspond à six cent quatre mille neuf.

5 **a.** Trouve le nombre qui précède un million. Écris-le en chiffres.

b. Trouve le nombre qui suit un million quatre-vingt-dix-neuf. Écris-le en chiffres.

6 En utilisant une seule fois chacune des étiquettes 3 6 9 8 2 5 4, écris :

a. le plus grand nombre possible ;

b. le plus petit nombre possible ;

c. le nombre le plus proche de 6 000 000.

Écris en lettres les nombres obtenus.

7 En utilisant au plus deux fois chacun des chiffres 4 0 2 7, écris huit nombres différents supérieurs à 1 000 000, puis range-les du plus petit au plus grand.

Remue-méninges

1 jour
= 24 heures
= 1 440 minutes

Quel peut être l'âge du cousin de Théo ?

CALCUL MENTAL. Compétition calcul mental/calculatrice : une moitié de classe a des calculatrices, l'autre calcule de tête. Le professeur écrit à l'avance au tableau une suite de calculs à effectuer en un temps limité.

Utiliser la calculatrice (2)

Objectif : utiliser la calculatrice pour travailler sur la numération et les opérations avec des nombres entiers.

1 Sur la calculatrice, affiche le nombre dix mille quatre cent six.
Sans revenir à 0, affiche successivement les nombres suivants, en notant ce que tu tapes :

a. onze mille deux cent six
b. onze mille trois cent six
c. onze mille trois cent seize
d. onze mille quatre cent dix-sept
e. douze mille quatre cent dix-sept
f. douze mille quatre cent quatre-vingt-dix-sept

2 Avec ta calculatrice, calcule 348 + 7 904.

Sans revenir à 0, comment fais-tu pour obtenir 2 348 + 7 904 ?
Note ce que tu fais.

3 Avec ta calculatrice, calcule 64 × 28.

Sans revenir à 0 et sans utiliser la touche [×], comment fais-tu pour obtenir 64 × 29 ?
Recommence le procédé et explique comment tu obtiens 65 × 29.

4 Avec ta calculatrice, calcule 3 835 – 946.

Sans revenir à 0, comment fais-tu pour obtenir successivement 3 835 – 956 et 3 835 – 1 056 ?
Note ce que tu fais.

5 En multipliant 87 539 par un nombre, j'ai trouvé 61 014 683.

Quel est ce nombre ?

6 Utilise ta calculatrice pour vérifier si les égalités suivantes sont correctes.

Explique dans chaque cas pourquoi elles sont correctes ou non.

a. 3 756 – 789 = 3 767 – 800
b. 27 194 + 35 318 = 27 200 + 35 324
c. 1 628 – 439 = 1 627 – 440

7 Utilise ta calculatrice pour vérifier si les égalités suivantes sont correctes.

Explique dans chaque cas pourquoi elles sont correctes ou non.

a. 224 × 5 = 112 × 10
b. 47 × 25 = 94 × 50
c. 796 × 4 = 1 592 × 2

8 Théo voulait calculer 48 × 16.
Mais il a calculé 48 × 6.

Sa calculatrice affiche le résultat 288.

Comment doit faire Théo pour trouver le produit 48 × 16 sans revenir à 0 ?

Remue-méninges

♥ ?
✻ ?
◆ ?

♥ – ✻ = 780
✻ = 47 × ◆
◆ × 6 = 84

29

MISE EN ROUTE
Dictée géométrique. Ex. : Trace une droite, appelle-la d. Place un point A à l'extérieur de la droite d. Trace la droite qui passe par A et qui est perpendiculaire à d.

Problèmes pour s'entraîner : aide méthodologique

Objectifs : s'entraîner à résoudre des problèmes. Apprendre à s'aider, quand c'est nécessaire, en les résolvant dans un champ numérique plus petit.

DÉCOUVERTE

Cherche à résoudre le premier problème. Si tu ne le comprends pas bien, résous le second problème, puis recommence à réfléchir au premier.

1er problème

2e problème

EXERCICES

Pour chaque exercice, procède comme dans la découverte.

1

1er problème

En multipliant tous les nombres de 1 à 1 990, on obtient un très grand nombre :
1 × 2 × 3 × 4 × 5 × 6 × … × 1 989 × 1 990

a. Sans connaître ce nombre, tu peux trouver son chiffre des unités. Quel est-il ?

b. Quel est son chiffre des dizaines ?

2e problème

En multipliant tous les nombres de 1 à 11, on obtient un grand nombre :
1 × 2 × 3 × 4 × 5 × 6 × 7 × 8 × 9 × 10 × 11

a. Sans connaître ce nombre, tu peux trouver son chiffre des unités. Quel est-il ?

b. Quel est son chiffre des dizaines ?

2

1er problème

On écrit les nombres à la suite :
1, 2, 3, 4, 5, 6, 7, 8, 9, 10, 11, 12, 13, 14.
Si on arrête à 14, on utilise exactement 19 chiffres.

Si on utilise exactement 459 chiffres, quel est le dernier nombre écrit ?

2e problème

On écrit les nombres à la suite :
1, 2, 3, 4, 5, 6, 7, 8, 9, 10, 11, 12, 13, 14.
Si on arrête à 14, on utilise exactement 19 chiffres.

Si on utilise exactement 67 chiffres, quel est le dernier nombre écrit ?

MISE EN ROUTE
Dictée géométrique. Ex. : trace un segment de longueur 5 cm. Appelle A et B ses extrémités. Trace le cercle de centre A, passant par B.

Se repérer sur une carte, lire un tableau

Objectif : réinvestir ses connaissances sur le repérage sur quadrillage et les nombres entiers.

Localisation des fleuves de l'Union européenne

❶ **a.** Je sers de frontière entre la France et l'Allemagne et je me jette en (I,6). Qui suis-je ?

b. Je prends ma source en (J,10) et je me jette en (H,9). Qui suis-je ?

c. Je suis un fleuve d'Italie ; je me jette en (N,8). Qui suis-je ?

❷ Quel est le fleuve de l'Europe qui traverse le plus de pays ? Combien de pays traverse-t-il ? Combien d'entre eux sont des pays de l'Union européenne ?

Longueur des principaux fleuves de l'UE

Dans le tableau ci-dessous, tu trouveras la liste des principaux fleuves de l'Union européenne, leur longueur et la mer ou l'océan dans lequel ils se jettent.

	longueur en km	se jette dans
l'Ebre	928	Méditerranée
l'Elbe	1 165	mer du Nord
l'Oder	848	mer Baltique
la Garonne	647	océan Atlantique
la Loire	1 020	océan Atlantique
la Meuse	950	mer du Nord
la Seine	780	Manche
la Tamise	346	mer du Nord
la Vistule	1 047	mer Baltique
le Danube	2 857	mer Noire
le Guadalquivir	657	océan Atlantique
le Pô	652	mer Adriatique
le Rhin	1 320	mer du Nord
le Rhône	812	Méditerranée
le Tage	1 006	océan Atlantique

Le Pô en Lombardie (Italie)

En te référant au tableau, réponds aux questions suivantes.

1. Quel est le fleuve le plus court de l'Union européenne ? Quel pays arrose-t-il ?

2. Range les fleuves de l'Union européenne du plus long au moins long.

3. Je suis un fleuve de l'Union européenne. Si on ajoute 2 200 km à ma longueur, on trouve la longueur du fleuve le plus long de l'Union européenne. Qui suis-je ? »

4. « Je suis un fleuve de France. Avec 359 km de plus, j'aurais la même longueur qu'un fleuve qui traverse le Portugal. Qui suis-je ? »

5. « Je suis un fleuve de l'Union européenne. Ma longueur est un nombre palindrome : qu'on le lise de la gauche vers la droite ou de la droite vers la gauche, il ne change pas. Qui suis-je ? »

6. « La somme des chiffres de ma longueur est 13. J'arrose deux pays. Qui suis-je ? »

7. Relève les noms des mers ou océans dans lesquels se jettent les fleuves de l'Union européenne. Dans quelle(s) mer(s) ou quel(s) océan(s) se jettent le plus de fleuves ?

Ce que je suis capable de faire

1

Écris en lettres :

a. 100 000

b. 1 000 000

c. 12 804

d. 340 625

e. 1 245 378

2

Écris en chiffres :

a. sept millions trois cent cinquante mille

b. quatre millions cinq cent mille soixante-dix-neuf

3

Calcule :

a. (2 × 1 000 000) + (3 × 10 000) + (7 × 100 000)

b. (9 × 10 000) + (5 × 100 000) + (4 × 10) + (2 × 100)

4

Écris sous forme d'une seule fraction :

a. $1 + \frac{2}{10} + 4 + \frac{5}{10}$

b. $3 + \frac{4}{10} + \frac{8}{10}$

c. $\frac{4}{10} + \frac{3}{10} + \frac{1}{100}$

5

Quelle est l'écriture à virgule des nombres suivants ?

a. $3 + \frac{9}{10}$

b. $\frac{3}{10} + 4 + \frac{8}{100}$

c. $\frac{4}{10}$

d. $\frac{6}{100}$

6

Calcule :

a. 2,4 + 14,42

b. 7,81 + 3,6

c. 18,47 – 5,3

d. 16,24 – 8,7

7

En mettant bout à bout une plinthe de 2,7 m et une deuxième plinthe de longueur inconnue, on obtient une plinthe de 3,45 m.

Quelle est la longueur de la deuxième plinthe ?

8

Complète chaque phrase avec un des mots de la liste :
la moitié le double le tiers le triple le quart le quadruple.

a. 100 est … de 25

b. 50 est … de 25

c. 60 est … de 120

d. 50 est … de 150

e. 45 est … de 15

f. 4 est … de 16

9

Calcule le quotient et le reste pour chaque division :

a. 315 divisé par 6

b. 1 718 divisé par 6

c. 1 895 divisé par 7

10

Pour chaque division, donne le nombre de chiffres du quotient, effectue les divisions, puis donne l'écriture en ligne.

a. 890 | 26

b. 792 | 17

c. 604 | 34

d. 1288 | 56

11 Souligne le nombre le plus grand, puis mets le signe qui convient : < ou > ou =.

a. 35,04 … 35,1   **c.** 6,7 … 6,15   **e.** 8,04 … 8,06   **g.** 45,3 … 45,30

b. 0,65 … 2,14   **d.** 5,62 … 5,26   **f.** 12,43 … 12,8   **h.** 75,1 … 7,51

12 Reproduis la droite graduée et place le plus précisément possible les nombres :

8,54   8,7   8,30   8,04   8,95

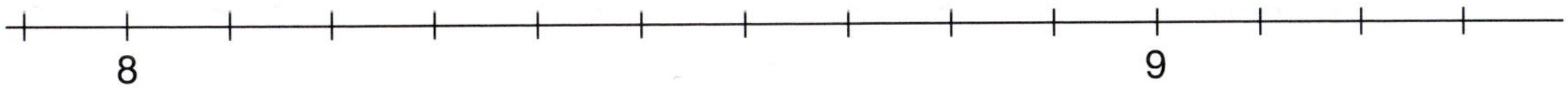

13 Trouve un nombre décimal compris entre :

a. 16,4 et 16,7   **b.** 23,5 et 23,6   **c.** 5,4 et 5,41   **d.** 6,03 et 6,08

14 Place un point A sur une feuille unie. Place 8 points situés à 4 cm du point A.

Où se trouvent tous les points situés à 4 cm du point A ?

15 On a commencé la construction d'un carré ABCD. Seul le segment [AB] est tracé.
Reproduis-le et termine la construction.
Place ensuite le point I milieu de [AB].

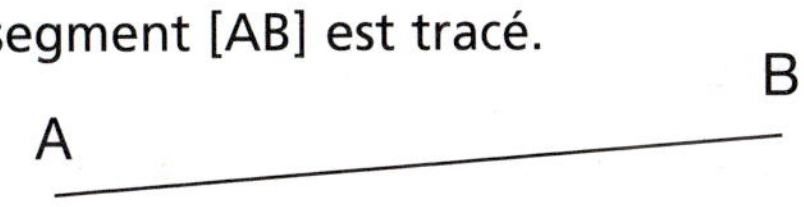

16 Voici un schéma à main levée.

Écris la liste de tout ce que tu sais sur cette figure, puis construis-la avec tes instruments.

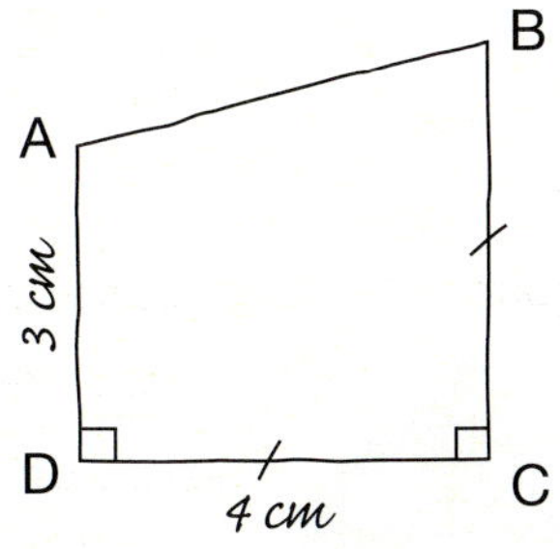

17 Boris a dessiné et colorié 3 étiquettes rectangulaires toutes identiques sur une feuille comme le montre le schéma.
La feuille est rectangulaire et a pour dimensions 16 cm et 13 cm.

Quelles sont les dimensions réelles d'une étiquette ? Explique comment tu fais.

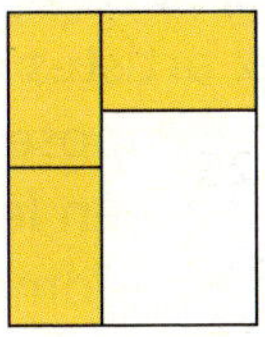

18 Trouve le message qui permet de construire la figure.

1. Trace un cercle de rayon 1,5 cm. Place deux points A et B sur le cercle et trace le triangle équilatéral ABC.

2. Trace un triangle équilatéral ABC de côté 3 cm. Trace le cercle de diamètre [AB].

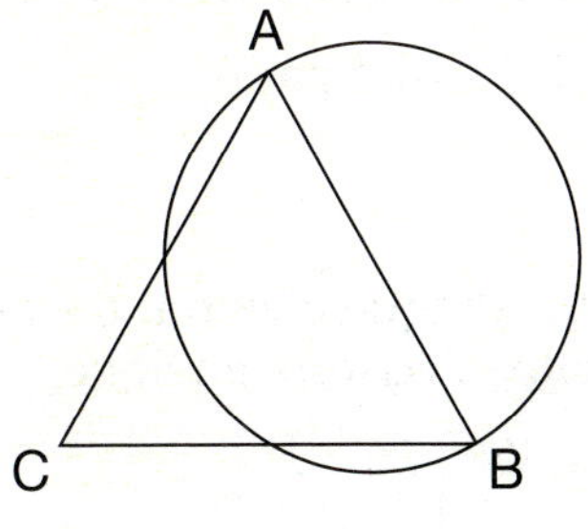

L'art contemporain et la géométrie

Les liens entre les mathématiques et de nombreux domaines artistiques tels que l'**architecture**, la **musique** et la **peinture** sont nombreux.

Piet Mondrian,
***Composition* A,**
1920

Les artistes ou les compositeurs ont de tout temps utilisé les mathématiques comme outil pour réaliser leurs œuvres, mais avec le courant artistique désigné par l'expression « abstraction géométrique », représenté notamment par Piet Mondrian (1872-1944) et Vassily Kandinsky (1866-1944), les mathématiques sont au cœur de la création. L'artiste ne cherche plus à représenter le réel, il crée des œuvres « abstraites » à partir de lignes, de points, de formes géométriques.

Le carré a fasciné de nombreux peintres. Dès 1915, Kasimir Malevitch (1878-1935) exposait *Carré noir sur fond blanc*, une œuvre qui fait date dans l'histoire de l'art contemporain.

De nombreux artistes continuent à choisir le carré pour composer leurs œuvres en l'utilisant seul ou en le composant avec d'autres formes géométriques : François Morellet, *6 répartitions aléatoires de 4 carrés* (1958) ; Aurélie Nemours, *Face 1* (1971)…

- **Reproduis le tableau de Théo Van Doesburg dans un carré de 12 cm de côté.**
- **À ton tour, choisis une forme géométrique et crée une « œuvre abstraite ».**

Théo Van Doesburg,
***Composition arithmétique*,**
1930

Période 3

Nombres entiers et décimaux

Les nombres entiers sont partout, il faut savoir les dire, les lire, les écrire, les comparer.

Reconnaître les multiples de 2, de 5, de 10, de 100… C'est facile !

Les nombres décimaux sont utiles dès qu'il s'agit de mesurer ; tu vas le constater dans de nombreuses étapes.

Calculs

Avec le calcul mental et le calcul réfléchi tu perfectionneras tes connaissances sur les nombres et les opérations.

Tu vas voir que multiplier un nombre décimal par un nombre entier, ce n'est pas très compliqué.

Problèmes numériques

Tu vas apprendre à reconnaître des situations de proportionnalité.

Tu vas aussi résoudre des problèmes à plusieurs étapes qui font intervenir plusieurs opérations

Grandeurs et mesures

Les longueurs, les aires, les masses sont au programme de cette période.

Tu vas calculer l'aire de figures usuelles et même celle d'un triangle !

Propriétés des figures

Certaines figures ont des régularités. Le pliage-découpage permet de le vérifier : tu reconnais là la symétrie axiale !

Certains polygones usuels ont un ou plusieurs axes de symétrie. Tu vas revoir lesquels.

CALCUL MENTAL. Le professeur donne la décomposition d'un nombre décimal dans l'ordre ou le désordre, les élèves écrivent le nombre sur leur ardoise ou l'affichent sur leur calculatrice.

Calcul automatisé, calcul réfléchi : addition et soustraction de nombres décimaux

Objectif : mettre en œuvre des procédures de calcul réfléchi en s'appuyant sur la valeur des chiffres selon leur rang.

1 Quand tu auras fini tes calculs, tu pourras vérifier avec ta calculatrice.

Additionner des nombres décimaux

1,5 + 0,5	2,7 + 1,3	3,2 + 2,8	4,6 + 1,4	17,1 + 2,9
2,7 + 3	7,65 + 5	8 + 82,04	54 + 2,5	67,4 + 6
7,5 + 2,4	6,8 + 2,4	9,3 + 8,9	12,8 + 4,2	80,9 + 0,1
4,35 + 1,8	7,9 + 73,45	76,42 + 9,38	14,7 + 104,02	18,75 + 0,35

Soustraire des nombres décimaux

7,8 – 4	12,7 – 7	8 – 0,5	7 – 4,2	13 – 5,4
6,4 – 2,1	8,1 – 0,4	5,3 – 3,7	12,8 – 7,5	15,7 – 14,9
14,72 – 5,29	10,07 – 4,25	7,8 – 2,34	4,21 – 0,99	8,6 – 4,02

Trouver un complément à l'entier supérieur

15,7 + … = 16	6,4 + … = 7	12,5 + … = 13	24,2 + … = 25	19,9 + … = 20

Trouver un complément au multiple de 10 le plus proche

4,6 + … = 10	8,3 + … = 10	17,5 + … = 20	18,2 + … = 20	97,4 + … = 100

Trouver un complément à un nombre décimal proche

6,45 + … = 6,5	8,04 + … = 8,1	12,36 + … = 12,4	0,07 + … = 0,1	0,13 + … = 0,2

Trouver l'écart

entre 2,7 et 2,8	entre 2,73 et 2,7	entre 5,3 et 6	entre 5 et 4,2	entre 7,4 et 6,3

2 Encadre chaque nombre décimal entre deux nombres entiers consécutifs. Souligne le nombre entier dont il est le plus proche. *Exemple : 7 < 7,03 < 8.*

a. 2,14 **b.** 14,9 **c.** 12,47 **d.** 15,09 **e.** 3,645

3 De quel nombre entier le nombre donné est-il le plus proche ?

a. 4,7 **b.** 12,8 **c.** 8,09 **d.** 4,25 **e.** 31,5

4 Calcule :

a. 3,45 + 2,04 9,3 + 7,65 0,12 + 0,67 0,9 + 0,17
6,7 – 5,4 6,4 – 5,7 10,27 – 8,65 5,09 – 3,7

b. 2,5 + 3 + 5,7 12,3 + 4,25 + 7,2 2,87 + 10 + 6,3 5,07 + 4,08 + 3,1

CALCUL MENTAL
Jeu de portrait sur les nombres décimaux. Ex. : Le nombre a deux chiffres après la virgule, il est compris entre 6,4 et 6,5, son chiffre des centièmes est la moitié de celui des unités.

Multiplication d'un nombre décimal par 10 ou 100 ou 1 000

Objectif : comprendre les règles de multiplication d'un nombre décimal par 10 ou 100 ou 1 000.

DÉCOUVERTE

1 Calcule :

0,1 × 10 0,1 × 100 0,1 × 1 000

0,01 × 10 0,01 × 100 0,01 × 1 000

2 Rappelle-toi : $0,6 = \frac{6}{10} = 6 \times \frac{1}{10}$.

a. Calcule 0,6 × 10.
Pour vérifier ton résultat, reproduis la droite graduée en dixièmes comme ci-dessous, puis trace un segment de longueur 0,6 et un segment de longueur 0,6 × 10.

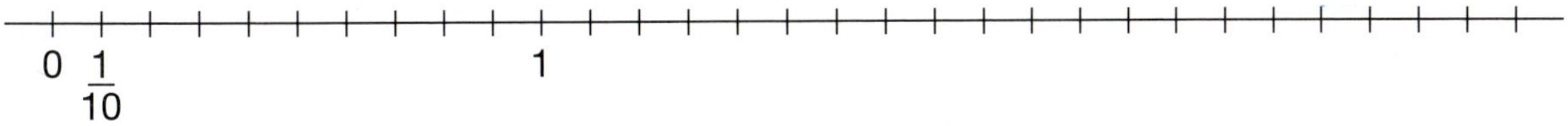

b. Calcule maintenant : 0,6 × 100 et 0,6 × 1 000. Vérifie avec ta calculatrice.

3 Calcule : 0,05 × 100 0,05 × 10 0,05 × 1 000. Vérifie avec ta calculatrice.

4 Calcule puis explique comment tu as trouvé chaque résultat.

0,75 × 100 0,75 × 10 0,75 × 1 000 42,67 × 10 42,67 × 100 42,67 × 1 000

EXERCICES

1 Calcule :

a. 2,3 × 10 0,4 × 10 34,67 × 10 4,09 × 10

b. 6,7 × 100 0,2 × 100 4,627 × 100 0,035 × 100

c. 0,06 × 1 000 0,73 × 1 000 5,8 × 1 000 27,01 × 1 000

2 Pour obtenir 800, par quel nombre faut-il multiplier :

80 8 0,8 0,08

3 Complète :

a. 4,52 × … = 452

b. 60,07 × … = 600,7

c. 10 × … = 50,19

d. 1 000 × … = 720

4 Leïla achète 10 sucettes et 10 gros caramels.
Elle donne 25 €. Cela suffira-t-il ? Explique ta réponse.

32

CALCUL MENTAL
Jeu de mémoire : le professeur écrit quatre nombres décimaux au tableau, puis les cache. Après dix secondes, les élèves écrivent les nombres obtenus en multipliant par 10 (ou par 100 ou par 1 000) les nombres cachés.

Multiplication d'un nombre décimal par un nombre entier

Objectif : comprendre comment multiplier un nombre décimal par un nombre entier.

DÉCOUVERTE

1 Un DVD coûte 8,95 €. Quel est le prix de 6 DVD ?

2 Voici comment Qwang, Leïla et Alice ont calculé 8,95 × 6.
Reproduis et termine le calcul de chaque enfant.

a. Qwang

8	$\frac{9}{10}$	$\frac{5}{100}$	
6 × 8 = …	$6 \times \frac{9}{10} = \dots$	$6 \times \frac{5}{100} = \dots$	6

8,95 × 6 = …

b. Leïla propose alors la multiplication en colonne, pas à pas.

```
      8 , 9 5
  ×         6
  ___________
  .......... ← 6 × 0,05
  .......... ← 6 × 0,9
  .......... ← 6 × 8
  ___________
  .......... ← 8,95 × 6
```

c. Alice utilise la technique usuelle.

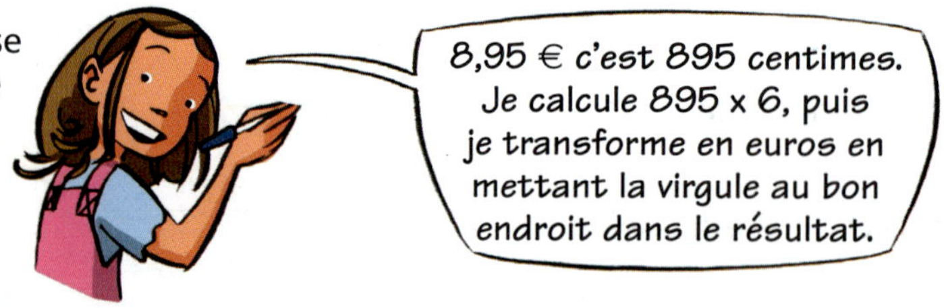


```
      8 , 9 5
  ×         6
  ___________
  ..........
```

3 Utilise le résultat de 8,95 × 6 pour calculer 8,95 × 60 et 8,95 × 600.

4 Calcule : 8,95 × 16   8,95 × 24   35 × 8,95.   Explique comment tu fais.

EXERCICES

1 Complète les égalités :

0,67 × … = 67   … × 10 = 5
0,6 × … = 600   … × 100 = 1 000
6,75 × … = 67,5   … × 10 = 34,2

2 Complète les égalités :

0,25 × … = 1   0,25 × … = 2
0,5 × … = 1   0,5 × … = 2
… × 5 = 1   … × 5 = 2

3 Vérifie que : $7{,}3 \times 5 = 36{,}5$.

Utilise ce résultat pour calculer :

a. $7{,}3 \times 50$ **b.** $500 \times 7{,}3$

4 Effectue les calculs :

a. $0{,}6 \times 5$ **c.** $23{,}56 \times 4$ **e.** $3{,}4 \times 700$

b. $0{,}6 \times 50$ **d.** $23{,}56 \times 400$ **f.** $3{,}4 \times 7\,000$

5 Calcule :

a. $0{,}7 \times 9$ **e.** $5{,}8 \times 23$

b. $8 \times 0{,}9$ **f.** $6 \times 3{,}7$

c. $5 \times 1{,}4$ **g.** $7 \times 3{,}04$

d. $4{,}12 \times 8$ **h.** $18 \times 40{,}1$

6 Voici deux résultats :

$4 \times 32 = 128$ et $7 \times 32 = 224$

Utilise ces résultats pour calculer :

a. $3{,}2 \times 4$ **c.** $4 \times 3{,}2$ **e.** $7 \times 0{,}32$

b. $3{,}2 \times 47$ **d.** $0{,}32 \times 74$ **f.** $32 \times 7{,}4$

7 Un nombre décimal écrit sous forme fractionnaire est lu « cinquante-six centièmes ».

a. Par quel nombre faut-il le multiplier pour obtenir 56 ?

b. Par quel nombre faut-il le multiplier pour obtenir 112 ?

8 Les cheveux poussent de 0,3 mm par jour en moyenne.
Les cheveux de Flora mesurent environ 7 cm. Elle voudrait les avoir longs.

Si elle les laisse pousser pendant un an, quelle sera alors environ leur longueur ?

9 Un sac de 100 balles de ping-pong pèse 280 g. Le sac vide pèse 10 g.

Quel est le poids d'une balle de ping-pong ?

10 Une brique pèse environ 2,6 kg.

Quel est le poids approximatif d'un lot de 95 briques ?

11 **a.** Un supermarché achète 100 appareils photos numériques au prix unitaire de 235,50 euros.

Quelle somme totale ce supermarché va-t-il payer ?

b. Le supermarché revend chaque appareil au prix unitaire de 299,50 euros.

Calcule la somme ainsi obtenue.

c. Quel bénéfice le supermarché a-t-il réalisé ?

Remue-méninges

On plie en deux une très grande bande de papier de 0,1 mm d'épaisseur. On la replie à nouveau en deux. Quelle est l'épaisseur de la bande obtenue ?

On replie encore en deux et ainsi de suite. Combien de fois au minimum doit-on plier la bande pour que l'épaisseur dépasse 1 m ?

CALCUL MENTAL. Jeu de mémoire : le professeur écrit quatre nombres décimaux au tableau, puis les cache. Après dix secondes, les élèves écrivent les produits de ces nombres par 10 (ou par 100 ou par 1 000).

Symétrie par rapport à un axe

Objectifs : anticiper l'effet d'un découpage sur du papier plié.
Revoir la notion d'axes de symétrie d'une figure plane.

EXERCICE DIRIGÉ

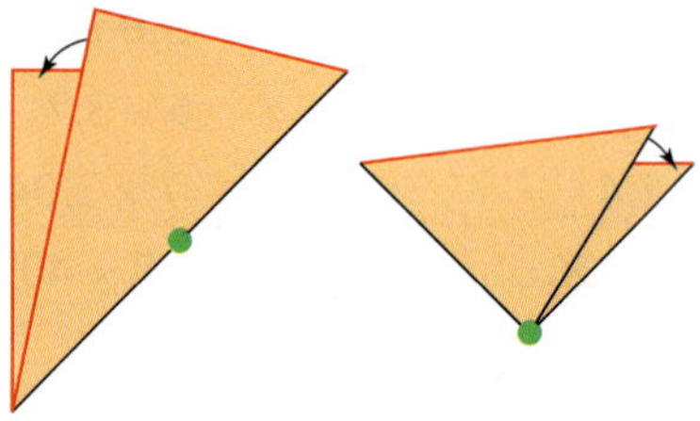

1 Leïla a plié un carré de papier en quatre selon les diagonales, puis elle a effectué des découpes pour réaliser un « napperon ». Les côtés du carré sont bordés de rouge, le centre du carré est marqué par un point vert (sauf s'il a été découpé).

En dépliant le carré de papier, Leïla a obtenu ce napperon.
Prends un carré de papier de 16 cm de côté.
Par pliage et découpage, construis un napperon semblable en plus grand à celui de Leïla.
Conserve les essais qui n'ont pas abouti.

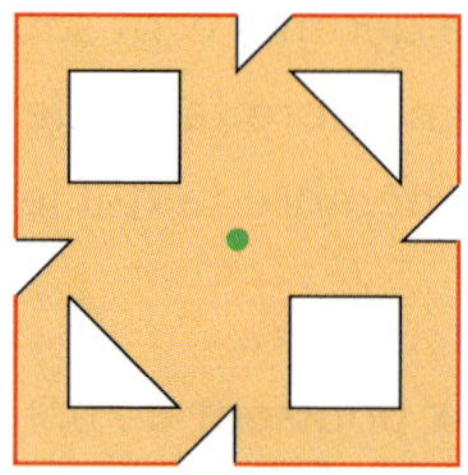

2 Théo a lui aussi confectionné un napperon mais il a plié son carré de papier en huit.
Pour cela, il l'a plié d'abord en quatre selon les diagonales, puis en deux en superposant les sommets du carré. Il a effectué les découpes que l'on voit sur la figure H.
Lequel des trois napperons A, B, C va-t-il obtenir en dépliant son papier ?
Note ta prévision puis vérifie-la en réalisant les pliages et les découpages.

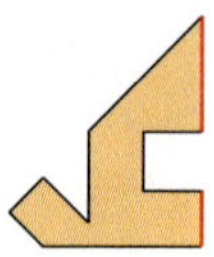

H

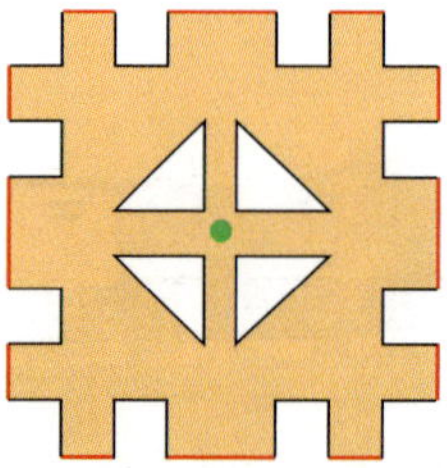

A

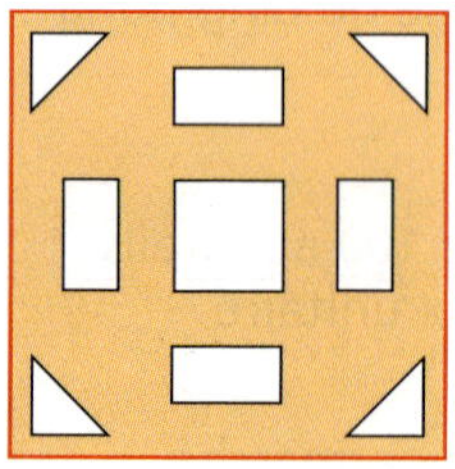

B

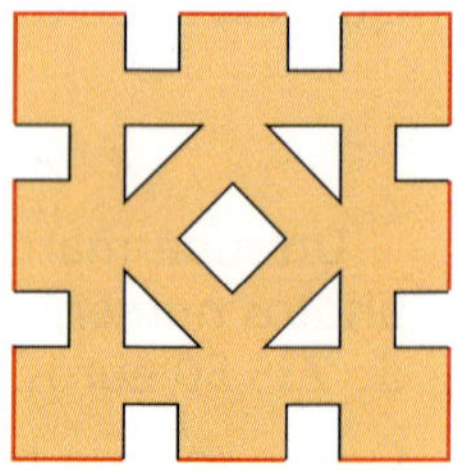

C

3 Trace les axes de symétrie de tous les napperons que tu as réalisés.

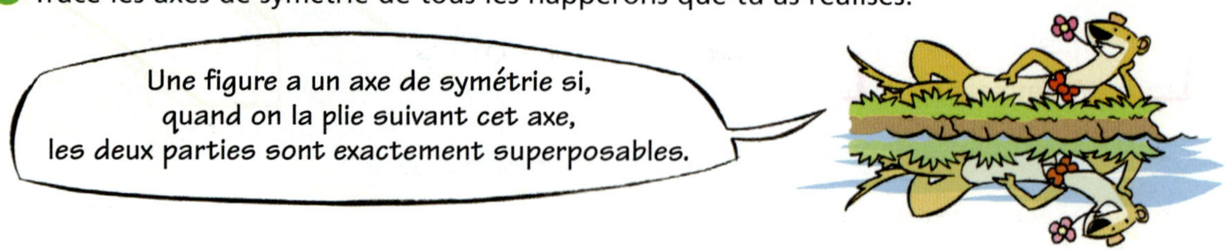

EXERCICES

1 Dans un carré de papier plié en deux, dont les côtés sont bordés de rouge, Qwang a effectué les découpes que tu vois sur la figure J.

Prévois le napperon qu'il obtiendra lorsque le papier sera déplié.
Dessine un croquis à main levée de ce napperon.
Vérifie en décalquant la figure J sur un rectangle de papier plié en deux.

J

2 Dans un carré de papier plié en deux, dont les côtés sont bordés de rouge, Alice a effectué les découpes que tu vois sur la figure I.

Quel napperon obtiendra-t-elle lorsque le papier sera déplié ?
Note ta prévision, puis vérifie-la en réalisant les pliages et les découpes.

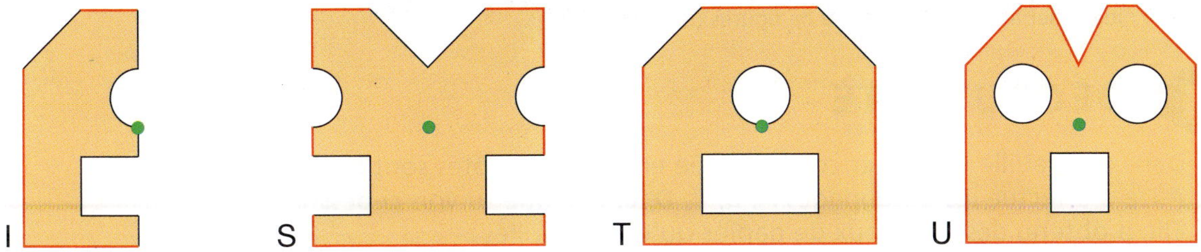

3 Dans un carré de papier plié en quatre, les découpes ont été réalisées comme l'indique la figure K.

Prévois le napperon que l'on obtiendra lorsque le papier sera déplié.
Dessine un croquis à main levée de ce napperon.
Vérifie en décalquant la figure K sur un carré de papier plié en quatre.
Trace les axes de symétrie sur ton napperon.

4 Dans quel cas la droite dessinée en pointillés te paraît-elle être un axe de symétrie de la figure ?

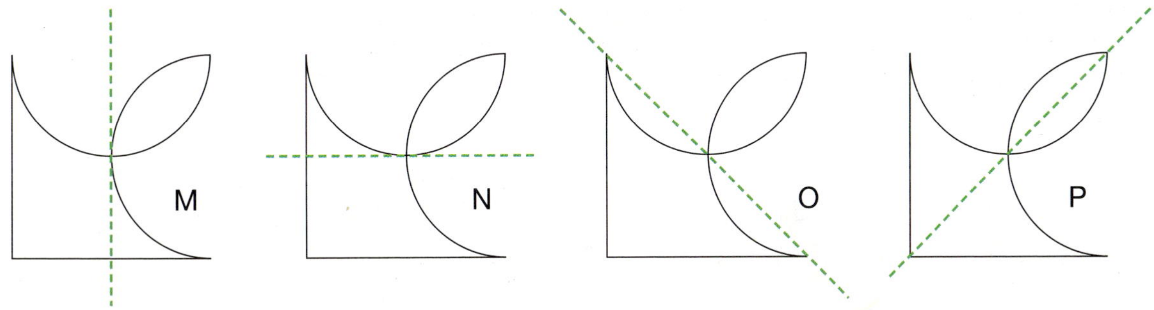

Remue-méninges

Rosace de la cathédrale de Chartres

Voici la structure de pierre de quatre rosaces de cathédrales.
Combien d'axes de symétrie chacune a-t-elle ?

Vernon **Melun** **Reims** **Beaulieu**

CALCUL MENTAL
Jeu des nombres pensés : le professeur pense à un nombre entier ou décimal. Il dit qu'il multiplie ce nombre par 10 (ou par 100) et donne le résultat. Les élèves écrivent le nombre pensé.

Axes de symétrie des figures usuelles (1)

Objectif : identifier les axes de symétrie de figures usuelles.

DÉCOUVERTE

Dans une feuille de papier colorée pliée en deux (les côtés sont bordés de rouge), Alice a effectué les découpages A, B, C, D, E, F, G que tu vois ci-dessous. Elle a obtenu des morceaux de papier qu'elle a dépliés : ce sont les figures numérotées de 1 à 7.

Associe chaque figure au découpage correspondant.

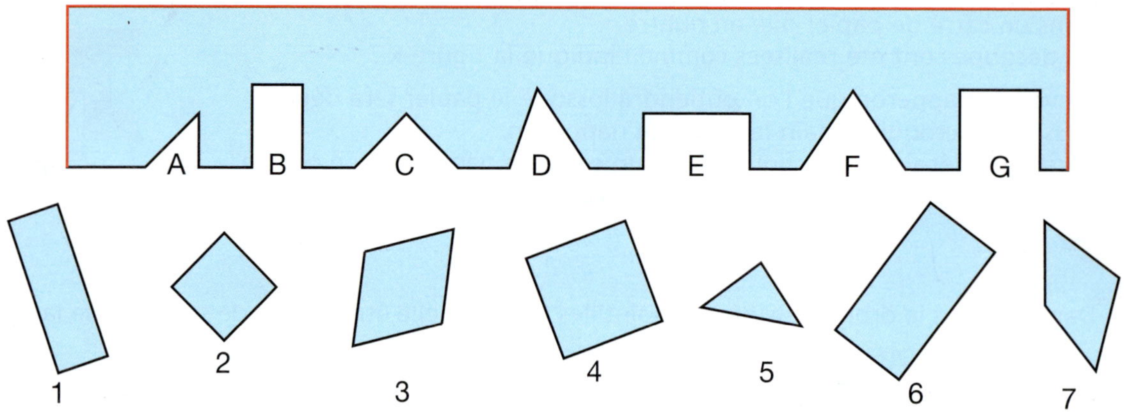

EXERCICES

1 Dans quels cas la droite dessinée en pointillés te paraît-elle être un axe de symétrie de l'hexagone ? Pour vérifier, décalque la figure et effectue les pliages.

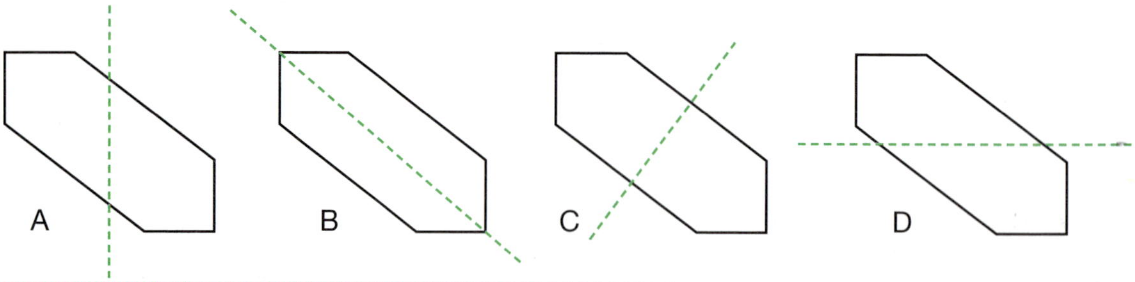

2 Dans quels cas la droite dessinée en pointillés te paraît-elle être un axe de symétrie du rectangle ? Pour vérifier, décalque la figure et effectue les pliages.

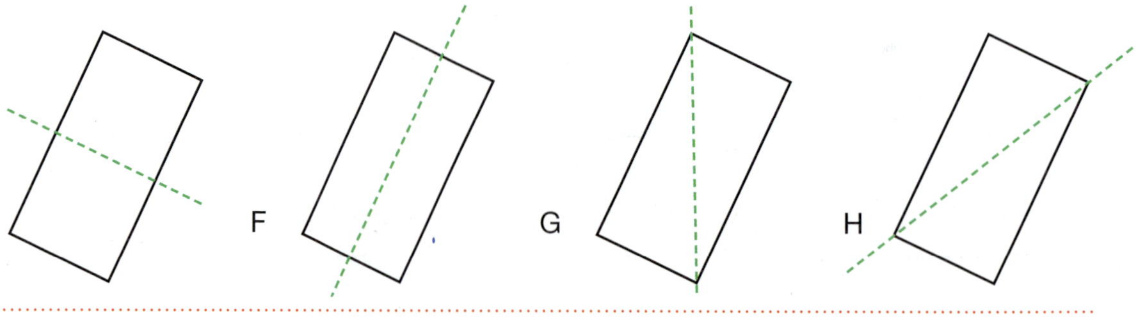

3 Dans quels cas la droite dessinée en pointillés te paraît-elle être un axe de symétrie du losange ? Pour vérifier, décalque la figure et effectue les pliages.

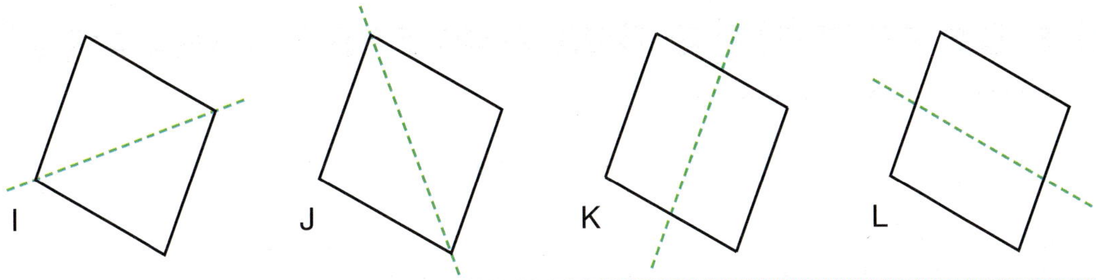

4 Dans quels cas la droite dessinée en pointillés te paraît-elle être un axe de symétrie du parallélogramme ? Pour vérifier, décalque la figure et effectue les pliages.

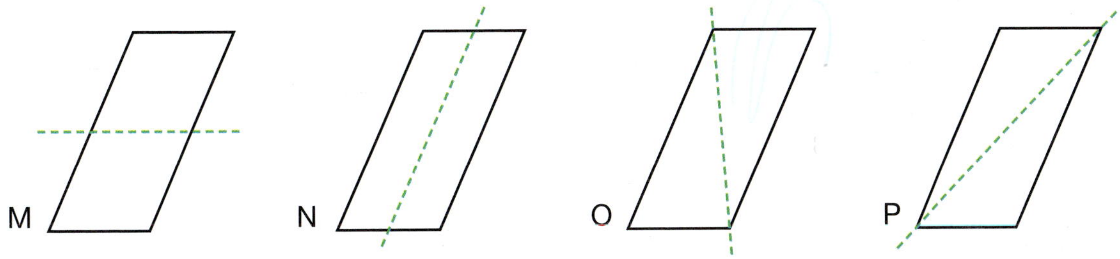

5 Dans quel cas la droite dessinée en pointillés te paraît-elle être un axe de symétrie du triangle isocèle ? Pour vérifier, décalque la figure et effectue les pliages.

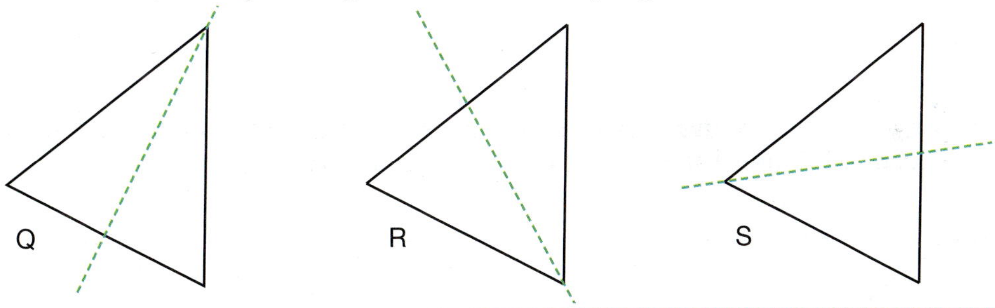

6 Voici 4 carrés de papier pliés en quatre.
Les côtés sont bordés de rouge, le centre est marqué d'un point vert.
Dans chacun d'eux, on a effectué un découpage différent et on a gardé la partie colorée.

a. Dans chaque cas, prévois la forme du morceau de papier obtenu une fois déplié.

b. Dessine un croquis à main levée, puis vérifie en effectuant les mêmes découpages dans des carrés de papier pliés en quatre.

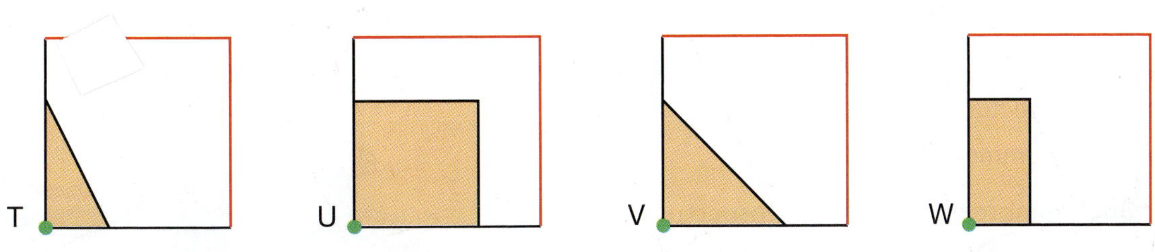

CALCUL MENTAL
Jeu des nombres pensés : le professeur pense à un nombre entier. Il dit qu'il le multiplie par 7 et donne le résultat. Les élèves écrivent le nombre pensé.

Relations entre les grandeurs : proportionnalité ?

Objectif : étudier deux situations dans lesquelles des grandeurs de nature différente sont en relation : une situation de proportionnalité et une situation de non proportionnalité.

DÉCOUVERTE

1 Chaque année, au mois de décembre, M. Pivoine expédie par La Poste des prospectus de ses productions florales à ses différents revendeurs. Les prospectus sont emballés avec un film plastique dont le poids est négligeable. Chaque prospectus pèse 35 g.
Le tarif d'expédition dépend du poids des paquets et ceux-ci ne doivent pas dépasser 5 kg.

M. Pivoine a dressé le tableau suivant :

Nombre de prospectus	Poids correspondant en g
1	35
2	70
3	...
4	...
5	...
6	...
7	...
8	...
9	315

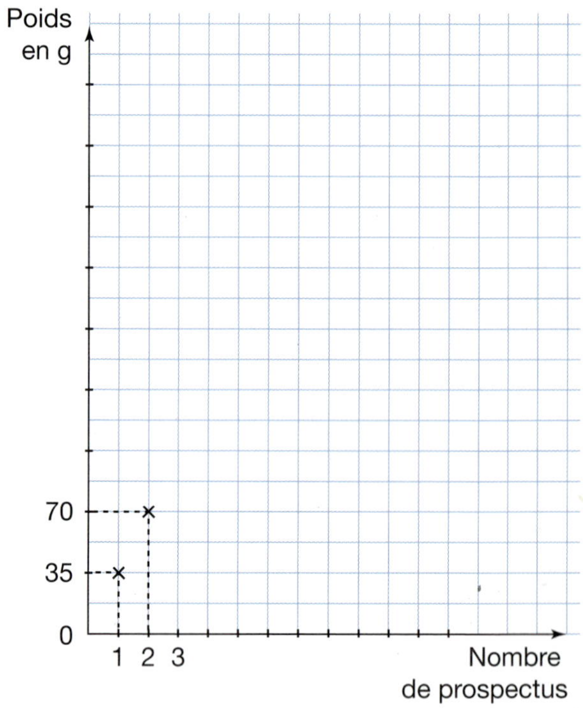

a. Reproduis et complète le tableau.

b. Reproduis et complète le graphique.

c. Quel est le poids de 10, de 20, de 30 prospectus ?
Complète le tableau avec ces nouvelles données.

d. Avec les informations figurant dans ton tableau, trouve rapidement le poids de 15, 18, 23, 36 et 46 prospectus.
Explique comment tu fais.

e. Quel nombre maximum de prospectus M. Pivoine peut-il expédier par La Poste dans un seul paquet ?

2 Voici les tarifs d'affranchissement des lettres envoyées par La Poste en France en 2008.

Poids jusqu'à	20 g	50 g	100 g	250 g	500 g	1 000 g
Tarifs en €	0,55	0,88	1,33	2,18	2,97	3,85

On a commencé à représenter ces données sous forme de graphique.

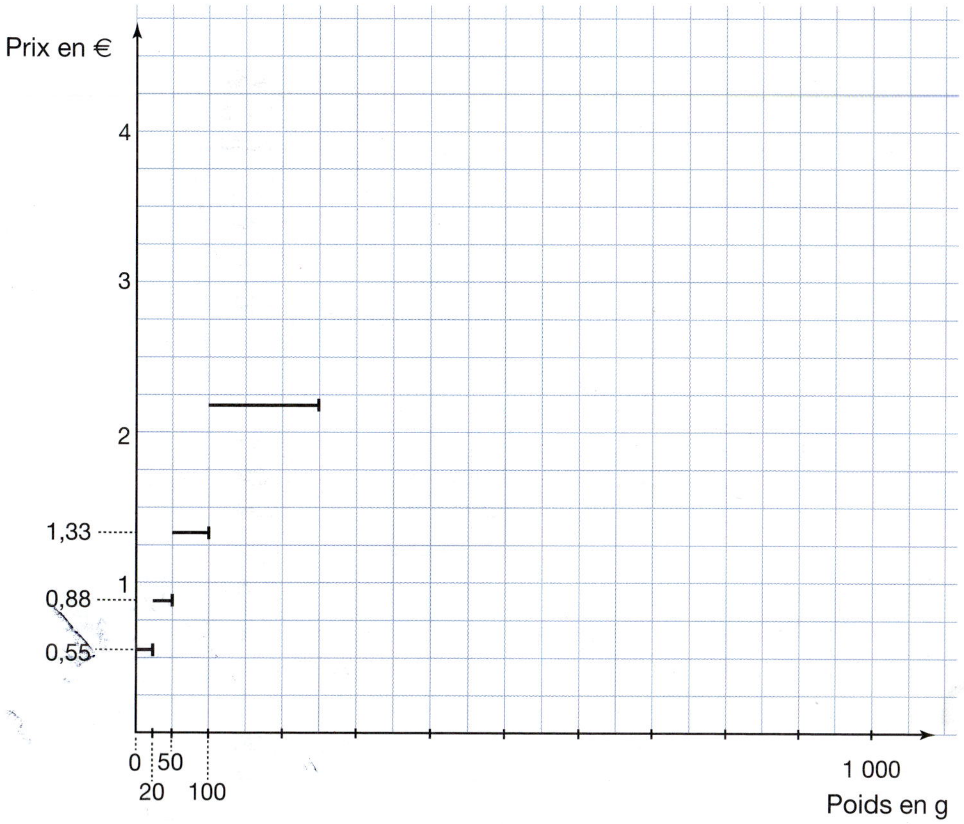

a. Reproduis et complète le graphique à l'aide des informations données par le tableau.

b. Pour organiser un voyage en Normandie, le directeur d'une école toulousaine doit expédier trois documents à la mairie de Rouen.
– Les documents pèsent respectivement : 31 g, 312 g et 168 g.
– Le directeur dispose d'enveloppes pesant 18 g. Chacune peut contenir un, deux ou les trois documents.
Recherche, à l'aide du tarif postal ci-dessus, la solution la moins coûteuse pour l'affranchissement de ces documents.

35

CALCUL MENTAL
Jeu des nombres pensés : reprendre le jeu avec un autre multiplicateur, par exemple 8.

Proportionnalité dans la vie quotidienne

Objectif : identifier des situations de proportionnalité dans des contextes familiers.

DÉCOUVERTE

1 Les parents de Qwang, en vacances dans un gîte, décident de louer un VTT pour leur fils. Ils comparent les prix.

a. Quelle est la solution la plus avantageuse pour 7 jours de location ?

b. Quelle est la solution la plus avantageuse pour 14 jours de location ?

2 Pour permettre aux vacanciers de choisir rapidement le magasin de cycles offrant le meilleur prix, le patron du gîte a commencé à préparer un document donnant les prix en fonction de la durée de la location.

Nombre de jours	Prix par personne et par jour, assurance comprise (en euros)	
	Sports et Loisirs	Cycles Calvo
1	5	14
2		
3		
4		
....		

a. Reproduis le tableau puis complète-le pour avoir les tarifs jusqu'à 21 jours de location.

b. Quel conseil le patron du gîte peut-il donner à un vacancier qui veut louer un VTT pour toute la durée du mois de juillet ?

EXERCICES

1 20 morceaux de sucre pèsent 160 grammes. 30 morceaux de sucre pèsent 240 grammes.

a. Quel est le poids de 50 morceaux de sucre ?

b. Quel est le poids de 15 morceaux de sucre ?

c. Quel est le poids de 60 morceaux de sucre ?

d. Combien faut-il de morceaux de sucre pour avoir 1 600 g de sucre ?

e. Combien faut-il de morceaux de sucre pour avoir 1 800 g de sucre ?

2 Il faut 6 litres de lait pour faire 250 g de beurre.
Quelle quantité de beurre obtient-on avec 72 litres de lait ?

Quantité de lait (en litre)	Quantité de beurre (en gramme)
6	250
72	?

3 Le responsable de la cantine commande 10 pains pour 40 élèves.
Combien doit-il commander de pains pour 200 élèves ?

Nombre de pains	Nombre d'élèves
10	40
?	200

4 Un joueur professionnel de football, parcourt en moyenne au cours de 20 matchs une distance de 224 km, dont 34 km avec le ballon au pied.
Dans une saison de football, il y a 60 matchs.

a. Quelle distance parcourt-il en moyenne pendant une saison ?

b. Quelle est, en moyenne, la distance pendant laquelle il a le ballon au pied ?

5 Dans un livre de cuisine, Alice trouve une recette de gâteau aux amandes.

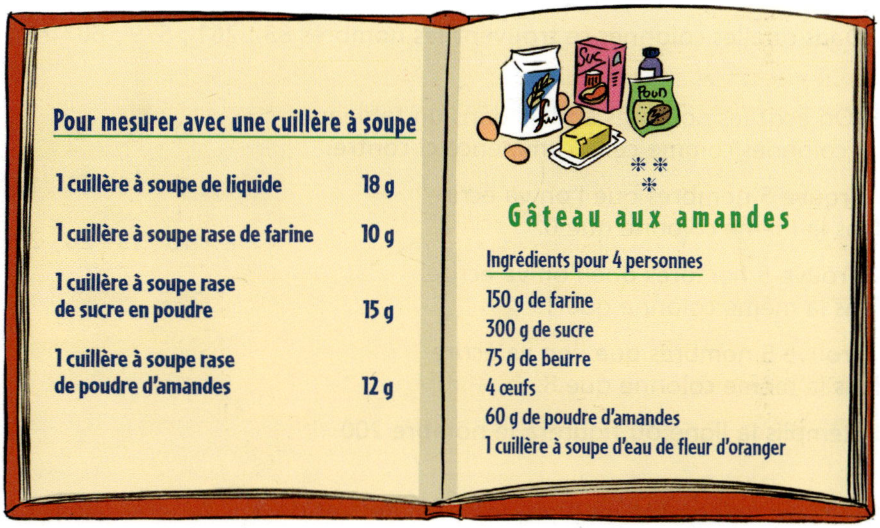

Combien de cuillères rases de farine, de sucre et de poudre d'amandes devra-t-elle prendre pour faire ce gâteau aux amandes ?

6 Voici un ticket de caisse du magasin « Nosica ».
Noé doit aller faire des courses dans ce magasin.
Il a préparé une liste :

8 boîtes de chocolat en poudre ;
4 paquets de café ;
6 boîtes de thé ;
6 paquets de biscottes.

Combien cela lui coûtera-t-il ?

NOSICA

5 boîtes de chocolat en poudre	20.00 €
3 paquets de café	7.50 €
4 boîtes de thé	20.00 €
2 paquets de biscottes	3.00 €

7 Les 265 élèves d'une école vont visiter la Cité de la musique à Paris.
Pour assurer l'encadrement, il faut 1 adulte pour 15 enfants.

Combien d'adultes doit-il y avoir ?

36

CALCUL MENTAL
Jeu des nombres pensés : reprendre le jeu avec un autre multiplicateur, par exemple 9.

Relations arithmétiques entre les nombres entiers : les multiples (2)

Objectifs : résoudre des problèmes mettant en jeu la notion de multiples.
Revoir les caractéristiques des nombres multiples de 2, de 5 ou de 10.

DÉCOUVERTE

1 On écrit les nombres entiers dans un tableau à 5 colonnes comme celui commencé ci-contre.

0	1	2	3	4
5	6	7	8	9
10	11	12	13	14

a. Trouve 5 nombres que l'on va écrire dans la même colonne que 0.

b. Trouve 5 nombres que l'on va écrire dans la même colonne que 1.

c. Trouve 5 nombres que l'on va écrire dans la même colonne que 4.

d. Remplis la ligne où figurera le nombre 200.

e. Dans quelles colonnes se trouvent les nombres 88 ; 261 ; 579 ; 607 ?

2 On écrit les nombres entiers dans un tableau à 9 colonnes comme celui commencé ci-contre.

0	1	2	3	4	5	6	7	8
9	10	11	12	13	14	15	16	17
18	19	20	21	22	23	24	25	

a. Trouve 5 nombres que l'on va écrire dans la même colonne que 0.

b. Trouve 5 nombres que l'on va écrire dans la même colonne que 1.

c. Trouve 5 nombres que l'on va écrire dans la même colonne que 8.

d. Remplis la ligne où figurera le nombre 200.

3 Trouve un nombre multiple commun de 5 et de 9.
Indique, pour chaque tableau, la colonne dans laquelle on le trouve.

EXERCICES

1

0	1
2	3
4	5

a. Quelle est la propriété des nombres qui se trouvent dans la même colonne que 0 ?

b. Comment caractériser les nombres de l'autre colonne ?

c. Dans quelles colonnes se trouvent les nombres 57 ; 86 ; 375 ; 4 730 ; 89 235 ?

2

a. Sans effectuer de calculs, trouve les restes des divisions par 10 des nombres :

45 264 956 1 950 7 043 48 757

b. Sans effectuer de calculs, trouve le reste des divisions par 100 de ces mêmes nombres.

3 Sans effectuer de calculs, trouve les restes des divisions par 5 des nombres :

a. 124 b. 127 c. 234 d. 238

Explique comment tu fais.

4 Sans effectuer de calculs, trouve les restes des divisions par 2 des nombres :

a. 376 b. 373 c. 475 d. 478

Explique comment tu fais.

5 Complète les écritures de chaque nombre pour qu'il soit :

a. un multiple de 2
7•
43•
8 26•

b. un multiple de 5
7•
43•
8 26•

c. un multiple de 2 et de 5
7•
43•
8 26•

6 a. Recopie ces nombres et entoure les multiples de 3 en vert, les multiples de 5 en jaune, les multiples de 15 en bleu.

10 12 15 17 20 23 30 33 45 60 65 70

Que remarques-tu ? Pouvais-tu le prévoir ?

b. Recopie ces nombres et entoure les multiples de 25 en orange, les multiples de 50 en violet.

15 20 50 60 75 82 90 100 105 120 125 150

Que remarques-tu ? Pouvais-tu le prévoir ?

7 Avec les trois chiffres 5, 4 et 3, forme et écris :

a. un nombre multiple de 2 ; b. un nombre multiple de 3 ; c. un nombre multiple de 5.

8 Voici une liste de nombres : 2 500 ; 135 ; 500 ; 72 ; 251 ; 1 325.

a. Certains sont des multiples de 25. Lesquels ?

b. Encadre les autres par deux multiples de 25.

c. Donne l'écriture en ligne de la division par 25 de chacun des nombres de la liste.

9 Vrai ou faux ?

a. Il existe des nombres pairs qui sont multiples de 5.

b. Il existe des nombres terminés par 4 qui sont multiples de 5.

c. Tous les nombres terminés par 0 sont multiples de 10.

10 Vrai ou faux ?

a. Tous les nombres multiples de 2 sont aussi multiples de 4.

b. Tous les nombres multiples de 4 sont aussi multiples de 2.

c. Tous les nombres multiples de 10 sont aussi multiples de 2 et de 5.

11 Qui suis-je ?

« Je suis compris entre 200 et 300,
je suis un multiple de 15, et quand on me divise par 17, le reste est 0. »

12 Qui suis-je ?

« Je suis compris entre 700 et 800,
je suis un multiple de 17, et quand on me divise par 15, le reste est 0. »

Ce que je suis capable de faire

1

Calcule :

a. 1,7 × 10	0,8 × 10	24,42 × 10	3,06 × 10
b. 2,3 × 100	0,5 × 100	32,75 × 100	4,105 × 100

2

Calcule :

a. 0,8 × 4 b. 0,8 × 40 c. 6 × 12,7 d. 60 × 12,7 e. 7 × 14,32 f. 700 × 14,32

3

Un carambar coûte 0,45 €. Une sucette à la réglisse coûte 1,20 €.

a. Qwang achète 10 carambars et 10 sucettes à la réglisse. Combien va-t-il payer ?

b. Leïla achète 5 sucettes à la réglisse. Combien va-t-elle payer ?

c. Théo achète 12 carambars et 14 sucettes à la réglisse. Combien va-t-il payer ?

4

Sur un carré de papier plié en quatre dont les côtés sont bordés de rouge, on a effectué les découpages que l'on voit sur la figure J.

Quel napperon, A, B ou C, va-t-on obtenir en dépliant le carré ?

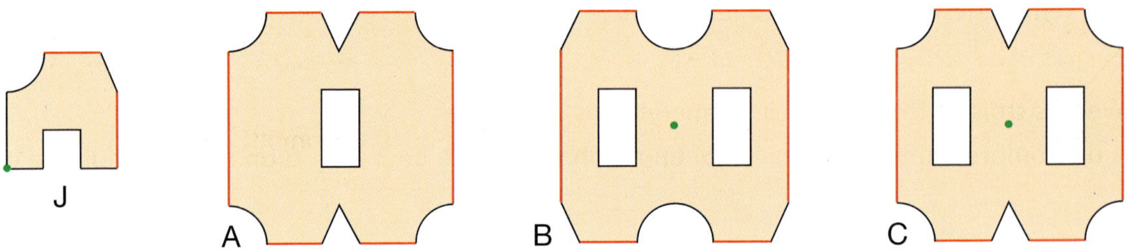

5

Dans quel cas la droite en pointillés te paraît-elle être un axe de symétrie du trapèze ?

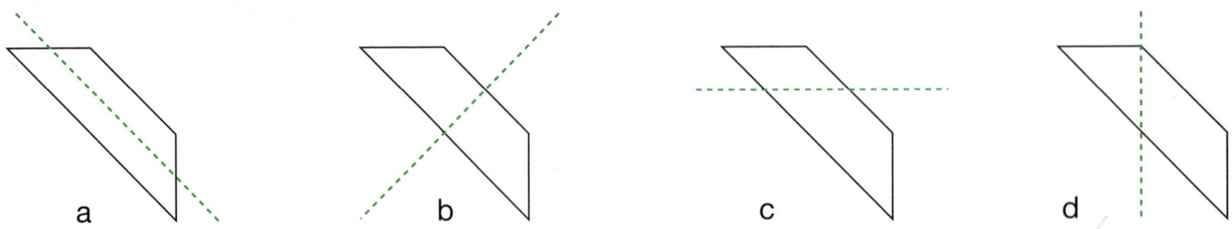

6

Encadre chacun des nombres suivants :

29 71 17 55 143

a. entre deux multiples consécutifs de 5 ;

b. entre deux multiples consécutifs de 2 ;

c. entre deux multiples consécutifs de 7.

7

En utilisant une fois et une seule chacun des chiffres 2, 5 et 0, forme et écris :

a. un nombre multiple de 10 ;

b. un nombre multiple de 2 ;

c. un nombre multiple de 5.

CALCUL MENTAL. Jeu de portrait sur les nombres entiers : le professeur choisit un nombre. À tour de rôle, les élèves posent une question pour trouver ce nombre ; le professeur répond par oui ou par non.

Problèmes à une ou plusieurs étapes (2)

Objectif : s'entraîner à résoudre des problèmes familiers, à une ou plusieurs étapes.

1 Je pense à un nombre.
Si je lui ajoute 15 fois de suite le nombre 0,1 j'obtiens 24,3.

Quel est ce nombre ?

2 Je pense à un nombre.
Si je lui enlève 15 fois de suite le nombre 0,1 j'obtiens 17,8.

Quel est ce nombre ?

3 Alexandre a un paquet de bonbons.
Il donne 12 bonbons à chacun de ses 7 camarades. Il lui reste 4 bonbons.

Combien de bonbons y avait-il dans le paquet ?

4 Arthur est chargé de répartir équitablement les billes dans 25 sacs.
Il dispose pour cela de 1 800 billes.

Quel est le nombre de billes par sac ?

5 Depuis l'ouverture du parking, 115 voitures sont sorties et 272 voitures sont entrées.
En fin de journée, il y a 1 183 voitures.

Combien de voitures y avait-il dans le parking le matin avant l'ouverture ?

6 Un pack d'eau minérale contient 6 bouteilles de 1,5 litre. Le magasinier d'un rayon d'eau minérale range 30 de ces packs.
Il effectue le calcul : $(30 \times 6) \times 1,5$ et trouve 270.

Que voulait-il connaître ?

7 Le directeur du camping Gochoki effectue le calcul : $(3,50 \times 12) + (2 \times 9) \times 12$ et trouve 258.

Que voulait-il connaître ?

8

Le patron du magasin de cycles Calvo effectue le calcul : $10 + (4 \times 13)$ et trouve 62.

Que voulait-il connaître ?

CALCUL MENTAL
Petits problèmes numériques oraux. Ex. : Une fleuriste a fait 8 bouquets de 11 tulipes, et il lui reste 5 tulipes. Combien de tulipes avait-elle ?

Axes de symétrie des figures usuelles (2)

Objectifs : Identifier les axes de symétrie d'une figure usuelle et trouver les éléments symétriques d'une figure admettant un axe de symétrie.

ACTIVITÉ PRÉPARATOIRE DE DÉCOUVERTE : jeu d'encastrement : les élèves cherchent toutes les manières d'encastrer des pièces polygonales dans leur emplacement (guide du professeur).

DÉCOUVERTE

Voici un jeu d'encastrement pour les enfants. Les pièces sont bicolores : une face est orange, l'autre est bleue.

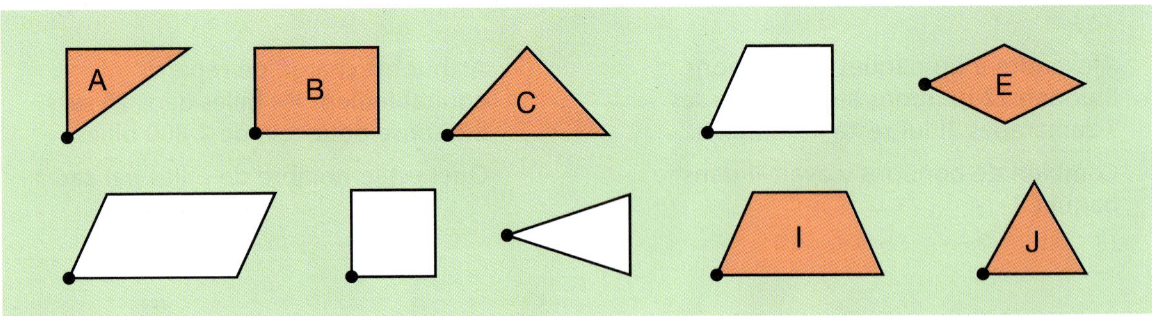

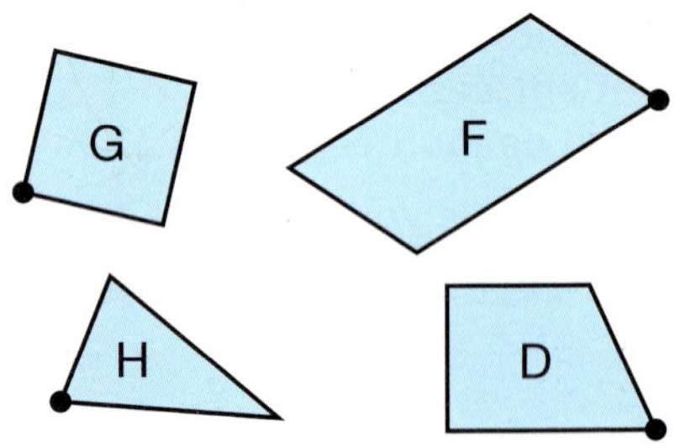

1 **a.** Parmi les pièces D, F, G et H, quelles sont celles qui ne peuvent pas être encastrées dans le jeu en étant sur leur face bleue ?

b. Alice dit que ces pièces n'ont pas d'axe de symétrie. A-t-elle raison ?

c. Vérifie pour les autres pièces.

2 **a.** On peut placer le carré sur sa face bleue dans son emplacement de plusieurs manières en le faisant pivoter. La position du point noir permet de comptabiliser ces manières. Combien en trouves-tu ?

b. Théo dit qu'une pièce a autant d'axes de symétrie que de manière de rentrer dans son emplacement en restant sur sa face bleue. A-t-il raison ?

3 Trouve le nombre d'axes de symétrie des figures usuelles.
Recopie le tableau et complète-le en mettant des croix dans les cases qui conviennent.

	pas d'axe	1 axe	2 axes	3 axes	4 axes
parallélogramme					
rectangle					
losange					
carré					
triangle isocèle					
triangle équilatéral					
triangle rectangle					

EXERCICES

1 Voici plusieurs figures.

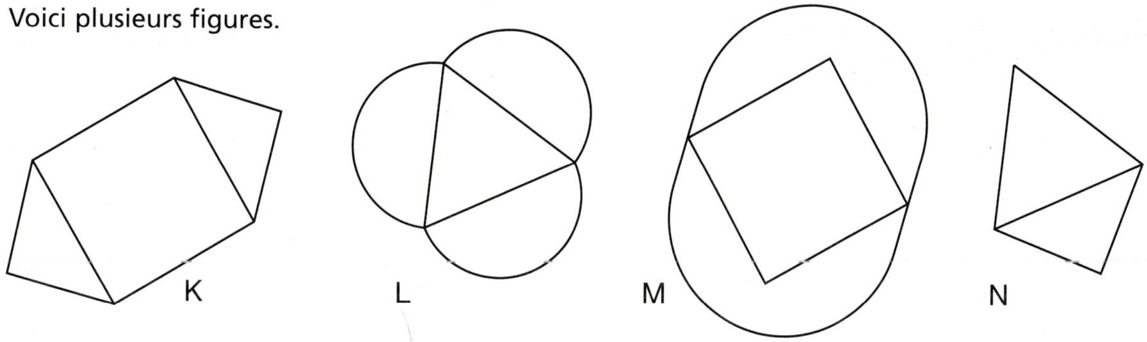

a. À vue d'œil, quelles figures ont des axes de symétrie et combien en ont-elles ?

b. Décalque les figures, trace les axes de symétrie que tu as prévus, puis vérifie par pliage.

2 Les figures O et P sont l'une et l'autre composées de deux carrés.

a. À vue d'œil, ont-elles des axes de symétrie ?
Si oui, combien chaque figure en a-t-elle ?

b. Décalque ces figures et trace les axes de symétrie que tu as prévus.
Vérifie par pliage.

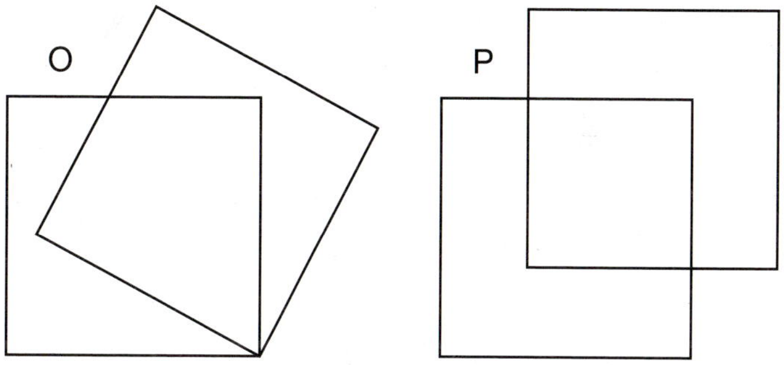

3 Alice dit qu'un cercle a quatre axes de symétrie.
Leïla dit qu'il en a beaucoup plus.

Qui a raison ? Explique ta réponse.

4 Voici une figure et son axe de symétrie.

Quel est le symétrique :
- du point A ?
- du point B ?
- du segment [CD] ?
- de l'angle ABC ?

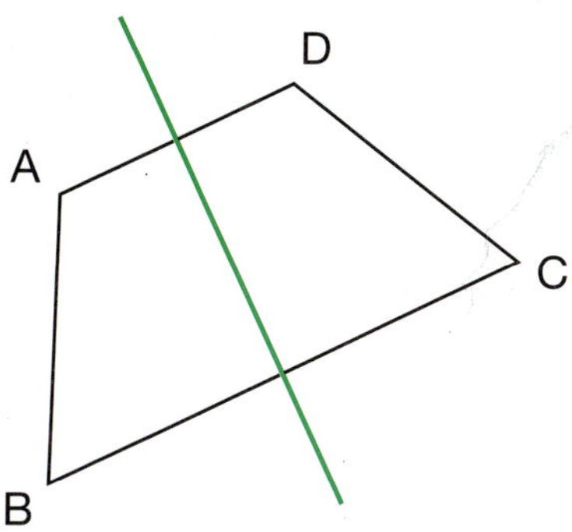

5 Voici une figure et son axe de symétrie.

a. Théo dit que le segment symétrique du segment [BF] est le segment [BD].
A-t-il raison ?

b. Qwang dit que la figure symétrique du cercle, c'est le cercle lui-même. A-t-il raison ?

c. Quel est le point symétrique du point A ?

d. Quel est le segment symétrique du segment [AF] ?

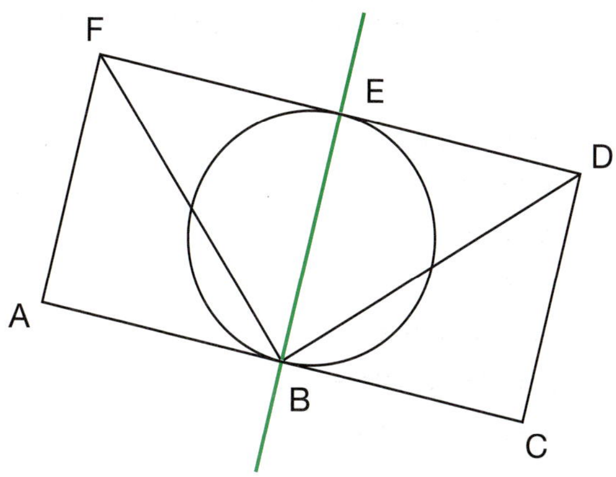

CALCUL MENTAL
Petits problèmes numériques oraux. Ex. : Avec 82 billes, combien de sacs de 25 billes peut-on remplir ? Reste-t-il des billes ?

Transformer une figure par symétrie

Objectifs : utiliser les propriétés locales de la symétrie axiale, prendre des repères pour construire la figure symétrique d'une figure donnée.

DÉCOUVERTE

Certains dessins représentent des figures symétriques par rapport à l'axe vert.
Trouve ces figures symétriques. Explique pourquoi chacune des autres ne convient pas.

A

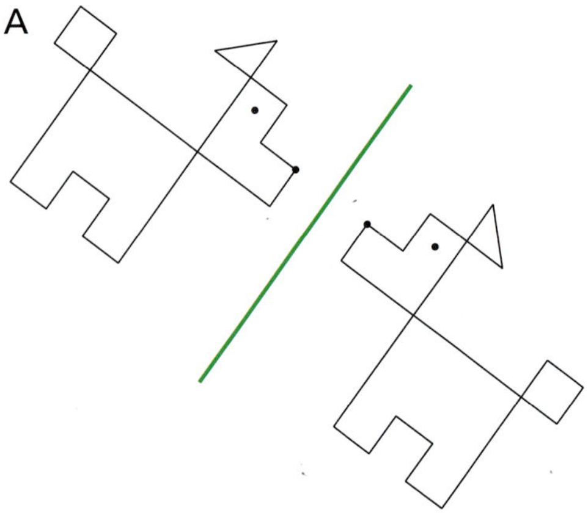

B

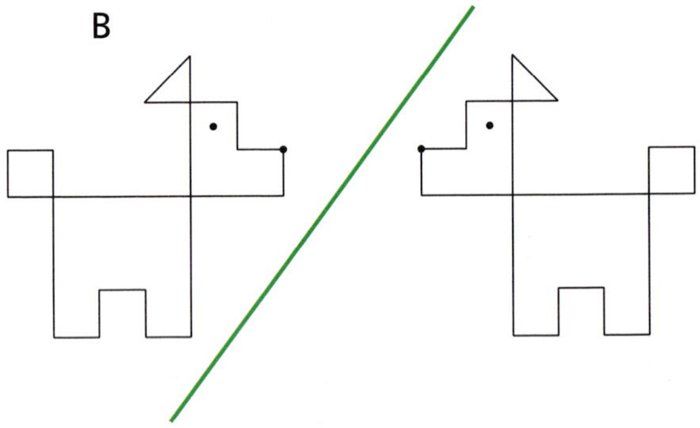

C

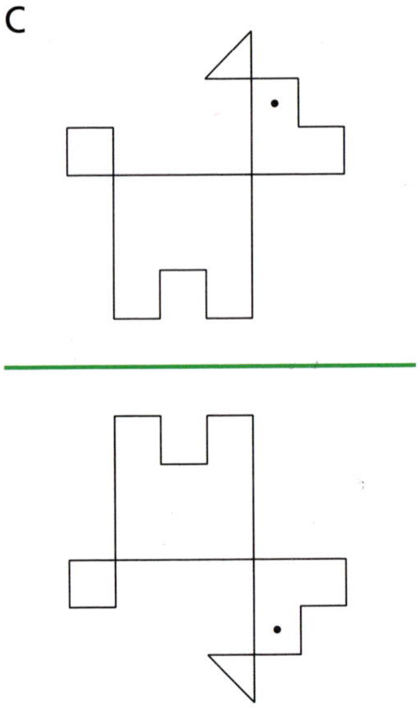

D

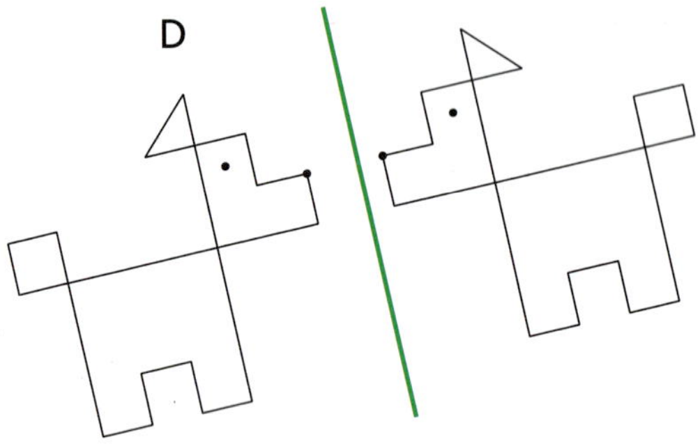

E

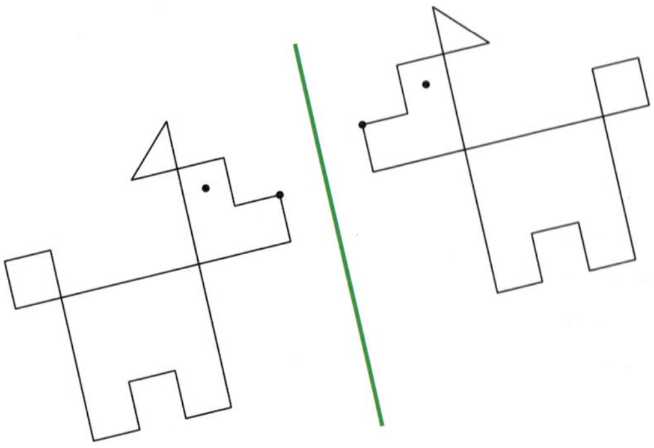

F

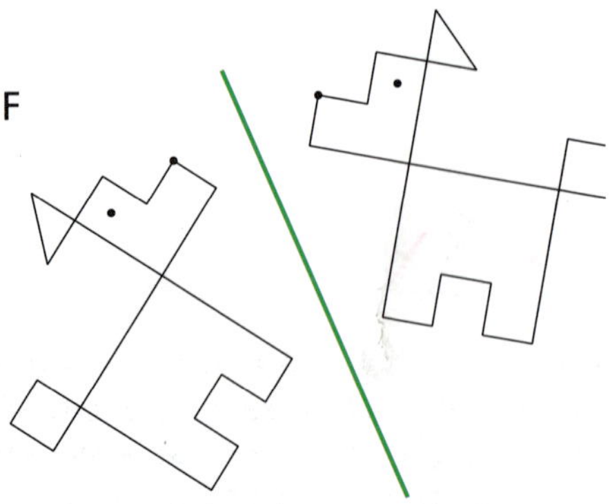

EXERCICES

1 Dans chaque cas, reproduis la figure et la droite d.
Puis construis la figure symétrique par rapport à la droite d.

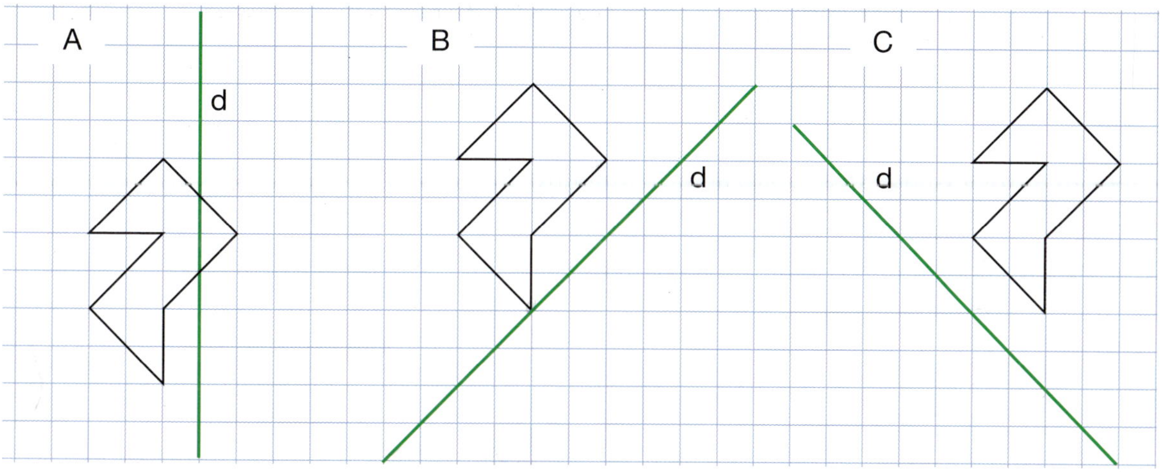

2 Dans chaque cas, la figure bleue et la figure verte sont symétriques par rapport à un axe qui a été effacé.

Décalque les figures et retrouve, dans chaque cas, l'axe de symétrie.

A

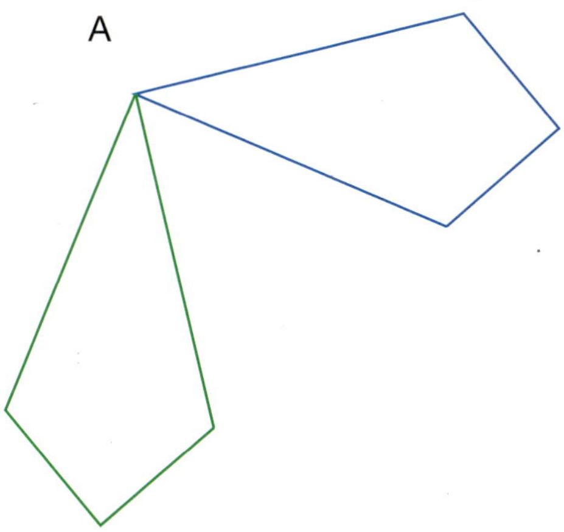

B

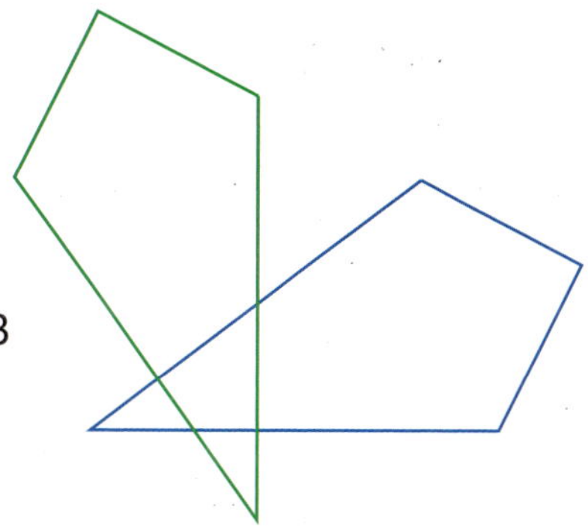

C

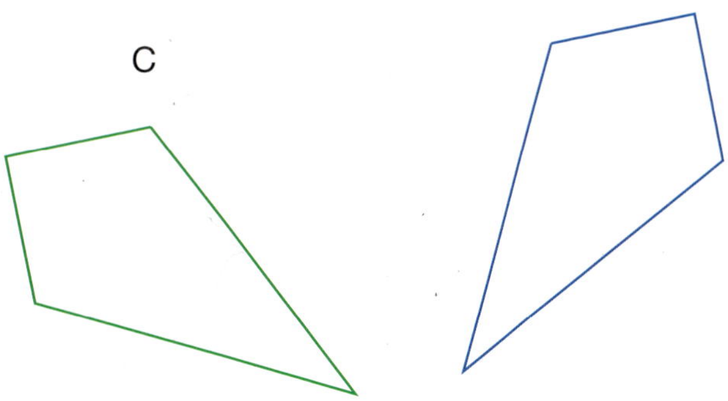

Remue-méninges

Alice a commencé à tracer une figure qui a un axe de symétrie et un seul, mais elle n'a pas terminé.
On sait que le point C est le symétrique du point A et que les points B et E sont sur l'axe de symétrie.

Décalque la figure et termine la construction.

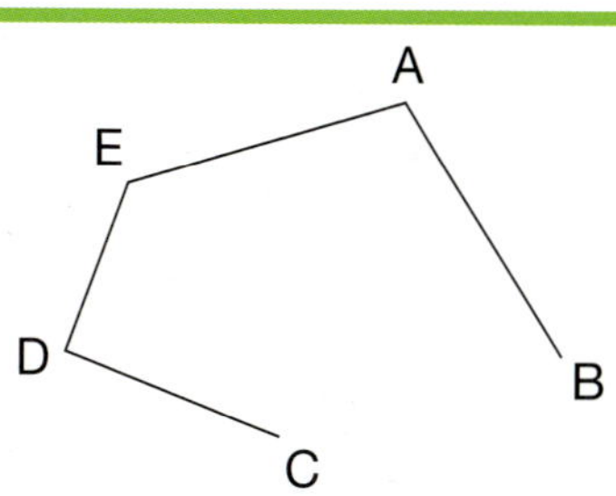

39

CALCUL MENTAL
Jeu de mémoire : le professeur écrit quatre nombres décimaux au tableau, puis les cache. Après dix secondes, les élèves les écrivent dans l'ordre croissant.

Nombres décimaux et mesure de longueurs

Objectif : exprimer des mesures de longueur à l'aide de nombres décimaux et d'une unité.

DÉCOUVERTE

1 Tu as déjà vu que nos voisins anglais utilisent encore souvent des unités traditionnelles : l'inch (pouce), le foot (pied), le yard (pas), mais aussi le mile terrestre et le mile nautique.

Voici un tableau de correspondance.

Unité anglaise	Valeur approchée
Inch (in)	2,54 cm
Foot (ft)	0,305 m
Yard (yd)	0,915 m
Mile	1,61 km
Mile nautique	1 852 m

- Qui est le plus grand : Mike ou Louis ?
- Et toi, peux-tu convertir approximativement ta taille en mesures anglaises ?

2 Margaret mesure une barrière et trouve exactement 10 ft de long.
Trouve rapidement la longueur de la barrière en mètres.

EXERCICES

1 Complète les égalités :

a. 3,45 m = … cm
285 cm = … m
4,57 m = … dm

b. 68 dm = … m
5,125 km = … m
354 m = … km

c. 4 km 500 m = … km
12 hm 5 m = … km

d. 2 m 36 cm = … m
12 km 54 dm = … m

e. 54,7 m = … m … cm
3,7 km = … km … m

f. 63,5 cm = … cm … mm
35,567 m = … m … dm … cm … mm

2 En te servant des données de la découverte, exprime :

a. en mètres, la longueur d'un mile anglais ;

b. en kilomètres, la longueur d'un mile nautique.

3 **a.** Un marathon se court sur une distance de 42 km 195 m.

Exprime cette longueur en km puis en m.

b. Le semi-marathon est une course dont la longueur est la moitié de celle du marathon.

Exprime sa longueur en m.

4 Pour la course du Vendée Globe, les marins doivent faire environ 23 200 miles nautiques.

Combien de kilomètres cela fait-il ?

5 Pour mesurer la longueur d'un lancer de poids, Andrew a reporté trois fois une perche d'une longueur de 2 yards.

Calcule la longueur de ce lancer de poids dans notre système métrique.

6 Le Japon possède un tunnel reliant l'île principale du pays, Honshu, à l'île du nord, Hokkaido. Il a une longueur de 53,8 km. Le tunnel sous la Manche mesure, lui, 31 miles.

Lequel de ces deux tunnels est le plus long ?

7 Voici une carte des circuits à vélo possibles sur la côte Atlantique, près du lac de Hourtin.
Les distances parcourues, en kilomètres, sur les pistes cyclables sont écrites en noir sur le bord des chemins.

Élise part du domaine des sports et de loisirs de Bombannes et fait le circuit numéroté
10 – 9 – 8 – 7 – 4 – 5 – 8 – 9 – 10
puis revient à Bombannes.

Mourad part aussi du domaine des sports et de loisirs de Bombannes et fait le circuit numéroté
12 – 14 – 13 – 11 – 7 – 8 – 9 – 10
puis revient à Bombannes.

Lequel des deux a fait le trajet le plus long ?

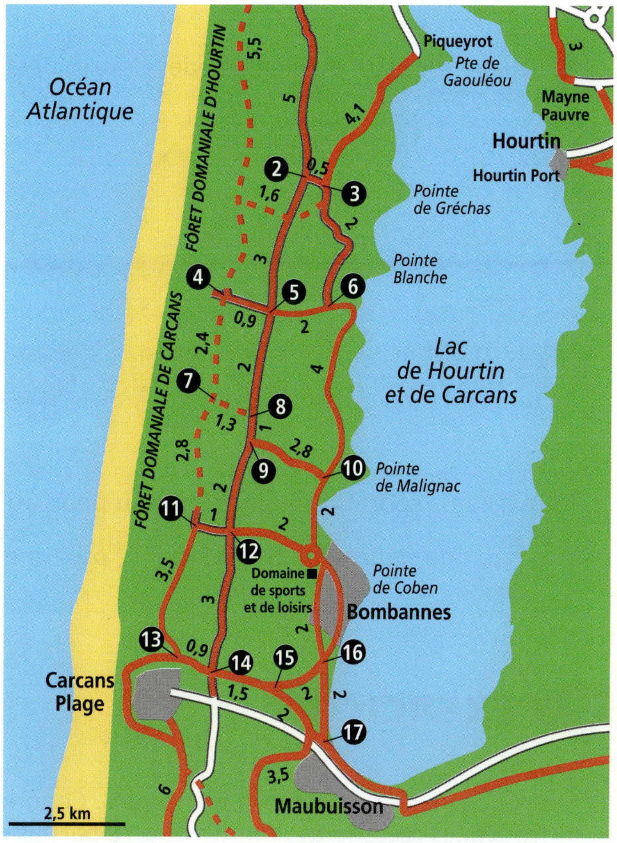

Remue-méninges

La lumière met 8 minutes pour nous parvenir du Soleil.

Sachant que la lumière parcourt 299 792,458 kilomètres en une seconde, quelle est la distance de la Terre au Soleil (en millions de kilomètres) ?

CALCUL MENTAL
Le professeur énonce une fraction simple ou une fraction décimale, les élèves écrivent les deux entiers qui l'encadrent.

Aire des surfaces planes et fractions

Objectifs : revoir la notion d'aire d'une figure plane. Comparer des aires par découpage et recollement. Exprimer des mesures d'aire par des fractions.

DÉCOUVERTE

Voici le puzzle appelé « tangram ». Son aire est choisie comme unité d'aire u.
Reproduis le tangram dans un carré de papier de 8 cm de côté et découpe soigneusement les pièces.

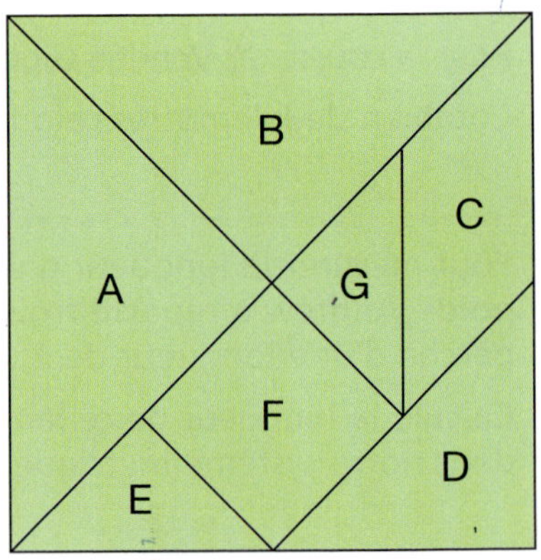

1 Quelles pièces ont la même aire ?

2 Quelle fraction de l'aire du carré représente chaque pièce ?

3 Quelle est l'aire de chacune des figures dessinées ci-dessous ?

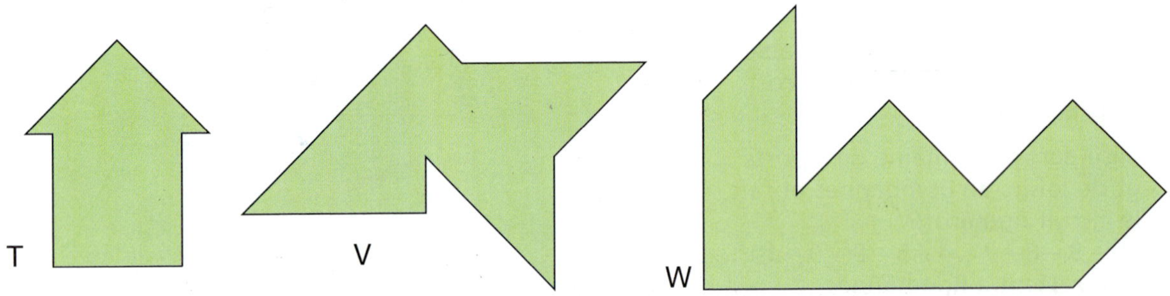

4 Avec les pièces du tangram, que tu peux utiliser plusieurs fois, dessine une figure dont l'aire est $\frac{3}{4}$ u, une figure dont l'aire est $\frac{5}{8}$ u, puis une figure dont l'aire est $\frac{9}{4}$ u.

EXERCICES

1 Les quatre rectangles sont identiques. Chaque rectangle a été partagé en quatre parties.
Trouve les rectangles dont les quatre parties ont la même aire.

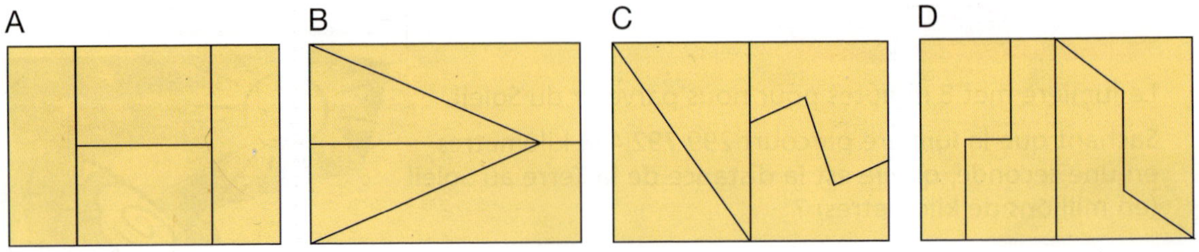

2 L'aire de la figure complète est choisie pour unité.

a. Écris la fraction à laquelle correspond l'aire de la partie jaune.

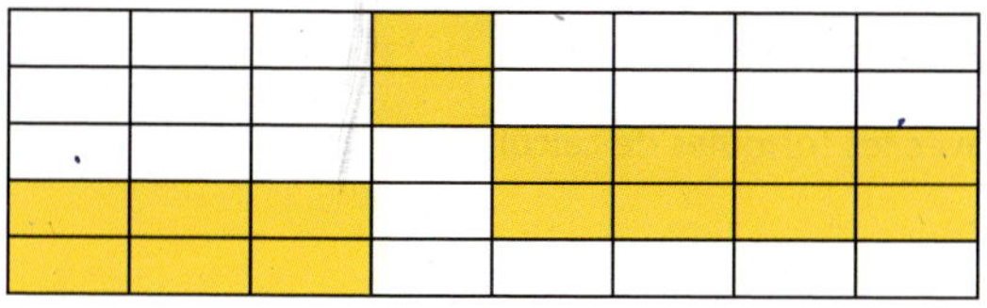

b. Qwang dit que l'aire de la surface jaune correspond à $\frac{1}{3}$ u. A-t-il raison ?

3 L'aire de la figure complète est choisie pour unité.

a. Écris la fraction à laquelle correspond l'aire de la partie verte.

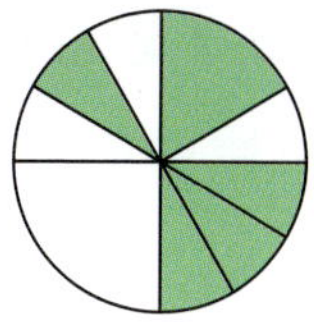

b. Alice dit que l'aire de la surface verte correspond à $\frac{1}{2}$ u. A-t-elle raison ?

4 L'aire du disque est choisie pour unité.

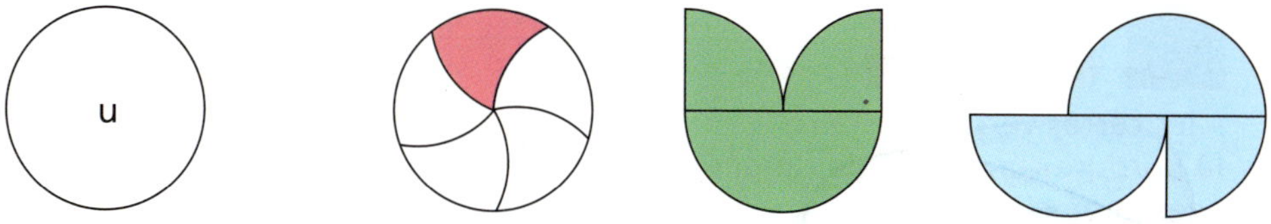

a. Quelle est l'aire de la surface rose ?

b. Quelle est l'aire de la surface verte ?

c. À quel nombre correspond la surface bleue : $\frac{3}{4}$ 3 $\frac{5}{4}$ $\frac{1}{3}$?

d. À l'aide du disque unité, construis une surface d'aire $\frac{5}{2}$.

5 Reproduis la figure A sur du papier quadrillé.

a. Construis trois figures B, C et D ayant la même aire que la figure A, mais de formes différentes. Range les figures A, B, C et D de celle qui a le plus petit périmètre à celle qui a le plus grand.

b. Construis trois figures E, F et G ayant le même périmètre que la figure A, mais de formes différentes. Range-les de celle qui a la plus petite aire, à celle qui a la plus grande.

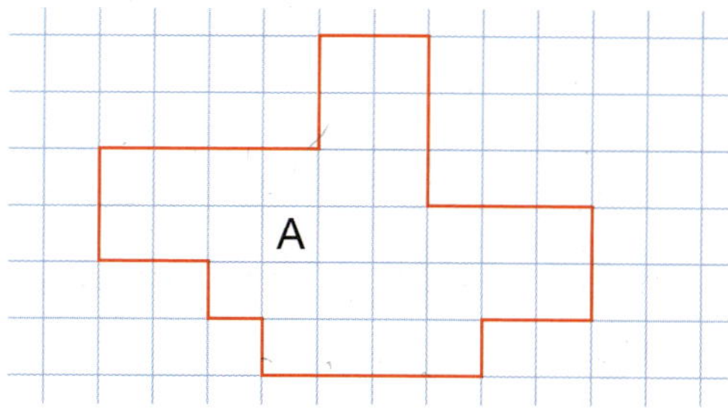

Remue-méninges

Reproduis ces figures sur du papier quadrillé.
Partage chaque surface en deux parties superposables.

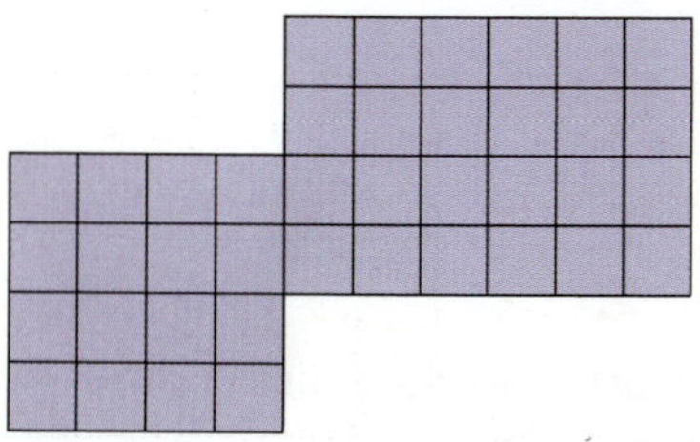

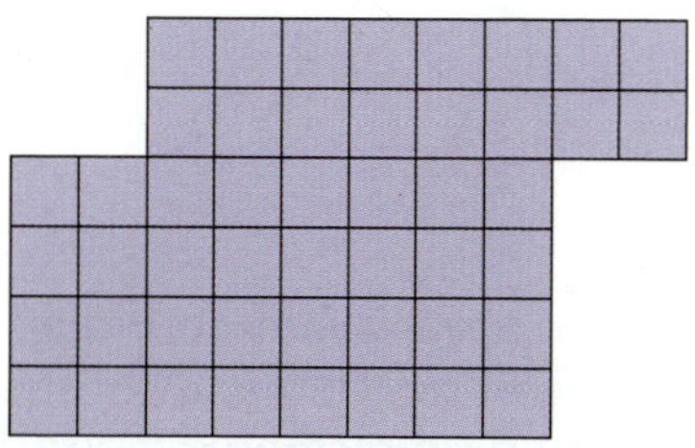

CALCUL MENTAL
Le professeur énonce une fraction simple ou une fraction décimale, les élèves doivent l'écrire comme somme de sa partie entière et de son rompu.

Mesure des aires, aires du rectangle et du carré

Objectifs : rencontrer les unités de mesure d'aires. Se familiariser avec les formules de calcul.

DÉCOUVERTE

Pour recouvrir très exactement ce carré blanc de 1 dm de côté, on utilise des carrés de couleurs de 1 cm de côté :

– les carrés verts pour faire la bordure sur une seule rangée,
– les jaunes pour former un carré central,
– les rouges pour le reste.

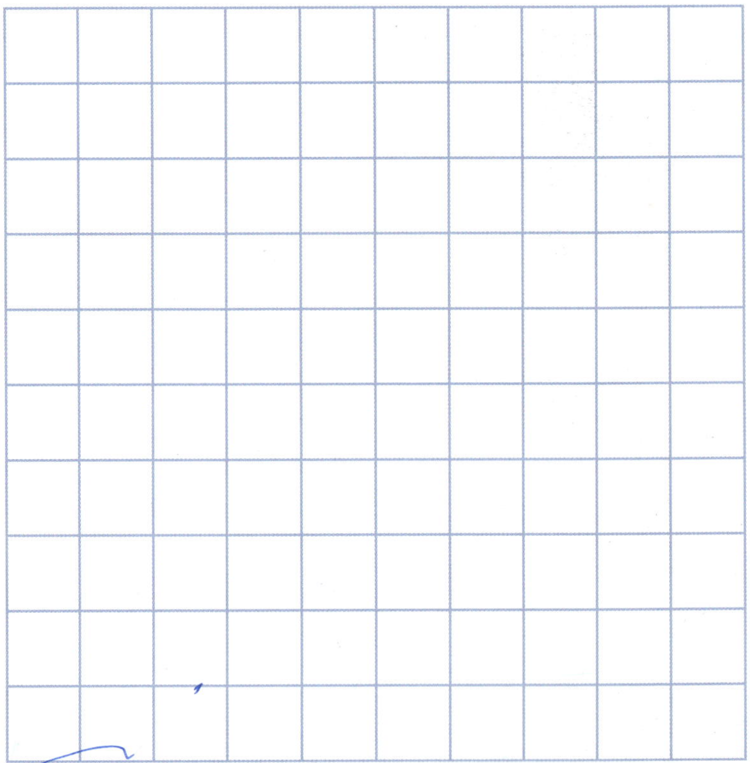

1 Trouve au moins deux solutions.

2 Combien faut-il de petits carrés en tout pour recouvrir le grand carré ?

3 Quelle fraction de l'aire du grand carré représente chaque petit carré ?

L'aire d'un carré de 1 cm de côté mesure 1 cm^2.
L'aire d'un carré de 1 dm de côté mesure 1 dm^2, elle est 100 fois plus grande que celle du carré de 1 cm^2.
1 dm^2 = 100 cm^2

4 Donne en cm^2 la mesure de l'aire de la bordure verte.

5 Pour chacune des deux solutions que tu as trouvées à la question 1, donne en cm^2 la mesure de l'aire du carré central jaune, puis celle de la partie rouge.

EXERCICES

1 Construis deux carrés ayant pour aire 1 dm^2.
Par découpage et recollement, construis avec le premier carré un triangle d'aire 1 dm^2 et avec le second un rectangle d'aire 1 dm^2.

grandeurs et mesures
10 17 39 40 41 42 43 47 58 59 71 79 80

2 Le cm² étant l'unité choisie, évalue l'aire des figures A, B, C.

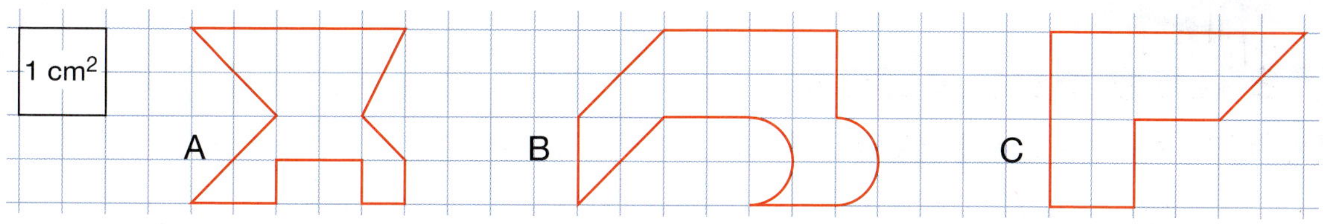

3 Sur un quadrillage, dessine :
- une figure d'aire 12 cm²,
- une figure d'aire comprise entre 15 cm² et 16 cm²,
- une figure d'aire 24 cm².

4 Reprends le tangram que tu as construit dans la découverte de la page 110.

Exprime en cm² :
- l'aire totale du tangram,
- l'aire de chacune des pièces.

5 **a.** Le cm² étant l'unité choisie, évalue l'aire du rectangle EFGH.

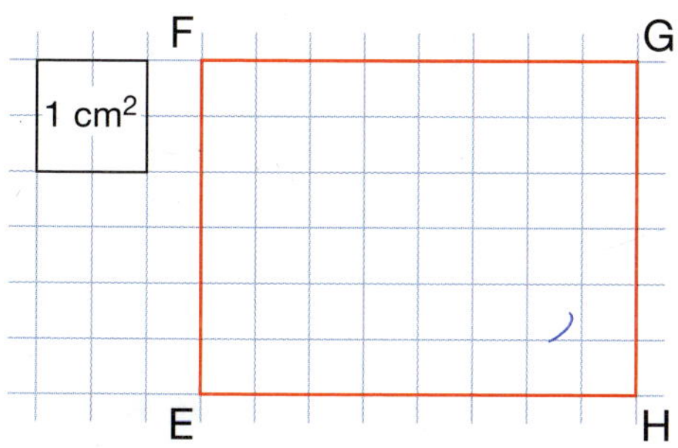

b. Prévois l'aire d'un rectangle de 7 cm sur 5 cm. Vérifie en le construisant sur du papier quadrillé.

c. Leïla dit que pour trouver l'aire A d'un rectangle de côtés L et ℓ, il suffit de faire le produit de L par ℓ, c'est-à-dire que **$A = L \times \ell$**. A-t-elle raison ?

6 Le cm² étant l'unité choisie, évalue l'aire du carré KLMN.

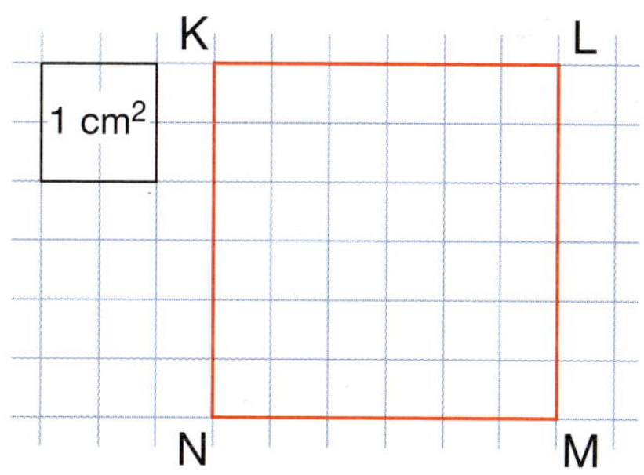

b. Prévois l'aire d'un carré de 5 cm de côté. Vérifie en le construisant sur du papier quadrillé.

c. Théo dit que pour trouver l'aire A du carré de côté c, il suffit de multiplier c par lui-même, c'est-à-dire que **$A = c \times c$**. A-t-il raison ?

7 Reproduis le losange MNOP. Construis un rectangle ayant pour dimensions les diagonales du losange.

Quelle est, en cm², l'aire de ce rectangle ? Peux-tu en déduire l'aire du losange ?

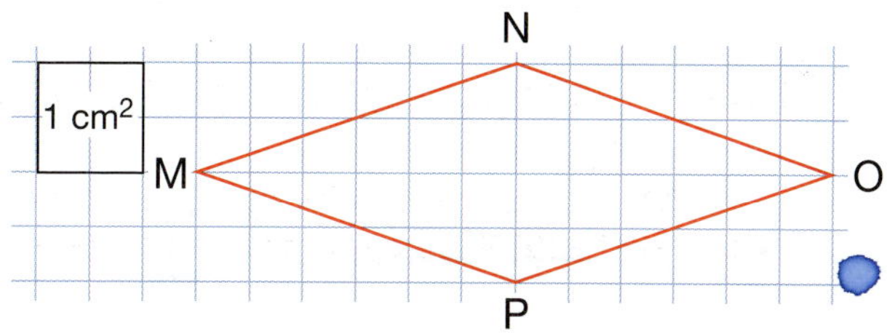

8 **a.** Quelle est l'aire d'un carré de 8 cm de côté ?

b. Un carré a une aire égale à 16 cm². Quelle est la longueur de son côté ?

c. Quelle est l'aire d'un rectangle de dimensions 6 cm et 5 cm ?

MISE EN ROUTE
Dictée géométrique. Ex. : Trace un segment [AB] de 5 cm de long. Trace le cercle de centre A de rayon 4 cm. Place sur ce cercle un point qui soit à 3,5 cm de B.

Mesure des aires : hauteur du triangle, aire du triangle

Objectif : découvrir une hauteur comme segment utile au calcul de l'aire du triangle.

DÉCOUVERTE

1 a. À vue d'œil, quel est le triangle qui a la plus grande aire ?

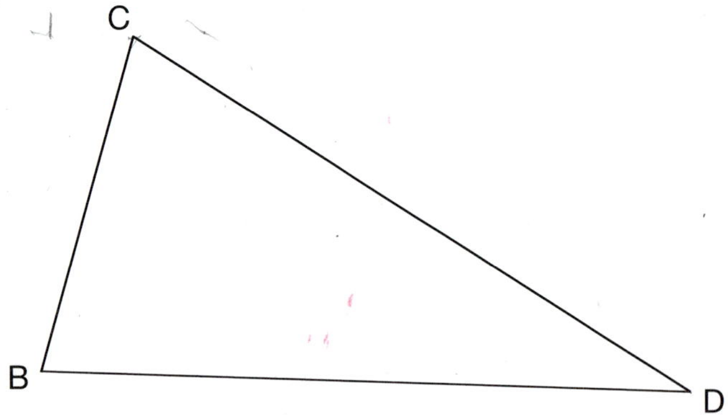

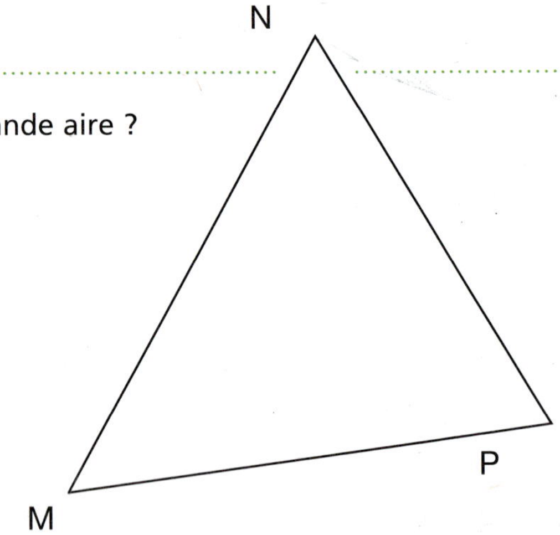

b. Pour savoir quel est le triangle qui a la plus grande aire, Qwang découpe les deux triangles, les superpose et en déduit que l'aire du triangle BCD est un peu plus grande que celle du triangle MNP.

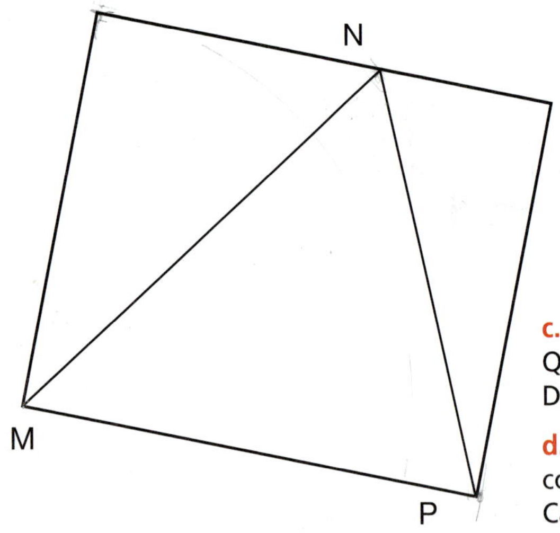

c. Leïla construit un rectangle comme celui ci-contre. Quelle est l'aire de ce rectangle ?
Déduis-en l'aire du triangle MNP en cm².

d. Reproduis le triangle BCD puis, comme Leïla, construis le rectangle dont une longueur est BD. Calcule l'aire du triangle BCD. Qwang avait-il raison ?

2 Vérifie ce que dit le furet pour le triangle MNP, puis pour le triangle BCD.

EXERCICES

1 Calcule l'aire de chacun des deux triangles.

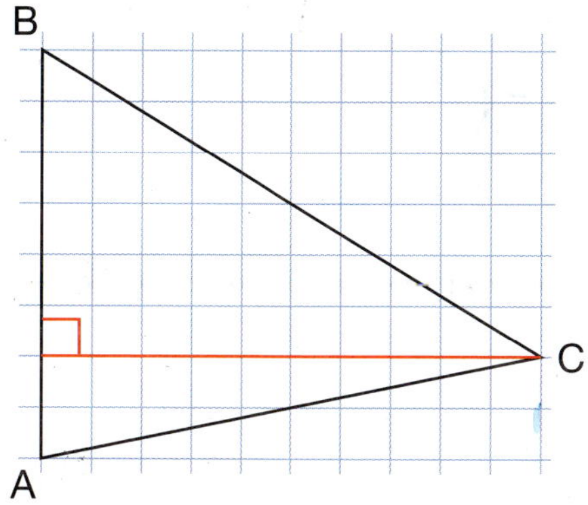

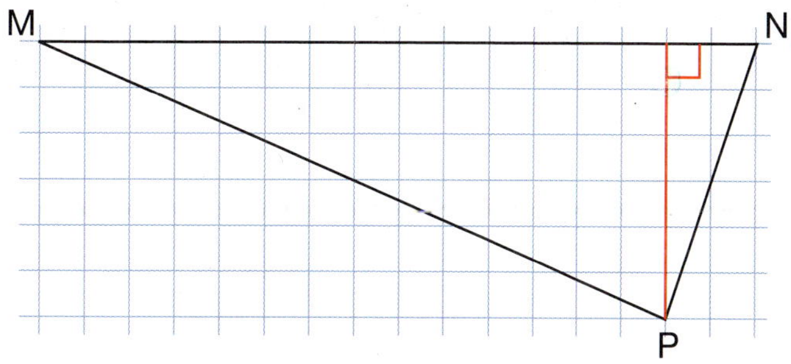

2 **a.** Sur une feuille quadrillée (carreaux de 0,5 cm de côté), trace un rectangle ABCD de 8 cm sur 6 cm. Calcule son aire en cm².

b. Place un point E sur [CD]. Quelle est l'aire du triangle ABE ?

c. Place un point F sur [CD] distinct de E. Quelle est l'aire du triangle ABF ?

d. Si on avait mis le point F ailleurs sur [CD], aurait-on eu le même triangle ? Quelle aurait été son aire ?

3 Trace :
– un segment [AB] de longueur 5 cm ;
– un triangle ABC dont la hauteur correspondant au côté [AB] mesure 4 cm ;
– un autre triangle ABD dont la hauteur correspondant au côté [AB] mesure, elle aussi, 4 cm.
Que peux-tu dire, sans les calculer, des aires de ces deux triangles ?

4 Pour calculer l'aire du triangle ABC…

a. Théo a mesuré le côté [BC] puis la hauteur [AM].
Que doit-il faire ensuite pour calculer l'aire du triangle ABC ?

b. Leïla et Alice n'ont pas tracé la même hauteur.
Prévois le calcul que chacune d'elles va effectuer pour trouver l'aire du triangle ABC.

Théo ▸

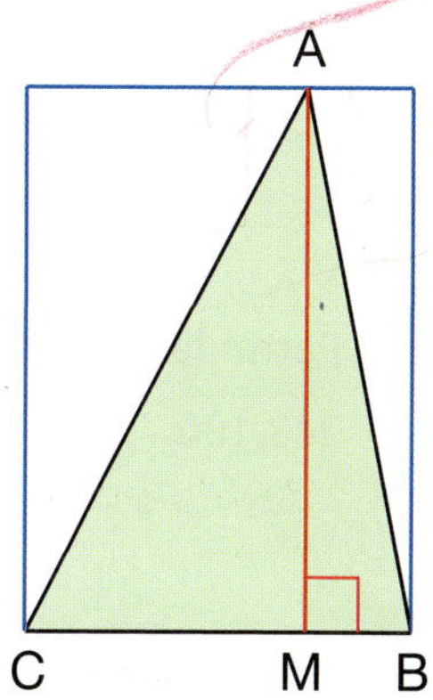

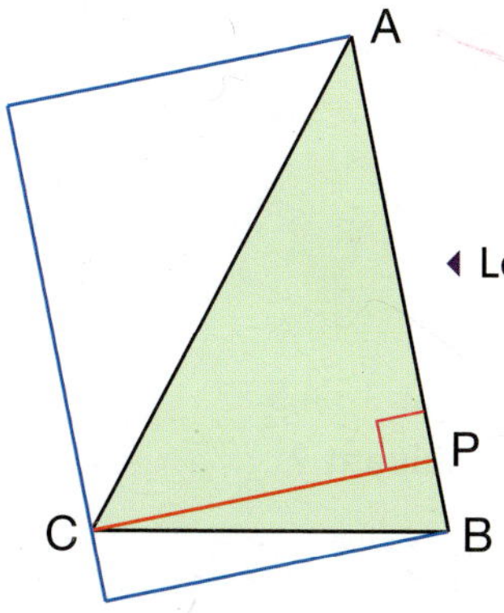

◂ Leïla

Alice ▸

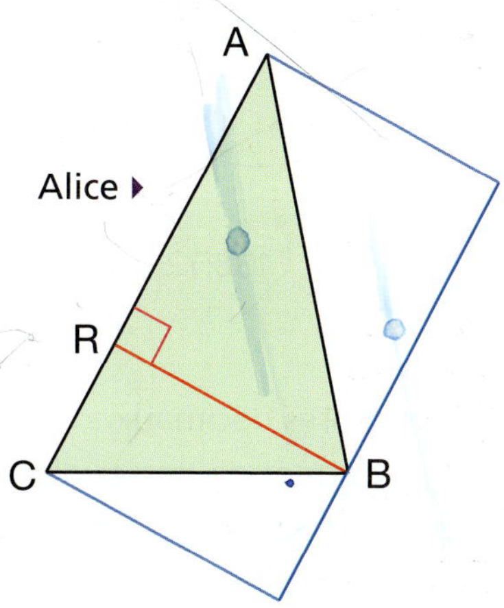

CALCUL MENTAL. À la recherche du milieu : le professeur donne deux nombres, les élèves doivent trouver le nombre qui est juste au milieu.

Décimaux et fractions

Objectifs : entretenir ses connaissances sur les décimaux et les fractions.
Revoir les techniques de calcul avec les nombres décimaux.

1 Sur la droite graduée, place les nombres suivants :

0,7 1,7 1,07 1,70 1,30 1,3 1,03 1,240 1,24

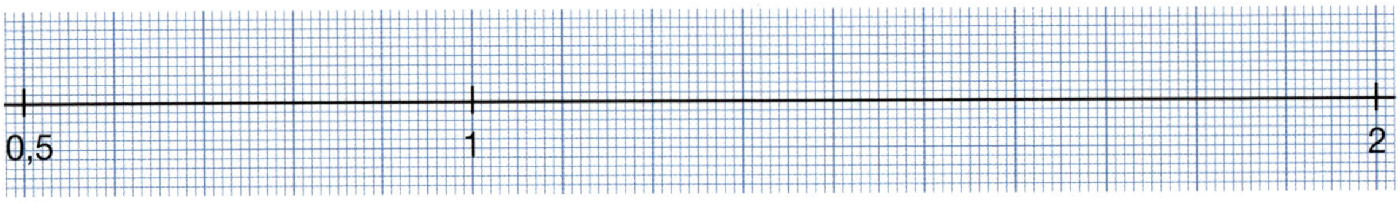

Quels nombres sont égaux ?

2 Complète avec un nombre décimal qui convient :

a. 7 < … < 8 **b.** 4,5 < … < 4,8 **c.** 3,9 < … < 4 **d.** 6,74 < … < 6,75 **e.** 12 < … < 12,1

3 Parmi ces quatre nombres, deux sont égaux, lesquels ?

0,2 0,5 1,5 $\frac{1}{5}$

4 Donne l'écriture décimale des nombres :

$\frac{1}{2}$ $\frac{1}{4}$ $\frac{3}{4}$ $\frac{1}{5}$

5 Donne l'écriture décimale de : $12 + \frac{7}{10}$ $4 + \frac{6}{100}$ $4 + \frac{5}{10} + \frac{2}{100}$ $\frac{7}{10} + \frac{6}{100}$

6 Quelle fraction est égale à 30,7 ?

$\frac{30}{7}$ $\frac{37}{10}$ $\frac{307}{100}$ $\frac{307}{10}$

7 Quel nombre est égal à $\frac{853}{10}$?

0,853 8,53 85,3 853,10

8 Parmi les nombres ci-dessous, lequel est égal à $24 + \frac{3}{100}$?

243,100 24,300 27,100 24, 03 $\frac{27}{100}$

9 Pose et effectue : 142,7 + 38,53 138,72 – 15,3 30,75 + 9,08 57,05 – 4,52

10 Voici le début d'une suite de nombres décimaux : 3,6 3,9 4,2 4,5

a. Dans cette suite, quelle règle permet de passer d'un nombre au suivant ?

b. Quel est le décimal qui vient dans la suite juste après 4,5 ?

c. Quel est le dixième nombre de la suite ?

11 Pour poser une plinthe de 5,74 m, un menuisier a déjà un morceau de 1,85 m de long. Pour compléter, il peut acheter une planche de 3 m, une de 4 m ou une de 5 m.

Quelle planche fera le moins de perte ?

12 Pour qu'un colis puisse être envoyé par la poste, la somme de la mesure de sa longueur (L), de sa largeur (l) et de sa hauteur (h) doit être inférieure à 100 cm. Les colis suivants pourront-ils tous être expédiés par la poste ?

Colis A :	L = 51,8 cm	l = 42,5 cm	h = 31,4 cm
Colis B :	L = 43,7 cm	l = 18,2 cm	h = 29,6 cm
Colis C :	L = 37,9 cm	l = 12,4 cm	h = 36,9 cm

13 Complète les égalités :

4 × … = 1	… × 5 = 0,5	0,25 × … = 3	… × 0,2 = 10
… × 0,2 = 1	0,25 × … = 0,5	… × 6 = 3	0,5 × … = 10

14 **a.** Pose et effectue : 18,6 × 32.

b. Utilise ce résultat pour calculer :

186 × 3,2 186 × 0,32 18,6 × 3,2

15 En 2008, le prix du timbre pour une lettre inférieure à 20 g est 0,55 €.

Combien faut-il payer pour affranchir 17 lettres pesant chacune 15 g ?

16 Encadre les nombres suivants par deux nombres entiers consécutifs et souligne l'entier le plus proche :

a. 793,7 **c.** $\frac{52}{10}$ **e.** $\frac{627}{100}$ **g.** $23 + \frac{8}{10}$

b. 80,39 **d.** $\frac{408}{10}$ **f.** $\frac{74}{100}$ **h.** $109 + \frac{7}{10} + \frac{6}{100}$

Remue-méninges

Dans la fable « Les Deux Rats, le Renard et l'Œuf », Jean de La Fontaine écrit :

[…]
Comme ils pouvaient gagner leur habitation,
L'écornifleur[1] étant à demi-quart de lieue,
L'un se mit sur le dos, prit l'œuf entre ses bras,
Puis, malgré quelques heurts et quelques mauvais pas,
L'autre le traîna par la queue.
[…]

1. *Écornifleur* signifie *parasite* et désigne ici le renard.

Une lieue = 4 km.
À quelle distance est donc le renard ?

43

CALCUL MENTAL
Le compte est bon : un seul tirage (ex. : 3 ; 8 ; 7 ; 4 ; 1) et différents nombres-cibles donnés successivement (ex. : 68 ; 90 ; 400 ; 0 ; 343) ; pour chaque nombre-cible, faire écrire les calculs avec les parenthèses.

Mesure des masses

Objectifs : revoir les unités de mesure de masse. Résoudre des problèmes utilisant la notion d'équilibre.

ACTIVITÉ PRÉPARATOIRE DE DÉCOUVERTE : effectuer des pesées avec diverses balances.

DÉCOUVERTE

Voici une boîte de masses marquées.
On s'en sert pour peser des objets sur une balance Roberval.

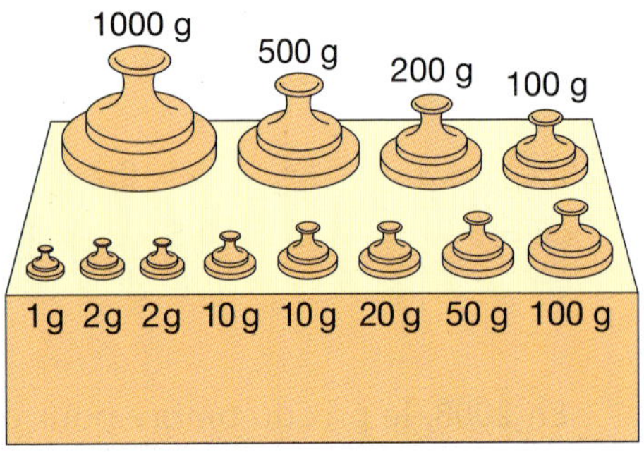

1 Alice a réalisé les trois pesées suivantes :

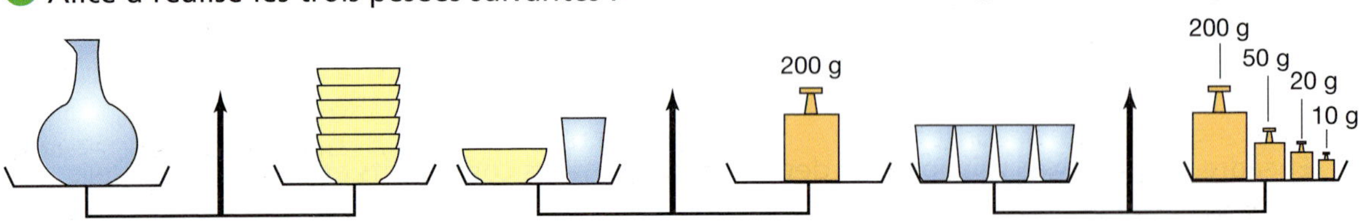

Trouve le poids d'un verre, le poids d'un bol et celui de la carafe.

2 Qwang et Leïla doivent réaliser, à l'aide d'une balance Roberval, un équilibre avec un objet de 0,980 kg et certaines masses marquées de la boîte.
Pour réaliser cet équilibre, Qwang utilise sept masses.
« Moi, je n'en ai besoin que de deux ! » lui dit Leïla.

Comment Qwang et Leïla ont-ils procédé ?
Dessine un schéma de l'équilibre que chacun a réalisé.

3 Leïla affirme que l'on peut peser un objet de 1,198 kg en utilisant seulement trois masses marquées.
Dessine un schéma pour montrer comment Leïla procède.

4 Théo a réalisé les deux pesées suivantes :

Combien pèse l'ananas ? Combien pèse la pastèque ?

EXERCICES

1 Trouve le poids du potiron.

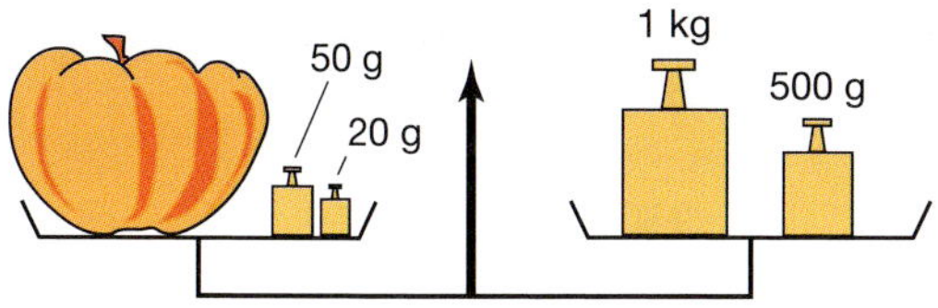

2

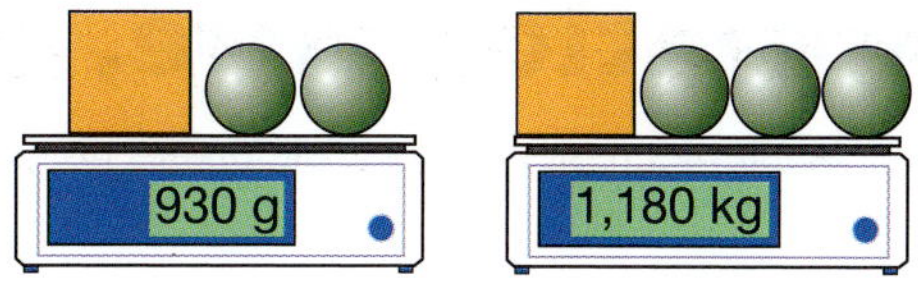

À l'aide de ces deux dessins, trouve le poids d'un cube et le poids d'une boule.

3 Un litre d'eau pèse un kilogramme, un litre de lait pur pèse 1 030 g. Un inspecteur des fraudes veut vérifier si ce lait n'a pas été « mouillé », c'est-à-dire si l'on n'y a pas ajouté de l'eau. Il a pesé 5 litres de lait et a trouvé 5,015 kg. Ce lait est-il pur ?

4 Il existe d'autres unités de masse que le gramme et le kilogramme : l'hectogramme (hg), le décagramme (dag), le décigramme (dg), le centigramme (cg) et le milligramme (mg).

Complète les égalités :
254 mg = … g
56,158 dag = … g
678 g = ... kg
35,7 hg = ... kg

kg	hg	dag	g	dg	cg	mg
0	1	0	0	0	0	0
0	0	0	0	0	1	0

Par exemple : 1 hg = 100 g
1 cg = 0,01 g

5 Un « convoi » fluvial constitué d'un bateau pousseur et de plusieurs barges peut transporter 4 400 tonnes de marchandise.
Un wagon de chemin de fer peut transporter 40 tonnes de marchandise, un camion 20 tonnes.

Combien de wagons faudrait-il pour remplacer le convoi fluvial ?
Combien de camions faudrait-il pour remplacer ce convoi ?

Remue-méninges

Théo dit : « Dans ma poche, j'ai 100 g de pièces avec des pièces de 1 € et de 2 €. »
Alice : « Moi, j'ai 51 g avec des pièces de 1 € et de 2 centimes. »

Combien de pièces de chaque sorte chaque enfant a-t-il dans sa poche ?
Y a-t-il plusieurs solutions ?

Pièces	2 euros	1 euro	50 centimes	20 centimes	10 centimes	5 centimes	2 centimes	1 centime
Poids	8,5 g	7,5 g	7,8 g	5,7 g	4,1 g	3,9 g	3 g	2,3 g

44

CALCUL MENTAL
Petits problèmes oraux sur les masses. Ex. : Un maraîcher a récolté 25 kg de haricots verts dans son premier champ et 4 fois plus dans le second. Quel poids de haricots verts a-t-il récolté dans le second champ ?

Numération : lire, écrire les grands nombres

Objectifs : étudier les règles de construction des noms de nombres jusqu'au milliard. Débusquer les erreurs fréquentes.

DÉCOUVERTE

Alice, Qwang, Leïla et Théo jouent avec un jeu de cartes étrange. Trois cartes portent les mots « mille », « million(s) », « milliard(s) », toutes les autres cartes portent des nombres écrits en chiffres. Le jeu consiste à construire des noms de nombres en juxtaposant au plus sept cartes. Au moins deux des cartes « mille », « million(s) » « milliard(s) » doivent toujours être utilisées.

1 **a.** Alice a juxtaposé les cartes 

Elle dit « trois cent cinquante-sept millions six cent vingt-quatre mille cinquante-huit ».
Elle écrit ce nombre : 357 624 058 tandis que Théo l'écrit : 357 624 58.
Qui a raison ? Explique ta réponse.

b. Écris en chiffres les nombres trouvés par Qwang et Leïla.
Tu peux utiliser le tableau de numération.

Classe des milliards			Classe des millions			Classe des mille					
c	d	u	c	d	u	c	d	u	c	d	u

2 **a.** Avec les cartes 

Alice dit un nombre qui s'écrit avec dix chiffres.
Quel nombre peut avoir dit Alice ? Y a-t-il plusieurs solutions ?

b. Avec les mêmes cartes, Qwang dit avoir écrit un nombre de douze chiffres.
Quel nombre peut avoir écrit Qwang ? Y a-t-il plusieurs solutions ?

3 Construis cinq noms de nombres à l'aide du jeu de cartes. Écris-les en lettres puis en chiffres.

EXERCICES

1 Qwang affirme qu'en utilisant une des cartes de la découverte sur laquelle un nombre est écrit en chiffres et la carte « million(s) », on peut écrire un nombre de sept chiffres.

A-t-il raison ? Sinon, pourquoi ? Si oui, donne un exemple.

2 Alice affirme qu'en utilisant une des cartes de la découverte sur laquelle un nombre est écrit en chiffres et la carte « million(s) », on peut écrire un nombre de huit chiffres.

A-t-elle raison ? Sinon, pourquoi ? Si oui, donne un exemple.

3 Écris en chiffres le nombre qui vient juste avant chacun des nombres :

a. 38 378 140 **b.** 4 764 000 **c.** 1 000 000 **d.** 1 000 000 000

4 Écris en chiffres le nombre qui vient juste après les nombres :

a. un million deux cent quatre-vingt-dix-neuf mille neuf cent quatre-vingt-dix-neuf ;

b. dix-sept millions vingt mille trente-neuf ;

c. trois milliards neuf cent quatre-vingt-dix-neuf.

5 Trouve le plus grand nombre que l'on puisse écrire en utilisant une fois et une seule chaque chiffre.

Écris-le en chiffres et en lettres.

6 **a.** Trouve un nombre de huit chiffres que l'on dit en utilisant seulement deux mots-nombres. Écris-le en chiffres et en lettres.

b. Trouve un nombre de neuf chiffres que l'on dit en utilisant seulement deux mots-nombres. Écris-le en chiffres et en lettres.

c. Trouve un nombre de onze chiffres que l'on dit en utilisant seulement deux mots-nombres. Écris-le en chiffres et en lettres.

7 Voici le nombre de visiteurs qu'a reçu la tour Eiffel de 1889 à 2007 : deux cent trente-six millions quatre cent quarante-cinq mille huit cent douze.

Parmi les écritures chiffrées suivantes, recopie celle qui correspond à ce nombre de visiteurs :

a. 236 000 000 445 812 **b.** 236 445 812 **c.** 236 445 000 812

8 En 2007, la population française a été évaluée à : soixante-trois millions sept cent cinquante-trois mille habitants. En France métropolitaine, la population était estimée à : soixante et un million huit cent soixante-quinze mille.

a. Écris en chiffres chacun de ces nombres.

b. À combien était estimée la population dans les départements d'Outre-mer ?

Lire des tableaux, calculer et comparer des longueurs

Objectifs : rechercher des informations dans des tableaux, calculer et comparer des distances exprimées dans des unités différentes.

Les chemins de fer

Une voie ferrée est un chemin constitué de deux files de rails mis bout à bout.

A **L'écartement des rails** est la distance séparant ces deux files de rails.
Sa mesure est exprimée dans le système métrique ou dans le système anglo-saxon.
Tu as déjà travaillé les correspondances entre ces deux systèmes :
– un pouce (inch) correspond à une longueur de 25,4 mm environ ;
– un pied (foot) vaut 12 pouces.
Il existe plusieurs normes d'écartement des rails.

1 Pour les voies ferrées du réseau principal, l'écartement le plus répandu en Europe et dans le monde caractérise la « voie normale ».
Cet **écartement standard** a été créé en Angleterre en 1825. Il mesure 1 435 mm.

a. Exprime l'écartement standard en mètres.

b. On dit aussi que l'écartement standard mesure 4 pieds 8 pouces et demi.
Vérifie cette affirmation.

2 Dans certains pays de l'Union européenne, l'écartement des rails des voies principales est différent de l'écartement standard.

Pays	Écartement des rails
Espagne	1,674 m
Estonie, Lituanie, Lettonie	1,52 m
Finlande	1,524 m
Irlande	1,6 m
Portugal	1,665 m

Pour permettre le passage d'un pays à un autre, certaines voies sont équipées de plusieurs files de rails.

a. Range ces pays de celui qui a l'écartement des rails le plus étroit à celui qui a l'écartement le plus large.

b. Calcule la différence entre l'écartement standard et l'écartement des rails de ces pays.

c. Certains pays du tableau affichent un écartement proche de cinq pieds dans le système anglo-saxon. De quels pays s'agit-il ?

d. D'autres pays du tableau affichent un écartement proche de cinq pieds cinq pouces et demi dans le système anglo-saxon. De quels pays s'agit-il ?

3 Les voies ferrées à **voie étroite** sont des voies ferrées dont l'écartement des rails est inférieur à l'écartement standard.

Indique si les voies du tableau ci-dessous sont étroites.

Voie	Écartement
La ligne de Cerdagne ou petit train jaune	1 000 mm
La voie industrielle Decauville*	600 mm
Le métro parisien	1,435 m

* Du nom de l'industriel qui inventa, à la fin du XIXe siècle, un système de travées facilement démontables.

Le petit train jaune dans les Pyrénées orientales

B La construction d'une ligne de chemin de fer

1 Pour construire une file de rails, on peut utiliser des rails de 18 m ou de 36 m. On les soude en atelier pour faire des barres longues de 288 m. Pour obtenir ces barres, combien faut-il souder :

a. de rails de 36 m ? b. de rails de 18 m ?

2 Une autre technique consiste à souder en atelier des coupons de rails de 80 m pour faire des barres longues de 320 m à 400 m. Ces barres sont posées sur de très grandes longueurs, les soudures des barres longues entre elles sont réalisées sur place.

a. En Belgique, la longueur du réseau ferré en 2000 était de 3 471 km.
Choisis le nombre qui te paraît le plus proche du nombre de barres de 400 m correspondant à la longueur du réseau ferré de ce pays :

86 860 8 600

b. Procède de même pour les autres pays du tableau*.

Pays	Longueur du réseau en km en 2000	Nombre le plus proche du nombre de barres nécessaires
Danemark	2 047	50 – 500 – 5 000
Allemagne	36 652	900 – 90 000 – 90
Grèce	2 299	5 700 – 57 – 570
France	32 515	8 100 – 81 000 – 81
Italie	16 499	41 000 – 410 000 – 4 100
Royaume-Uni	17 067	430 – 4 300 – 43 000
Suède	11 560	290 – 2 900 – 29 000

*Pour la construction de la voie ferrée (2 rails), il est nécessaire de doubler les nombres de barres trouvés.

c. On pose des traverses tous les 60 cm sur une voie ferrée.
Le nombre de traverses pour construire le réseau ferré français est-il plus proche de 5 000, 50 000, 500 000 ou 50 000 000 ?

Ce que je suis capable de faire

1 Voici un nombre de neuf chiffres 536 002 039.
Recopie l'écriture qui correspond à ce nombre :

a. cinq cent trente-six mille deux mille trente-neuf ;

b. cinq cent trente-six millions deux cent trente-neuf ;

c. cinq cent trente-six millions deux mille trente-neuf.

2 Écris en lettres les nombres :

a. 98 004

b. 98 000 004

c. 40 567 492

d. 45 674 920

3 **a.** Je pense à un nombre.
Si je lui ajoute 12 fois le nombre 0,1 j'obtiens 4,8.

Quel est ce nombre ?

b. Je pense à un nombre.
Si je lui enlève 12 fois le nombre 0,1 j'obtiens 6,3.

Quel est ce nombre ?

4 Pour participer à la compétition d'athlétisme, 126 enfants sont inscrits.
Il y a deux fois plus de garçons que de filles.

Combien de garçons et combien de filles sont inscrits à cette compétition ?

5 Calcule :

a. 5,6 × 10	10 × 0,7	4,32 × 10
b. 7,4 × 100	100 × 42,1	100 × 8,64

6 Reproduis sur quadrillage la figure et la droite d puis construis la figure symétrique de la figure rouge par rapport à l'axe d.

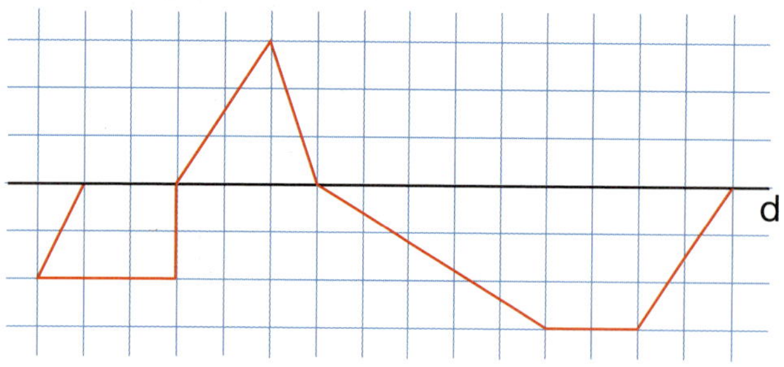

7 Les triangles ABC et ADE sont symétriques par rapport à une droite d qui a été effacée.
Décalque la figure et trace l'axe de symétrie d.

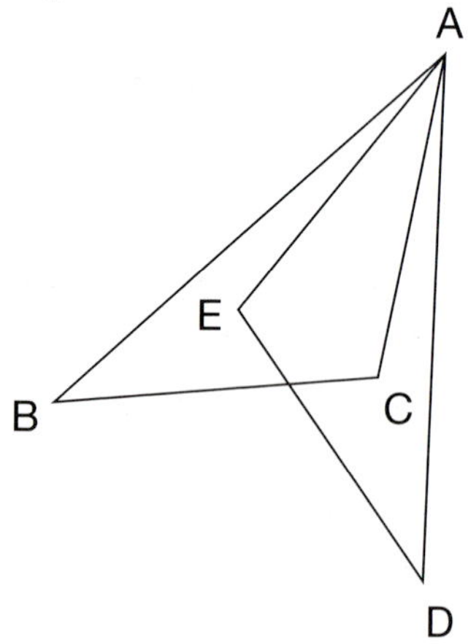

8 Les quatre rectangles sont identiques. Chaque rectangle a été partagé en deux parties.

Trouve ceux dont les deux parties ont la même aire.

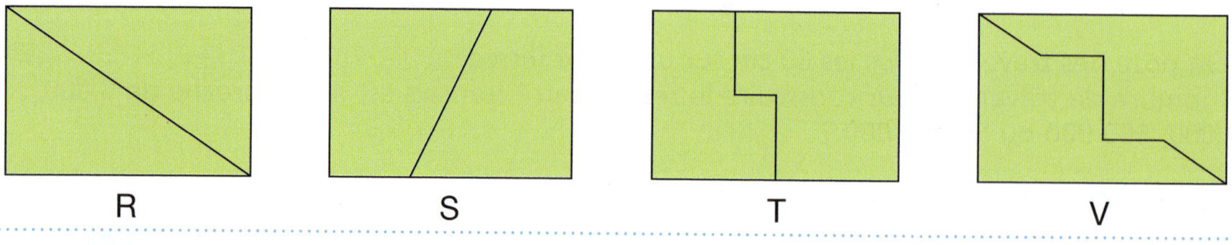

9 Écris les nombres suivants en prenant pour unité :

- le m : 3,250 m   2,7 km   470 cm   2 dm
- le cm : 2,3 cm $\frac{12}{100}$ m $\frac{28}{10}$ m   36 mm
- le km : 12 000 m   2 542 m   385 m

10 Complète les égalités :

a. 650 g = … kg   **b.** 350 cg = … g   **c.** 2,4 kg = … g   **d.** 17,5 g = … cg

11 Quel est le poids d'un paquet rouge ?

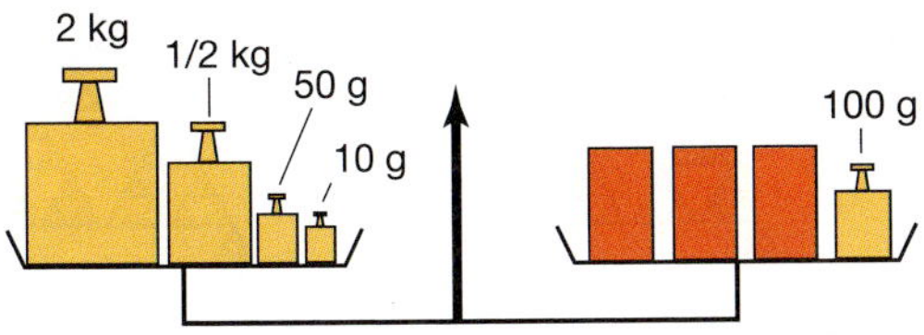

12 Calcule le périmètre et l'aire d'un rectangle de dimensions 8 cm et 7 cm.

13 Sur du papier quadrillé, dessine

a. un carré d'aire 25 cm^2 ;

b. un rectangle d'aire 18 cm^2 (trouve au moins deux solutions).

14

- Construis le triangle rectangle ABH :
AB = 5 cm   BH = 3 cm   HA = 4 cm.
- Place le point C aligné avec B et H et tel que BC = 8 cm et HC = 5 cm.
- Calcule l'aire du triangle ABC et celle du triangle ABH.

15

a. L'aire du disque est choisie pour unité. Quelle est l'aire de la partie hachurée ?

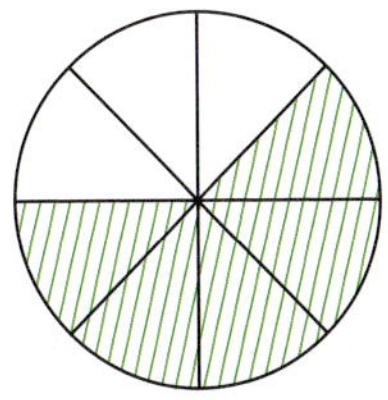

b. L'aire du triangle est choisie pour unité. Quelle est l'aire de la partie hachurée ?

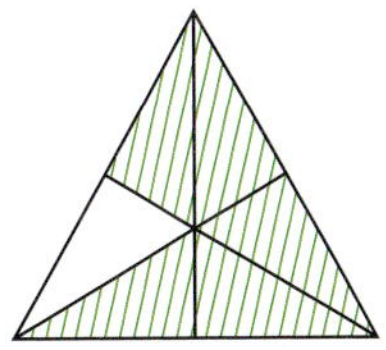

c. L'aire du rectangle est choisie pour unité. Quelle est l'aire de la partie hachurée ?

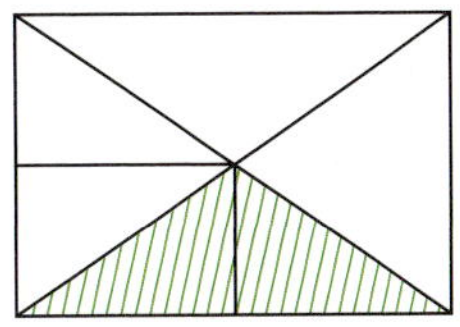

16 Quelle est l'aire de chacune des figures A, B, C et D ?

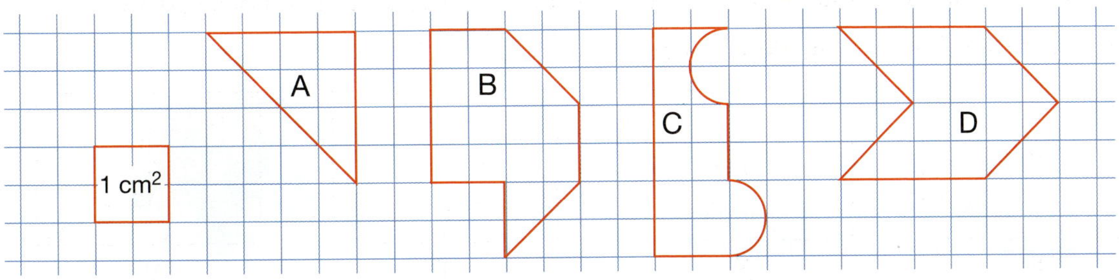

Des formes géométriques nouvelles : les fractales

Depuis le début du XXe siècle, des mathématiciens se sont intéressés à des formes géométriques nouvelles.

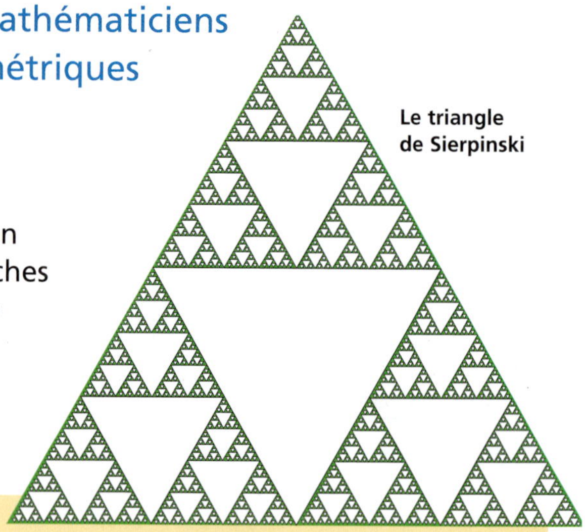

Le triangle de Sierpinski

Waclaw Sierpinski (1882-1969), mathématicien polonais, a consacré une partie de ses recherches aux images obtenues à partir d'une figure de base sur laquelle on répète **indéfiniment une transformation**.

Benoît Mendelbrot, mathématicien français né en Pologne en 1924 et installé depuis longtemps aux États-Unis, a développé ces travaux.

C'est lui qui, en 1974, a donné à ces figures le nom de « **courbes fractales** ».

LES FRACTALES sont utilisées dans des recherches très différentes : études d'objets apparemment irréguliers (forme des nuages, des feuilles de fougère…), études de phénomènes complexes (l'évolution des prix, etc.)

Construire le triangle de Sierpinski

On part d'un triangle équilatéral dans lequel on trace un autre triangle en joignant les milieux des trois côtés.

On « voit » alors 4 triangles et on enlève celui du milieu. On recommence avec chacun des trois triangles restants et ainsi de suite.

Étape 1

Étape 2

- **Réalise** le début de cette construction.
- **Prévois** le nombre de triangles qu'il y aura à l'étape 3, puis à l'étape 4, etc.

Construire le flocon de neige de Von Koch

On part aussi d'un triangle équilatéral.

Étape 1 Étape 2

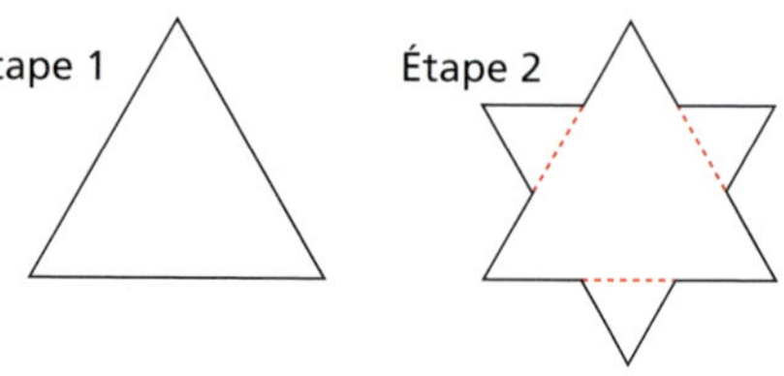

- **Explique** en quoi consiste cette fois-ci la transformation.
- **Réalise** l'étape suivante en appliquant la transformation à chaque petit triangle qui forme une pointe de l'étoile.

Voici à quoi on aboutit après plusieurs étapes.

Période 4

Calculs

Tu vas t'entraîner à multiplier un nombre décimal par un nombre entier et tu vas devenir un champion en calcul mental et réfléchi.

Tu apprécieras la calculatrice dans des calculs longs !

Problèmes numériques

Tu vas savoir distinguer les situations de division pour lesquelles on peut partager le reste de celles pour lesquelles cela n'a pas de sens.

Tu vas approfondir le travail sur la proportionnalité et voir ce qu'on appelle la règle de trois.

Grandeurs et mesures

Pour mesurer des contenances ou des aires, tu auras besoin des nombres décimaux.

Pour évaluer des angles, cette année, tu utiliseras des fractions de l'angle droit.

Tu vas aborder la notion de moyenne avec les vitesses, les distances, les prix…

Propriétés des figures

Tu sais depuis longtemps agrandir ou réduire une figure en utilisant ses propriétés géométriques.
Tu vas apprendre à le faire aussi en utilisant la proportionnalité dans des calculs sur les dimensions.

Tu vas aussi étudier les propriétés des triangles et des quadrilatères et apprendre à lire des informations sur des schémas codés.

Traitement de données

Beaucoup d'informations utilisent des données numériques.
Leur présentation et leur lecture nécessitent un peu d'habitude.
Tu vas t'y entraîner.

46

CALCUL MENTAL
Jeu du nombre caché : le professeur choisit un nombre décimal. À tour de rôle, les élèves proposent un nombre. Pour chaque nombre, le professeur dit s'il est trop grand ou trop petit.

Division avec quotient décimal : l'art d'utiliser les restes

Objectif : rencontrer des situations dont les contextes permettent de prolonger la division euclidienne.

DÉCOUVERTE

Résous chacun des problèmes suivants. Tu peux utiliser ta calculatrice.
Quels sont ceux pour lesquels le partage du reste a un sens ?

❶ Un directeur d'école répartit équitablement 84 dictionnaires entre les 15 classes de l'école.
Combien de dictionnaires donne-t-il à chaque classe ?
Lui reste-t-il des dictionnaires ?

❷ On partage 84 m de ruban en 15 morceaux de même longueur, les plus longs possible.
Quelle est la longueur de chaque morceau ?
Reste-t-il du ruban ?

❸ On partage un segment de 10 cm de long en 7 segments de même longueur avec la machine à partager.
Quelle est la longueur d'une partie ? Donne une valeur approchée au millimètre près.

EXERCICES

1 Avec une carte d'abonnement, on paie 40 € pour faire 1 000 photocopies.
Quel est le coût d'une photocopie ?

2 Une boîte de 40 bâtonnets de glace coûte 26 €.
Quel est le coût d'un bâtonnet de glace ?

3 Un fermier doit expédier 3 800 œufs sur des plateaux pouvant contenir 36 œufs.
Combien de plateaux peut-il remplir complètement ?

4 Léna part du nombre 350 et décompte de 17 en 17.
Jules part aussi de 350 et décompte de 12 en 12.

Lequel des deux arrive le plus près de 0 ?

5 Avec 15 litres d'eau, Ariel a rempli 10 bouteilles de même contenance.

Quelle est la contenance de chacune de ces bouteilles ? Exprime cette contenance en litres, puis en centilitres.

6 Zorali a mis 46 minutes pour faire 4 tours de piste.

Quel temps a-t-elle mis en moyenne pour faire un tour ? Exprime cette durée en minutes et secondes

7 On partage 21 m de ruban en 28 morceaux de même longueur, les plus longs possible.

Quelle est la longueur de chaque morceau ? Donne la valeur exacte ou approchée au centimètre près.

8 Hector achète une bande de tissu de10 mètres pour faire 8 rubans de même longueur à accrocher à un cerf-volant.

Quelle est la longueur d'un ruban ? Donne la valeur exacte ou approchée au centimètre près.

9 Avec un rouleau de fil électrique de 25 m, combien de rallonges de 3 m peut-on faire ?

10 Lucas achète 5 mètres de fil électrique pour faire 4 rallonges de même longueur.

Quelle est la longueur d'une rallonge ? Donne la valeur exacte ou approchée au centimètre près.

11 Léa achète 18 mètres de fil électrique pour faire 7 rallonges de même longueur.

Quelle est la longueur d'une rallonge ? Donne la valeur exacte ou approchée au centimètre près.

12 **a.** Donne la valeur approchée par défaut au dixième près des nombres :

12,47 7,63 28,942 54,056

b. Donne la valeur approchée par défaut au centième près des nombres :

68,372 12,847 4,094 26,302

13 Un terrain carré a un périmètre de 115 m.

Donne la valeur exacte ou approchée au cm près de la longueur de son côté

14 Invente un problème : pour résoudre ce problème, il faudra faire la division de 102 par 8 en partageant exactement le reste.

Remue-méninges

Mesure des durées

Objectif : réinvestir les connaissances sur le calcul des durées et des instants.

DÉCOUVERTE

Le passage du Gois est une chaussée de 4,5 km qui relie l'île de Noirmoutier au continent.
On ne peut l'emprunter qu'à marée basse, car il est recouvert par la mer deux fois par jour à marée haute.
Pour le traverser, il faut donc respecter les horaires des marées.

Voici un tableau qui indique les horaires des marées sur l'île de Noirmoutier le 10 et le 11 janvier 2009.

	Horaires des marées			
Dates	Pleine mer	Basse mer	Pleine mer	Basse mer
10 janvier 2009	3 h 41 min	10 h 17 min	16 h 12 min	22 h 35 min
11 janvier 2009	4 h 26 min	11 h 23 min	16 h 56 min	23 h 36 min

1 **a.** Alice dit que le 10 janvier 2009, on pouvait commencer la traversée du Gois le soir dès 22 heures. A-t-elle raison ?

b. De quelle heure à quelle heure pouvait-on emprunter le passage du Gois le matin du 10 janvier 2009 ? Et l'après-midi du 10 janvier 2009 ?

2 **a.** Théo a commencé à calculer les écarts entre pleine mer et basse mer successives le 10 janvier. Il détermine ainsi la durée de chaque marée. Continue ses calculs.

3 h 41 min → 10 h 17 min → 16 h 12 min → 22 h 35 min

6 h 36 min

b. Calcule la durée de chaque marée, le 11 janvier.

3 Le 9 janvier, la pleine mer de l'après-midi a eu lieu 47 min plus tôt que celle du 10 janvier après-midi. À quelle heure était cette pleine mer ?

EXERCICES

1 Convertis les durées dans les unités demandées.

a. 1 jour = … heures
b. 8 jours = … h
c. 48 h = … j
d. 100 h = …j … h

e. 1 heure = … minutes
f. 3/4 h = … min
g. 2 h 30 min = … min
h. 250 min = … h … min

i. 1 min = … secondes
j. 1 h =… s
k. 3 min 15 s = … s
l. 100 s = … min … s

2 Complète les égalités suivantes :

a. 38 min + … = 1 h
b. 35 min + … = 2 h
c. … + 27 min = 1 h
d. 53 h = … j + … h
e. 123 min = … h + … min
f. 3 h + … = 1 jour

3 Pour aller à l'école, Théo part de chez lui à 7 h 55 min. Il a 13 minutes de chemin.

À quelle heure arrive-t-il à l'école ?

4 Un bateau part de Marseille à 19 heures et arrive à Bastia le lendemain à 7 heures.

Quelle est la durée de la traversée ?

5 Alice, Théo, Leïla et Qwang ont rendez-vous à 4 h de l'après-midi. Théo arrive avec 2 minutes d'avance, Leïla arrive à 4 heures moins le quart, Qwang arrive 12 minutes après Leïla et Alice arrive 6 minutes après Théo.

À quelle heure se retrouvent-ils tous les quatre ?

6 La montre de Qwang marque 11 h 52 min lorsque l'horloge du clocher sonne midi.

a. Quelle heure est-il à cette horloge lorsque la montre de Qwang marque 16 h 49 ?

b. Quelle heure est-il à la montre de Qwang lorsque l'horloge du clocher marque 18 h 03 min ?

7 Pour transporter des marchandises de la ville du Havre à Paris, une péniche met 40 heures. Une péniche est partie du Havre le 13 avril 2005 à 10 h 30.

Quel jour et à quelle heure est-elle arrivée à Paris ?

8 Chez le garagiste, un panneau indique les durées nécessaires pour différentes réparations et le tarif horaire correspondant.

Travail effectué	Durées en heure	Tarif horaire en €
Vidange	0,75	28
Remplacement échappement	1,5	32
Remplacement plaquettes de frein avant	1,25	30
Remplacement plaquettes de frein arrière	1,5	30

a. Émilie doit faire faire la vidange de sa voiture et changer les plaquettes de frein à l'avant.

- Exprime en heure et minutes la durée nécessaire pour chacune de ces réparations.
- Combien Émilie va-t-elle dépenser ?

b. Dan doit faire remplacer l'échappement de sa voiture et les plaquettes de frein à l'arrière.

- Combien va-t-il dépenser ?
- Combien de temps au minimum doit-il prévoir pour faire réparer sa voiture ?

c. Pourquoi le garagiste affiche-t-il les durées sous la forme d'un nombre décimal ?

Remue-méninges

Sur ces quatre horloges, l'une retarde de 10 min, une autre est à la bonne heure, une autre est arrêtée, une autre avance de 25 min.
Quelle horloge indique la bonne heure ?

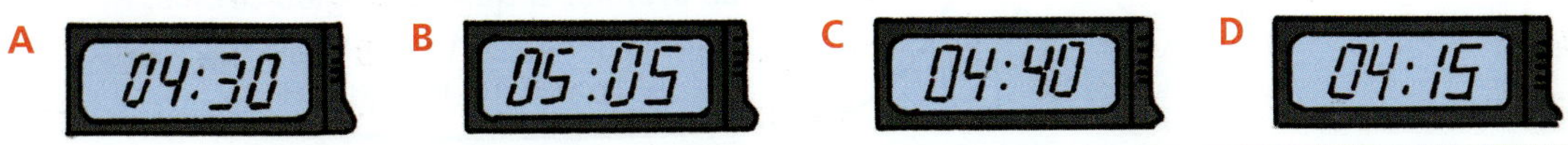

48

CALCUL MENTAL
Petits problèmes oraux de calcul de durées à résoudre par sauts.
Ex. : Une émission commence à 17 h 50 et se termine à 18 h 25. Quelle est sa durée ?

Propriétés des triangles et des quadrilatères

Objectifs : revoir les propriétés des triangles et des quadrilatères relatives aux côtés et aux angles.
Envisager les propriétés des quadrilatères relatives aux diagonales.

ACTIVITÉ PRÉPARATOIRE DE DÉCOUVERTE : jeu de portraits sur une famille de polygones.

DÉCOUVERTE

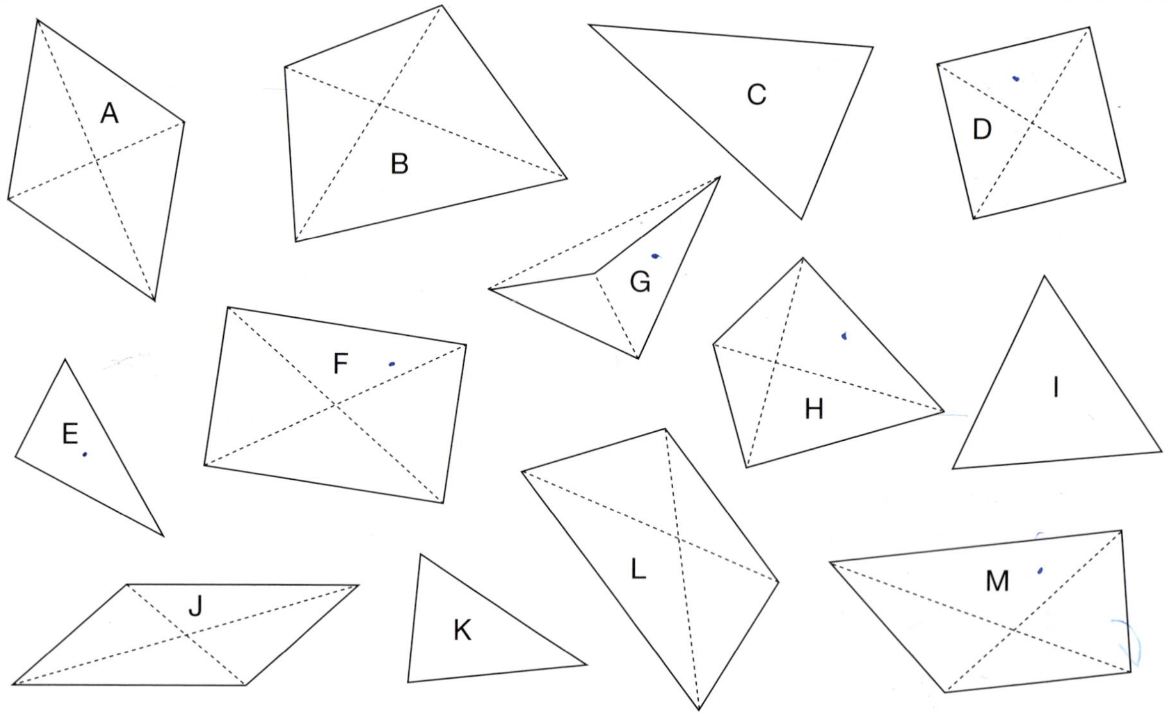

1 Trouve la figure qui correspond à chacun des portraits suivants :

a. C'est un quadrilatère. Il a exactement deux axes de symétrie qui sont aussi ses diagonales.

b. C'est un triangle. Il a trois axes de symétrie.

c. C'est un quadrilatère. Deux de ses côtés ont la même longueur et les deux autres sont parallèles. Il a un seul axe de symétrie.

2 **a.** Alice a mis ensemble les polygones D, F et L parce que leurs diagonales ont une propriété commune. Laquelle ?

b. Leïla a mis ensemble les quadrilatères A, D, F et J parce que leurs diagonales ont une propriété commune. Laquelle ?

3 Relève le défi de Théo.

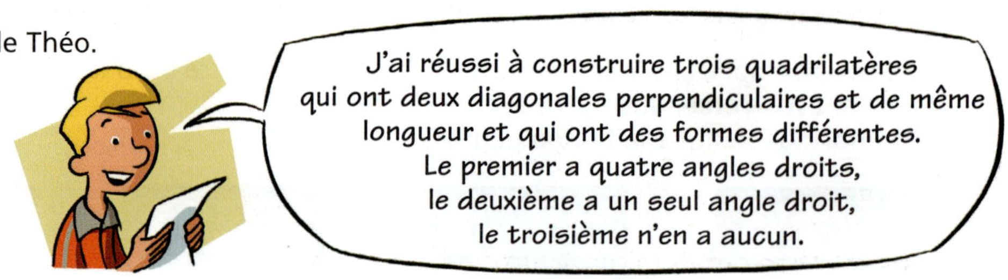

EXERCICES

1 Dis à quelles figures de la découverte correspondent les portraits suivants :

a. C'est un quadrilatère. Il a exactement deux angles droits et un axe de symétrie.

b. C'est un quadrilatère qui a une paire de côtés parallèles et exactement deux angles droits.

2 Qwang a mis ensemble les polygones D, E, F, G, H et M parce qu'ils ont une propriété commune. Laquelle ?

3 Écris un portrait qui permette de reconnaître la figure J parmi les figures de la découverte.

4 Fais la liste de toutes les propriétés de la figure F.
Quel est le nom de cette figure ?

5 Que dois-tu vérifier pour savoir si une figure est un losange ?

6 Que dois-tu vérifier pour savoir si une figure est un triangle isocèle ?

7 Reproduis et complète ce tableau. Les lettres désignent les figures de la découverte.

Polygones	A	B	C	D	...	M
Nombre de côtés						
Nombre d'angles droits						
Nombre de paires de côtés parallèles						
Nombre de paires de côtés de même longueur						
Nombre d'axes de symétrie						

8 Reproduis et complète ce tableau. Les lettres désignent les quadrilatères de la découverte.

Quadrilatères	A	B	D	F	...	M
Les diagonales ont la même longueur.						
Les diagonales ont le même milieu.						
Les diagonales sont perpendiculaires.						

Quelle est la figure dont les diagonales ont ces trois propriétés ?

9

Qwang et Théo ont-ils raison ? Justifie ta réponse.

CALCUL MENTAL. À la recherche du milieu : le professeur donne deux nombres, les élèves doivent trouver le nombre qui est juste au milieu.

Multiplication d'un décimal par un entier

Objectif : s'entraîner à acquérir une bonne maîtrise du calcul du produit d'un nombre décimal par un nombre entier.

1 Ce ticket de caisse déchiré correspond à l'achat de 24 bouteilles d'un jus de fruit valant 1,30 € la bouteille.

a. Retrouve le total sans effectuer une addition aussi longue.

b. Vérifie avec ta calculatrice.

2 Calcule :

a. 4,5 + 4,5 + 4,5 + 4,5

b. 2,75 + 2,75 + 2,75 + 2,75 + 2,75 + 2,75 + 2,75 + 2,75 + 2,75 + 2,75

c. 12,25 + 12,25 + 12,25 + 12,25 + 12,25

3 Effectue les multiplications.

$3{,}45 \times 5$ $\quad$ $3{,}99 \times 5$ $\quad$ $12{,}04 \times 6$ $\quad$ $1{,}05 \times 12$

4 Calcule le périmètre de cet octogone régulier dont chaque côté mesure 1,75 cm.

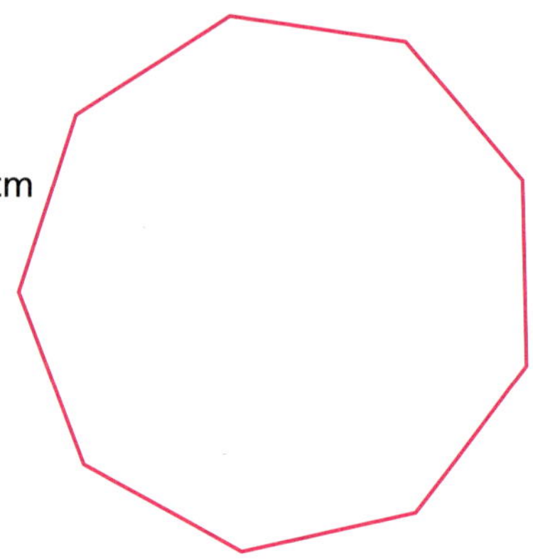

5 Ce polygone a deux côtés qui mesurent 2,59 cm chacun et 6 côtés qui mesurent 1,85 cm chacun.

Calcule son périmètre.

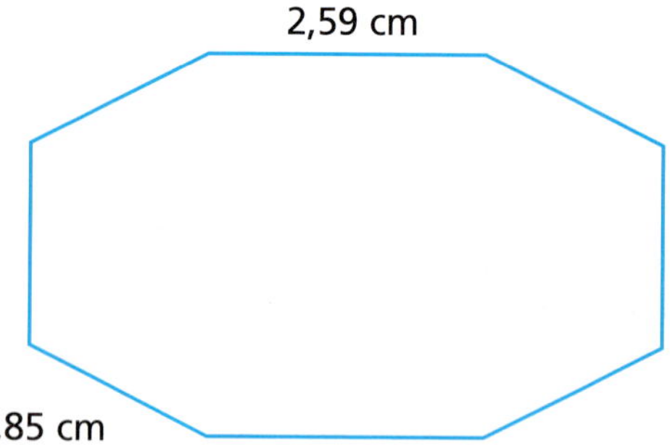

6 Pour aider ses arrière-grands-parents qui ne sont pas encore bien habitués aux euros, Louis a préparé ce tableau.

a. Trouve rapidement combien en francs valent 4 € puis 6 € puis 7 € et 8 €.

b. Un prix est affiché 25 €. Comment Louis va-t-il traduire ce prix en francs pour ses arrière-grands-parents ?

Euros	Francs
1	6,55
2	13,10
5	32,75

49

CALCUL MENTAL
Le professeur donne cinq mots-nombres, les élèves cherchent le maximum de nombres pouvant se dire avec ces mots et les écrivent en chiffres.

Problèmes pour apprendre à chercher : reproduire une figure (1)

Objectif : identifier des propriétés d'alignement, d'égalité de longueurs, de perpendicularité ou de parallélisme pour reproduire des figures.

DÉCOUVERTE

Cette figure est composée d'un carré, d'un losange, d'un rectangle et de deux cercles concentriques.

Observe attentivement comment elle est construite et reproduis-la sur du papier uni en l'agrandissant : pour le petit cercle, prends un rayon de 3 cm.

Quelles propriétés as-tu repérées et utilisées pour la reproduire ?

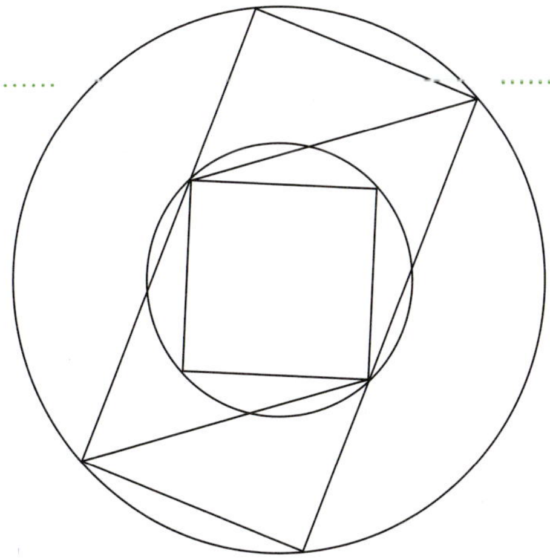

EXERCICES

1

a. Cherche quelles propriétés utiliser pour construire le rectangle vert à partir du rectangle rouge. Reproduis d'abord le rectangle rouge (3 cm × 1,5 cm), puis construis le rectangle vert.

b. Avec le même procédé, construis maintenant un rectangle bleu plus grand que le rectangle vert.

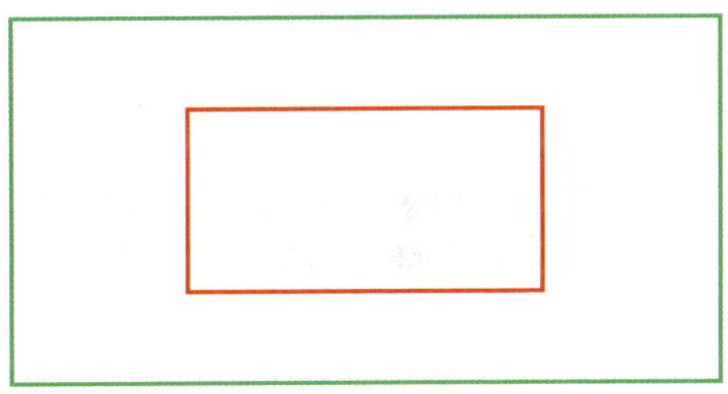

2

a. Cherche quelles propriétés utiliser pour construire le carré vert à partir du carré rouge. Reproduis d'abord le carré rouge (de côté 3 cm), puis construis le carré vert.
Avec le même procédé, construis un carré bleu plus grand que le carré vert.

b. Cherche quelles propriétés utiliser pour construire le carré rouge à partir du carré vert. Construis un carré vert agrandi, de 8 cm de côté. Avec le même procédé, construis le carré rouge correspondant.

c. Construis un carré de 6 cm de côté.
Avec les procédés que tu as trouvés en a et b, construis un carré plus petit, puis un carré plus grand.

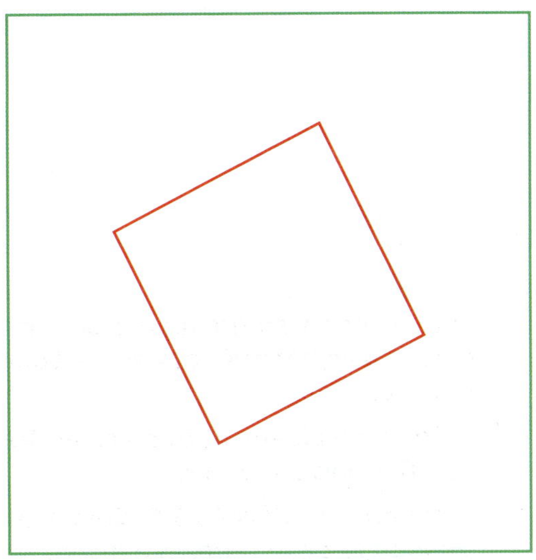

50

CALCUL MENTAL
Jeu de mariage multiplicatif (voir livre du professeur).

Comparaison relative entre grandeurs : proportionnalité outil

Objectif : construire des raisonnements en utilisant la proportionnalité pour résoudre des problèmes de comparaison relative entre des grandeurs.

DÉCOUVERTE

1 Pour peindre sa cabane, Alice a utilisé les deux mélanges suivants :

Mélange A : 1 litre de peinture blanche,
3 tubes de peinture jaune.

Mélange B : 2 litres de peinture blanche,
3 tubes de peinture jaune.

Avec quel mélange le toit est-il peint ?
Avec quel mélange les murs sont-ils peints ?
Explique tes réponses.

2

Pour peindre sa cabane, Leïla a utilisé les deux mélanges suivants :

Mélange C : 1 litre de peinture blanche,
2 tubes de peinture rouge.

Mélange D : 2 litres de peinture blanche,
3 tubes de peinture rouge.

Quelle partie a été peinte avec le mélange C ?
Quelle partie a été peinte avec le mélange D ?
Explique tes réponses.

3 Pour son bateau, Qwang prépare les deux mélanges suivants :

Mélange E : 2 litres de peinture blanche,
1 tube de peinture verte.

Mélange F : 3 litres de peinture blanche,
2 tubes de peinture verte.

Que penses-tu de l'affirmation d'Alice ?
Explique ta réponse.

4

Pour son bateau, Théo prépare les deux mélanges suivants :

Mélange G : 2 litres de peinture blanche,
4 tubes de peinture bleue.

Mélange H : 3 litres de peinture blanche,
6 tubes de peinture bleue.

Que penses-tu de l'affirmation de Leïla ?
Explique ta réponse.

EXERCICES

1 Pour faire de la pâte brisée, il faut 250 g de farine pour 125 g de beurre.

Pour 1 kg de farine, quelle quantité de beurre doit-on utiliser ?

Pâte brisée	
Farine (grammes)	Beurre (grammes)
250	125
1 000	?

2 Pour faire de la pâte feuilletée, il faut 450 g de farine pour 300 g de beurre.

Quelle quantité de farine faut-il pour 400 g de beurre ?

Pâte feuilletée	
Farine (grammes)	Beurre (grammes)
450	300
?	400

3 Quelle est la pâte la plus riche en beurre : la pâte brisée ou la pâte feuilletée ?

Pour répondre à cette question, utilise les résultats des exercices 1 et 2.
Explique ta réponse.

4 Avec laquelle de ces deux recettes, le thé à la menthe est-il le plus sucré ?

Recette A : 3 sachets de thé à la menthe, 1,5 L d'eau et 6 cuillères à soupe de sucre.

Recette B : 4 sachets de thé à la menthe, 2 L d'eau et 7 cuillères à soupe de sucre.

5 Leïla choisit de faire du thé à la menthe en suivant la **recette A** de l'exercice 4.

Combien de sachets de thé à la menthe et de cuillères de sucre doit-elle mettre

a. pour 0,5 L d'eau ? b. pour 2 L d'eau ?

c. pour 3 L d'eau ?

6 En Suède, le taux d'alcool autorisé au volant est de 0,2 gramme pour 1 000 grammes de sang. La France tolère 0,5 g pour 1 000 g et l'Angleterre et l'Irlande 0,8 g pour 1 000 g.

Quel est le pays le plus avancé en matière de lutte antialcoolique, quel est le moins avancé ?

7 Au-delà de 360 g de sel dans 1 L d'eau, le sel ne se dissout plus (on dit que la limite de solubilité du sel dans l'eau est de 360 g par litre).

Indique pour chaque mélange s'il y a dissolution de la masse de sel dans l'eau :
Mélange A : 280 g de sel dans 0,75 L d'eau.
Mélange B : 880 g de sel dans 2,5 L d'eau.

8 La limite de solubilité du sucre dans l'eau est de 1 900 g par litre.

Indique pour chaque mélange s'il y a dissolution de la masse de sucre dans l'eau :
Mélange C : 1 400 g de sucre dans 1,25 L d'eau.
Mélange D : 400 g de sucre dans 0,2 L d'eau.

9 Titou lit en moyenne 350 mots en 150 secondes, Mireille en lit en moyenne 320 en 120 secondes.

Qui lit le plus vite ?

51

CALCUL MENTAL
Jeu de mémory multiplicatif (voir livre du professeur).

Agrandissement et réduction de figures planes (1)

Objectifs : comprendre comment agrandir ou réduire une figure géométrique en conservant sa forme et en utilisant ses dimensions. Envisager les aspects géométriques de la proportionnalité.

DÉCOUVERTE

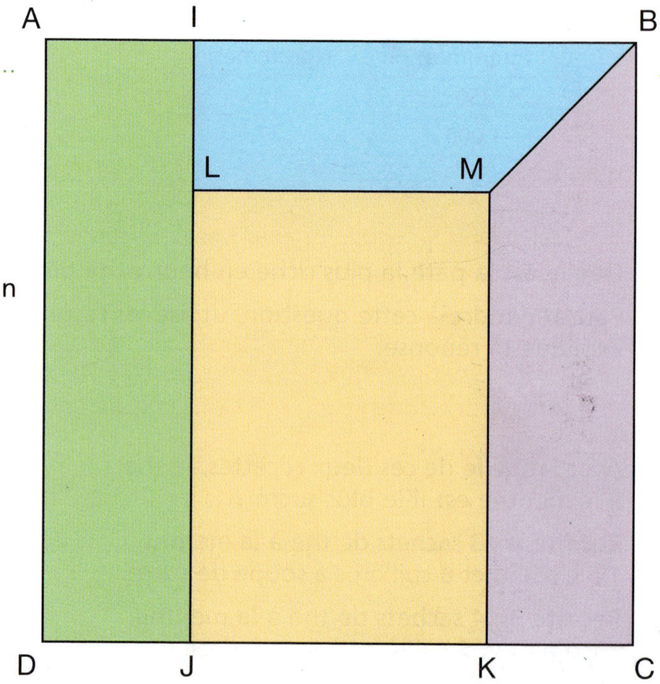

1 Observe le puzzle ci-contre.
On veut l'agrandir de telle façon que les segments qui mesurent 4 cm sur ce dessin mesurent 6 cm sur le puzzle agrandi.

a. Avec 3 camarades, chargez-vous chacun de l'agrandissement d'une des 4 pièces.

b. Explique comment tu procèdes pour ta pièce.

c. Vérifiez votre travail en assemblant vos pièces pour reconstituer le puzzle.

2 Alice et Leïla parlent de l'agrandissement du rectangle AIJD.

• Ont-elles raison ? Explique ta réponse.

3 Théo et Qwang donnent leur point de vue à propos de l'agrandissement du quadrilatère KMBC.

• Ont-ils raison ?
Explique ta réponse.

relations et propriétés géométriques
3 5 18 25 26 C 33 37 38 49 51 52 57 64

EXERCICES

1

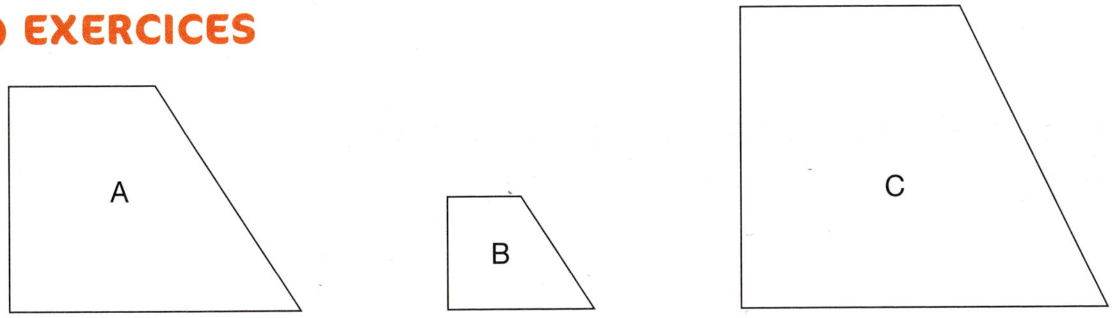

a. La figure B est-elle une réduction de la figure A ? Justifie ta réponse.

b. La figure C est-elle un agrandissement de la figure A ? Justifie ta réponse.

2

a. Avec tes instruments, vérifie que le parallélogramme ABCD possède les propriétés suivantes :
– la longueur BD est le double de la longueur AB ;
– l'angle ABD est un angle droit ;
– l'angle BDC est un angle droit.

b. Reproduis cette figure en triplant ses dimensions.

c. La figure que tu obtiens a-t-elle des propriétés analogues à la figure ci-dessus ?

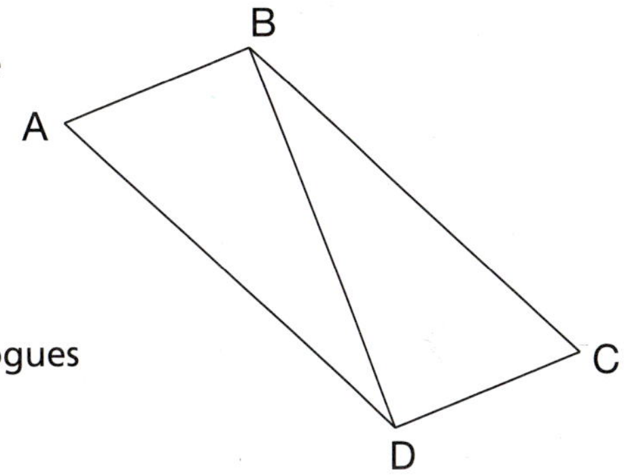

3

Voici un nouveau puzzle que l'on veut agrandir.

a. Quelles dimensions faut-il donner à chacune des pièces pour que la longueur du puzzle (8 cm) mesure 20 cm sur le puzzle agrandi ?

b. Construis chacune des pièces.
Vérifie ton travail en assemblant les pièces pour reformer le puzzle.

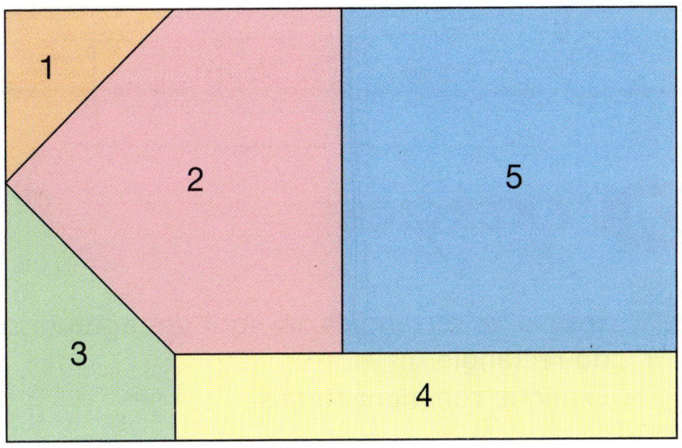

4

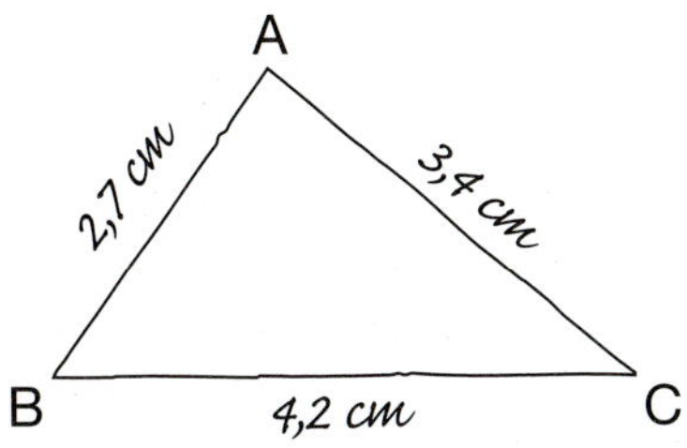

a. Construis le triangle ABC en vraie grandeur puis agrandis-le en multipliant chacune de ses dimensions par 3. Appelle TUV le triangle obtenu.

b. Compare les angles des triangles ABC et TUV. Tu peux utiliser ton porte angle.

CALCUL MENTAL
Jeu de bataille multiplicatif (voir livre du professeur).

Agrandissement et réduction de figures planes (2)

Objectif : utiliser la proportionnalité et ses propriétés pour agrandir ou réduire des figures géométriques.

DÉCOUVERTE

Regroupe les rectangles par « familles ». Dans une « famille », on passe d'un rectangle à l'autre par un agrandissement ou une réduction.
Explique comment tu procèdes. Combien de « familles » as-tu trouvées ?

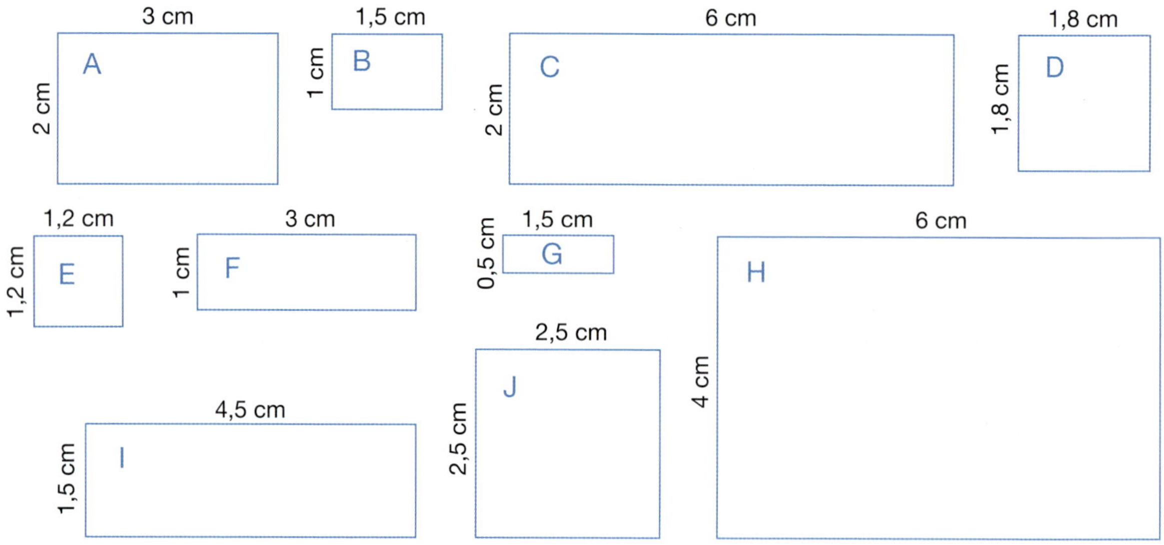

EXERCICES

1 Trouve les rectangles qui sont des agrandissements ou des réductions du rectangle A.
Explique comment tu fais.

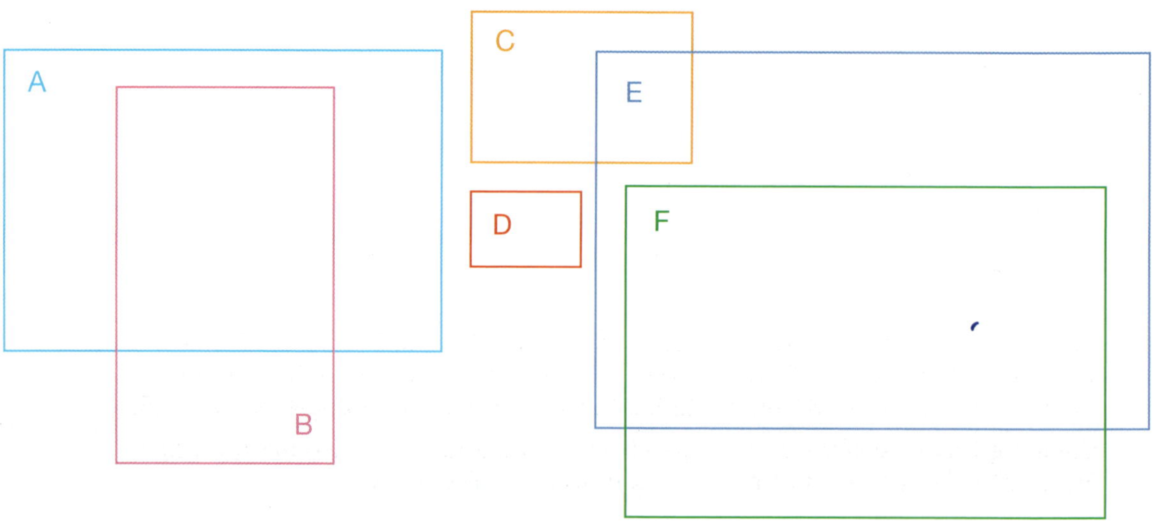

2 Construis un rectangle P de 6 cm sur 10 cm, puis un rectangle R dont les dimensions sont la moitié de celles du rectangle P.

a. Calcule le périmètre du rectangle P. Prévois le périmètre du rectangle R, puis vérifie ta prévision en le calculant.

b. Calcule l'aire du rectangle P. Prévois l'aire du rectangle R. Vérifie ta prévision en la calculant.

3 Construis un carré C de côté 3 cm, puis un carré A dont le côté mesure le triple de celui de C.

a. Calcule le périmètre du carré C. Prévois le périmètre du carré A, puis vérifie ta prévision en le calculant.

b. Calcule l'aire du carré C. Prévois l'aire du carré A. Vérifie ta prévision en la calculant.

4 Qwang a agrandi la figure ci-dessous en donnant 6 cm à la longueur du côté [AB].

Pour ce même côté [AB], Leïla a choisi 8 cm et Alice a choisi 7 cm.

Théo, lui, a choisi d'agrandir la figure en donnant 3,5 cm à la longueur du côté [BC].

Construis les figures des quatre enfants.

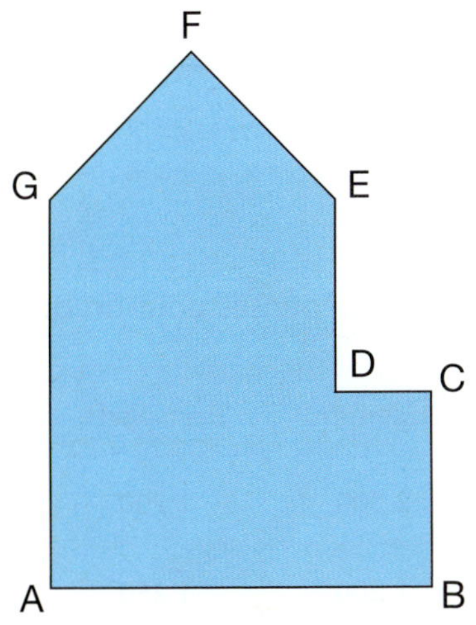

5 Pour agrandir cette figure, on a déjà tracé, ci-dessous en vert, le côté du carré ABCD.

Reproduis ce côté et termine l'agrandissement.

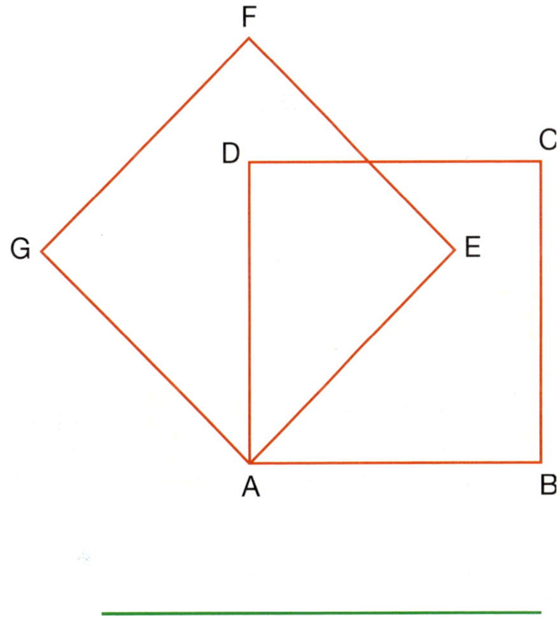

Remue-méninges

Construis un triangle PIF dont les dimensions sont 40 mm, 50 mm et 60 mm.
Construis un triangle POF en multipliant les dimensions du triangle PIF par 0,8.
Construis un triangle PAF en multipliant les dimensions du triangle POF par 2,5.

Compare les dimensions du triangle PIF et du triangle PAF. Que remarques-tu ?
Essaie d'expliquer ce résultat ; tu peux utiliser ta calculatrice.

CALCUL MENTAL
Le professeur donne cinq mots-nombres, les élèves cherchent le maximum de nombres pouvant se dire avec ces mots et les écrivent en chiffres.

Représentation de données : diagrammes circulaires et tableaux

Objectif : s'entraîner à lire des diagrammes circulaires, des tableaux.

DÉCOUVERTE

Sur le graphique ci-contre, tu peux lire le nombre d'élèves de l'école élémentaire qui ont étudié des langues étrangères durant l'année 2006-2007.

Répartition des langues enseignées à l'école élémentaire en 2006 / 2007

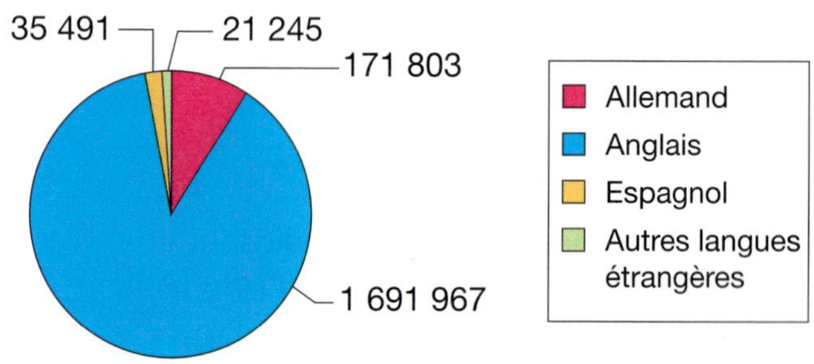

1. Combien d'élèves ont étudié l'allemand ?

2. Quelle est la langue la plus étudiée ?

3. Combien d'élèves de l'école élémentaire ont étudié une langue étrangère durant l'année 2006-2007.

4. Qwang dit qu'il y a environ 10 fois plus d'élèves ayant étudié l'anglais que d'élèves ayant étudié l'allemand. A-t-il raison ?

5. Alice dit que, parmi les élèves qui étudiaient une langue étrangère, environ 9 sur 10 étudiaient l'anglais. A-t-elle raison ?

EXERCICES

1 Deux mères de famille, Perpétue et Solange, ont calculé leurs dépenses pour un budget de 10 000 €.

	Alimentation	Habillement	Logement	Transports	Autres dépenses
Frais de Perpétue pour 10 000 € dépensés	1 500	500	2 500	1 200	4 300
Frais de Solange pour 10 000 € dépensés	2 400	600	1 200	1 250	4 550

Voici trois graphiques. Lequel correspond aux dépenses de Perpétue ? Lequel correspond aux dépenses de Solange ? Justifie ta réponse.

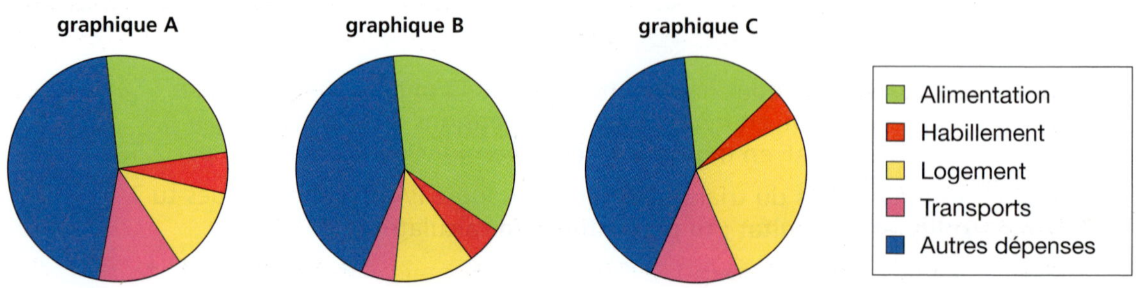

2 Un homme adulte a 32 dents.
La formule dentaire permet d'écrire la manière dont les dents sont réparties :

$$I\frac{2}{2} \quad C\frac{1}{1} \quad PM\frac{2}{2} \quad M\frac{3}{3}$$

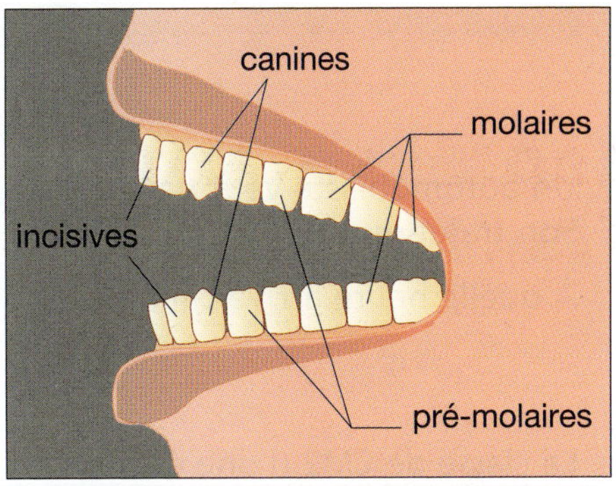

Les lettres I, C, PM et M indiquent les types de dents : Incisives, Canines, PréMolaires et Molaires.

Pour chaque type de dents, le nombre supérieur indique le nombre de dents de la demi-mâchoire supérieure et le nombre inférieur celui de dents de la demi-mâchoire inférieure.

Combien d'incisives, de canines, de prémolaires et de molaires possède un homme adulte ?

3 Voici un tableau qui te donne la répartition des dents de plusieurs animaux.

Animal	Demi-mâchoire	I	C	PM	M
rat, souris, hamster	supérieure inférieure	1 1	0 0	0 0	3 3
cobaye	supérieure inférieure	1 1	0 0	1 1	3 3
lapin	supérieure inférieure	2 1	0 0	3 2	3 3
porc	supérieure inférieure	3 3	1 1	4 4	3 3
chimpanzé	supérieure inférieure	2 2	1 1	3 3	3 3
chat	supérieure inférieure	3 3	1 1	3 2	1 1
chien	supérieure inférieure	3 3	1 1	4 4	2 3

Ragondin

Chat

Chimpanzé

a. Parmi les animaux du tableau, y en a-t-il qui ne possèdent pas d'incisives ? pas de canines ?

b. Combien de dents possède un lapin à la mâchoire supérieure ? à la mâchoire inférieure ?

c. Combien de dents possède un porc ? un chat ?

d. Quels sont les animaux du tableau qui possèdent le moins de dents ?

e. Écris la formule dentaire du chimpanzé (la formule dentaire est définie à l'exercice 2).

Ce que je suis capable de faire

1

Un automobiliste veut partir de chez lui à 7 h 30. Il est retardé de 18 minutes.
Son trajet dure 1 h 45.

À quelle heure arrive-t-il à destination ?

2

La classe de CM2 d'une école primaire de Clamart va visiter le Parc animalier de Rambouillet. Voici quelques indications pour cette sortie.

8 h 50	*Départ de l'école en car*
9 h 45	*Arrivée au Parc animalier*
11 h	*Présentation des rapaces en vol*
12 h	*Pique-nique*
12 h 45	*Début de la promenade dans le parc*

a. Quelle est la durée du trajet pour aller de l'école au Parc animalier ?

b. La promenade dans le parc dure 1 h 30. À quelle heure se termine-t-elle ?

c. À quelle heure, au plus tard, les élèves doivent-ils partir du parc pour être à l'école à 16 h 30 ?

d. Combien de temps au maximum les élèves sont-ils restés au Parc animalier ?

3

Au-delà de 360 g de sel dans 1 L d'eau, le sel ne se dissout plus (on dit que la limite de solubilité dans l'eau est de 360 g par litre).

Indique pour chaque mélange s'il y a dissolution de la masse de sel dans l'eau :

Mélange a : 80 g de sel pour 0,25 L d'eau ;
Mélange b : 600 g de sel pour 1,5 L d'eau.

4

En utilisant tes instruments, cherche les propriétés de la figure ABCD et fais-en la liste.

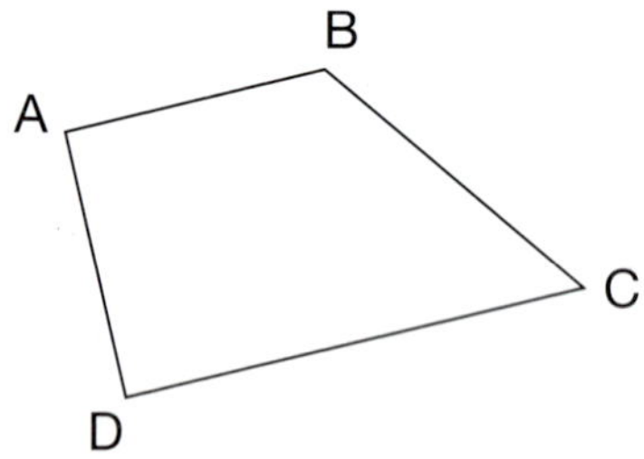

5

a. Que dois-tu vérifier pour savoir si une figure est un rectangle ?

b. Que dois-tu vérifier pour savoir si une figure est un triangle équilatéral ?

6

Reproduis le triangle ABC en l'agrandissant.

Le segment qui mesure 6 cm sur le modèle doit mesurer 9 cm sur la figure agrandie.

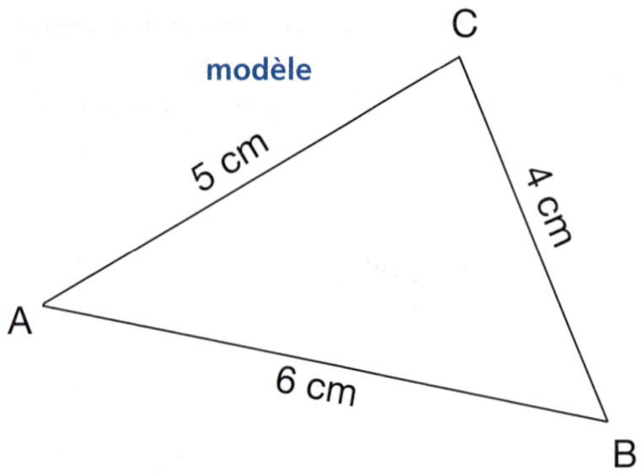

7

Alix a partagé un ruban de 132 cm en 8 morceaux de même longueur.

Quelle est la longueur de chaque morceau ? Donne la valeur exacte ou approchée au mm près.

8

Tom a partagé une ficelle de 121 cm en 3 morceaux de même longueur.

Quelle est la longueur de chaque morceau ? Donne la valeur exacte ou approchée au mm près.

CALCUL MENTAL. Calcul réfléchi : le professeur propose plusieurs opérations à calculer mentalement (ex : 17 × 9 ; 14 × 25 ; 420 divisé par 3 ; 175 divisé par 25).

Calcul automatisé, calcul réfléchi : les quatre opérations (2)

Objectifs : restituer rapidement par un calcul mental des sommes, des différences, des produits. S'entraîner à utiliser les techniques opératoires. Résoudre mentalement des petits problèmes arithmétiques.

1

Restituer rapidement des sommes

a. 9 + 9 8 + 7 6 + 8 7 + 9 6 + 9 9 + 8

b. 5 + … = 11 4 + … = 13 7 + … = 14 9 + … = 14 8 + … = 13 6 + … = 13

Restituer rapidement des produits

a. 6 × 9 8 × 8 7 × 5 9 × 7 8 × 7 9 × 8

b. Dans 45 combien de fois 9 ? Dans 42 combien de fois 6 ? Dans 28 combien de fois 7 ?

Calculer mentalement des sommes, des différences

127 + 8 28 + 99 2 300 + 1 500 31 – 12 142 – 7 1 205 – 10

Calculer mentalement des produits

a. 50 × 7 60 × 9 70 × 8 20 × 16 30 × 15 40 × 25

b. Dans 1 200 combien de fois 300 ? Dans 1 500 combien de fois 500 ?
Dans 280 combien de fois 7 ? Dans 5 600 combien de fois 8 ?

2

Entraîne-toi aux techniques opératoires. Quand tu auras fini les calculs, tu pourras vérifier avec ta calculatrice.

Effectuer des additions et des soustractions

a. 1 436 + 967 + 2 098 43 207 + 28 039 364,6 + 38,72 36,47 + 85,7

b. 567 – 259 4 052 – 867 53,6 – 37,48 136,72 – 24,3

Effectuer des multiplications

768 × 43 634 × 205 5,07 × 8 36,4 × 63 47 × 0,6

Donner le quotient et le reste des divisions

448 divisé par 14 405 divisé par 20 372 divisé par 17 1 309 divisé par 16

3

Dans une boulangerie, Erwan achète une baguette à 0,85 €, un pain complet à 4,25 € et un gâteau au chocolat à 3,10 €.

Calcule mentalement le prix qu'il doit payer.

4

Fati achète 2 baguettes à 0,80 € chacune. Pour payer elle donne une pièce de 2 €.

Calcule mentalement ce que lui rend la boulangère.

5

Effectue les calculs suivants :

a. 2,06 × 10 b. 20,6 × 10 c. 23,6 × 10 d. 4,8 × 100 e. 3,004 × 100 f. 1,426 × 1 000

6

Donne le quotient exact, entier ou décimal des divisions :

a. 16 divisé par 10 b. 520 divisé par 10 c. 2 345 divisé par 100 d. 45 divisé par 100

CALCUL MENTAL
Jeu de mémoire : le professeur écrit quatre nombres entiers ou décimaux, puis les cache. Après dix secondes, les élèves écrivent leurs moitiés.

Calculer des moyennes : vitesses, distances, prix, effectifs

Objectif : aborder la notion de moyenne.

DÉCOUVERTE

Théo se rend de Paris à Bayonne en voiture avec ses parents.
Chaque heure, il note les distances parcourues :
– la première heure : 110 km ;
– la deuxième heure : 90 km ;
– la troisième heure : 105 km ;
– la quatrième heure : 95 km.

1 Au cours de ces quatre premières heures quelle distance ont-ils parcourue ?

2 S'ils avaient parcouru la même distance en faisant le même nombre de kilomètres au cours de chacune de ces quatre heures, combien de kilomètres auraient-ils parcourus à chaque heure ?

3 La distance entre Paris et Bayonne est d'environ 750 km.
S'ils continuent à garder cette vitesse moyenne, combien de temps mettront-ils pour aller de Paris à Bayonne ?

4 Avec une vitesse moyenne de 90 km par heure, combien faut-il de temps pour aller de Paris à Bayonne ?

5 Le cousin de Théo dit qu'il a pédalé en tout pendant 25 heures pour faire ce trajet à vélo. Quelle a été sa vitesse moyenne ?

EXERCICES

1 Le TGV met 2 heures pour aller de Paris à Lyon. La distance est de 409 km.
Le TGV met 2 heure 20 min pour aller de Paris à Strasbourg. La distance est de 490 km.

Compare leurs vitesses moyennes.

2 Au cours d'une randonnée à bicyclette, un groupe d'adultes a parcouru :
36 km le premier jour ; 45 km le deuxième jour ; 46 km le troisième jour ;
50 km le quatrième jour ; 49 km le cinquième jour ; 40 km le sixième jour et 35 km le dernier jour.

Calcule combien de kilomètres ces randonneurs ont parcourus en moyenne par jour.

3 Mélanie, Luc et Cyrille partent ensemble, pour 5 jours, visiter le Mont-Saint-Michel.
Mélanie règle l'ensemble des frais de transport : 114 €.
Luc règle les frais d'hébergement et les petits déjeuners : 246 €.
Cyrille paie tous les repas : 300 €.
À la fin de leur voyage, ils décident de partager équitablement les frais.

a. Quelle sera la part de chacun ?

b. Qui devra de l'argent à qui et combien ?

c. Quel est le coût moyen de ce voyage par jour et par personne ?

4 En 2005, Ellen MacArthur gagne le tour du Monde à la voile en solitaire en un peu moins de 72 jours. Elle a parcouru sur la mer une distance d'environ 50 000 km.

Combien de kilomètres a-t-elle parcourus en moyenne par jour ?

Ellen MacArthur au large de l'Australie en janvier 2004

5 En 1873, Jules Verne publie le *Tour du Monde en 80 jours*.

Calcule la longueur moyenne d'une étape parcourue en un jour, par Philéas Fogg, le héros du roman (le tour de la Terre mesure environ 40 000 km).

6 **a.** Dans l'école de Kévin il y a 10 classes.

Effectif des classes	
CP A :	23 élèves
CP B :	24 élèves
CE1 A :	27 élèves
CE1 B :	28 élèves
CE2 A :	29 élèves
CE2 B :	29 élèves
CM1 A :	30 élèves
CM1 B :	29 élèves
CM2 A :	30 élèves
CM2 B :	31 élèves

Le directeur annonce aux parents d'élèves qu'il y a en moyenne 28 élèves par classe. Kévin, qui est en CM2 B, ne comprend pas : le nombre annoncé par le directeur ne correspond pas au nombre d'élèves de sa classe.

Peux-tu l'aider à comprendre ?

b. Dans l'école de son cousin, il y a 232 élèves et 8 classes. Combien y a-t-il en moyenne d'élèves par classe ?

Remue-méninges

Dans un cinéma de quartier, il y a en moyenne 1 800 entrées par jour. Mais il y a deux fois plus d'entrées le samedi et le dimanche que les autres jours de la semaine.

Calcule la fréquentation moyenne pour le samedi et le dimanche et la fréquentation moyenne pour les autres jours de la semaine.

Utiliser des schémas pour élaborer un raisonnement

Objectifs : s'appuyer sur les propriétés des figures pour élaborer un raisonnement. S'entraîner à utiliser les informations données sur un schéma à main levée pour construire une figure.

DÉCOUVERTE

Sur ce dessin à main levée, on a représenté :
- un rectangle ABCD ;
- le cercle de centre A qui passe par D. Il coupe le segment [AB] au point E ;
- le cercle de centre B qui passe par C. Il coupe [AB] au point F.

Les mesures réelles sont exprimées en centimètres.

Trouve la longueur réelle du segment [EF]. Explique comment tu as trouvé.

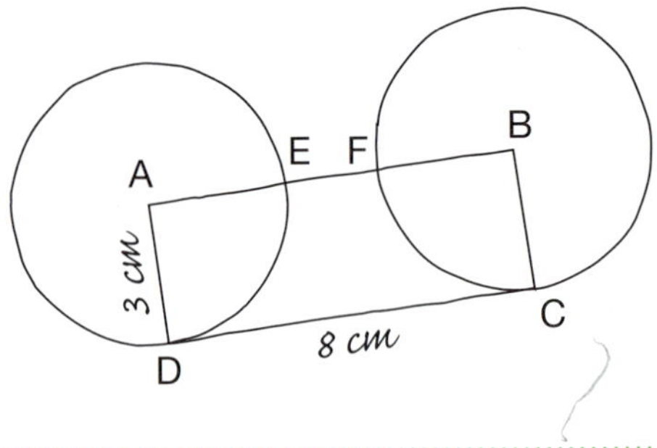

EXERCICES

1 En observant le schéma à main levée et les signes qui sont placés, écris la liste de tout ce que cela t'apprend sur la figure.

Puis, construis-la avec tes instruments.

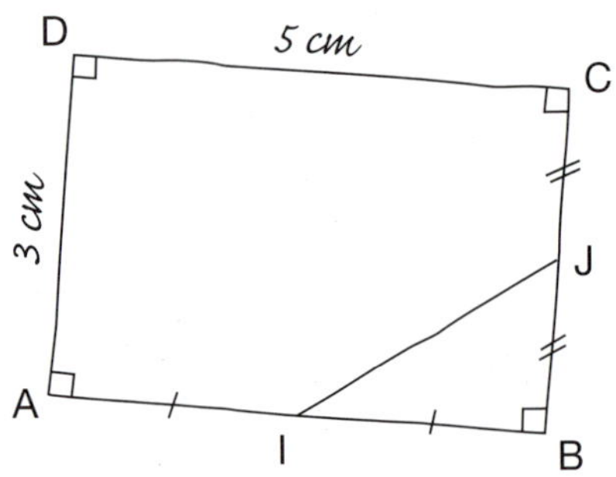

2 Voici le schéma à main levée d'une figure et des informations qui le complètent : ABCD est un carré, le quart de cercle a pour centre B.

Écris la liste de tout ce que cela t'apprend sur la figure, puis construis-la avec tes instruments.

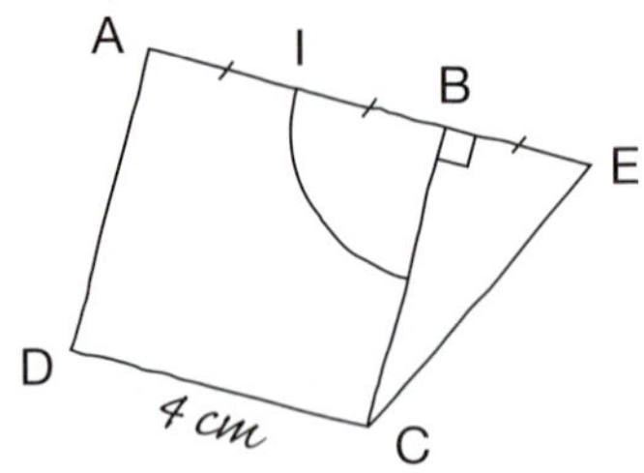

3 ABC est un triangle équilatéral. E est un point du segment [AB]. Le cercle de centre A et de rayon AE coupe [AC] au point F.

Quelle est la longueur du segment [FC] ?

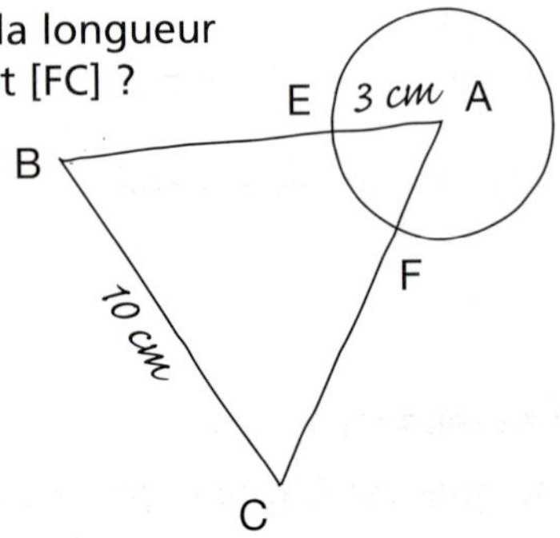

4 ABC est un triangle équilatéral.
H est le milieu de [BC].
AHCD est un rectangle.

Quelle est la longueur de [AD] ?

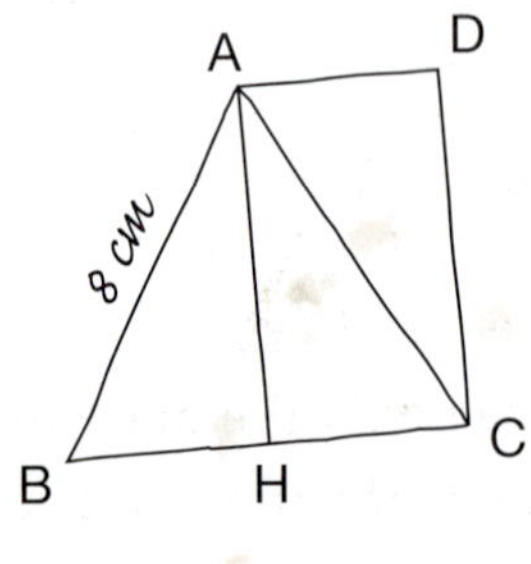

figures planes
C
6
9
27
48
55
81

56

MISE EN ROUTE
Jeu de portrait sur les figures planes (voir livre du professeur).

Problèmes pour débattre en mathématiques (1)

Objectif : apprendre à argumenter : chercher à généraliser à partir d'exemples, trouver des contre-exemples, prendre en compte les propositions des autres.

DÉCOUVERTE

1

Es-tu d'accord avec Théo ? Justifie ta réponse.

2

Qui a raison ?
Justifie ta réponse.

3 Peux-tu prévoir ce que l'on obtient quand on fait la somme d'un nombre pair et d'un nombre impair ? Justifie ta réponse.

EXERCICE

Qwang : « Avec les chiffres 4 et 8, dont la somme est 12, je peux écrire les nombres 48 et 84 ; et si je fais maintenant la somme de 48 et 84, je trouve 132. »
Alice : « Avec les chiffres 3 et 9, dont la somme est aussi 12, si je fais comme toi, je trouve aussi 132. »
Leïla : « Pour toutes les sommes de deux nombres construits de cette manière, on trouve toujours 132. »
Théo : « Comment le sais-tu ? »

a. Vérifie ce que dit Alice.

b. Que penses-tu de l'affirmation de Leïla ? Explique ta réponse.

c. Et si on fait la même chose avec 2 chiffres dont la somme est 9, que se passe-t-il ?

57

CALCUL MENTAL
Le professeur écrit au tableau deux nombres entiers consécutifs, les élèves écrivent une fraction de dénominateur fixé, située entre les deux nombres.

Fractions d'angle droit et figures planes

Objectif : envisager le fractionnement de l'angle droit et étudier les propriétés angulaires de quelques figures usuelles.

DÉCOUVERTE

Voici le plan du territoire du sorcier jaune sur l'île des sorciers :
- la ligne noire est le bord du rivage ;
- la ligne droite bleue est la frontière avec le pays des sorciers bleus, ses amis ;
- la ligne droite verte est la frontière avec le pays des sorciers verts, ses ennemis.

Ces deux lignes sont perpendiculaires.

a. Vérifie que le sorcier jaune est plus près de la ligne bleue que de la ligne verte quand il se place sur le point A.

b. Décalque le territoire du sorcier jaune.
Cherche et colorie la partie de son territoire où il peut se déplacer en restant toujours plus près de la ligne bleue que de la ligne verte.
Explique comment tu as trouvé.

EXERCICES

1 Construis un carré ABCD et sa diagonale [AC].
D'après toi, à quelle fraction de l'angle droit correspond l'angle BAC ? Vérifie par pliage.

2 Voici un gabarit d'angle.

a. À quelle fraction de l'angle droit correspond ce gabarit ?

b. Construis un triangle IJK : le côté [IJ] mesure 5 cm,
chacun des angles KIJ et IJK a pour mesure le gabarit ci-contre.
Tu peux utiliser ton porte-angle.

Quelle est la forme du triangle que tu obtiens ?
Explique ta réponse.

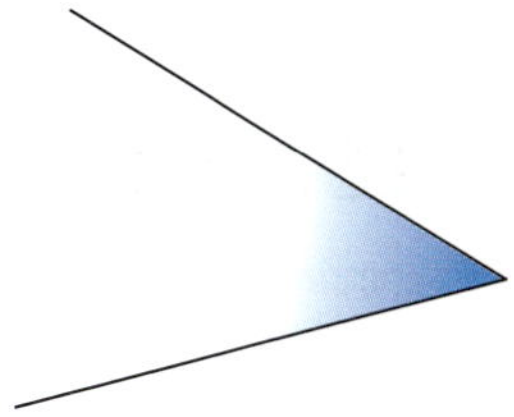

---

3 **a.** Construis un parallélogramme dont un angle mesure la moitié d'un angle droit.

b. Avec des gabarits ou ton porte-angle, trouve la fraction de l'angle droit qui correspond à chacun des autres angles du parallélogramme.

---

4 **a.** Sur un papier calque, construis un angle droit.
Par pliage en accordéon, partage cet angle droit en trois angles superposables.

b. À quelle fraction de l'angle droit correspond chacun des angles obtenus ?

---

5 **a.** Trace un triangle rectangle LMN : l'angle LMN est droit, et l'angle MNL mesure le tiers de l'angle droit. Utilise le gabarit construit dans l'exercice 4.

b. Quelle fraction de l'angle droit mesure l'angle MLN ? Tu peux aussi utiliser le gabarit.

---

6 Trace un triangle équilatéral DFG. Place le point K, milieu de [FG]. Trace le segment [DK].

a. À quelle fraction de l'angle droit correspond l'angle FDK ?
Tu peux utiliser le gabarit de l'exercice 4.

b. Trouve alors à quelle fraction de l'angle droit correspond chaque angle du triangle équilatéral.

---

7 Trace un triangle rectangle isocèle ABC. L'angle ABC est droit.
À quelle fraction de l'angle droit correspondent l'angle BAC et l'angle BCA ?
Tu peux utiliser un gabarit.

---

8 **a.** À quelle fraction de l'angle droit correspond l'angle DAB ?

b. Reproduis le tracé ci-contre.
Place le point C pour que la figure ABCD soit un parallélogramme.
Explique comment tu as fait.

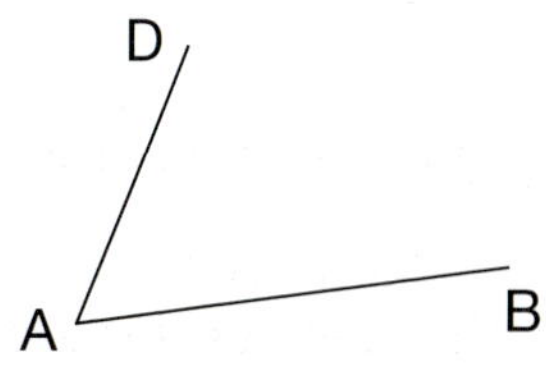

---

9 À quelle fraction de l'angle plat correspond l'angle droit ?

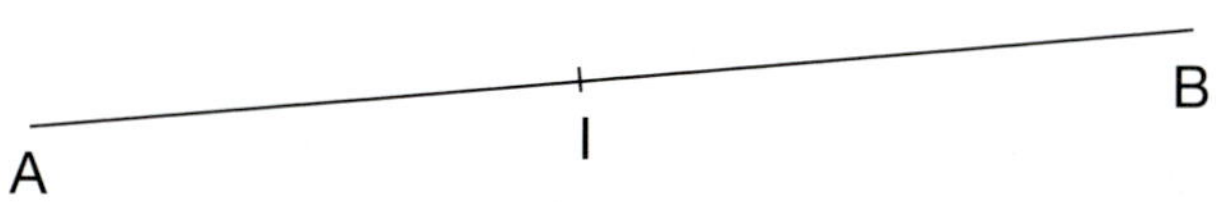

58

CALCUL MENTAL
Jeu de portrait sur les nombres décimaux.

Nombres décimaux et mesure d'aires

Objectifs : comparer des aires par divers procédés, dont le calcul. Mieux connaître les unités d'aires. Étendre le calcul de l'aire d'un rectangle au cas où une dimension est décimale.

DÉCOUVERTE

1 a. Pour aider Alice, propose-lui deux méthodes :
– par le découpage,
– par le calcul.

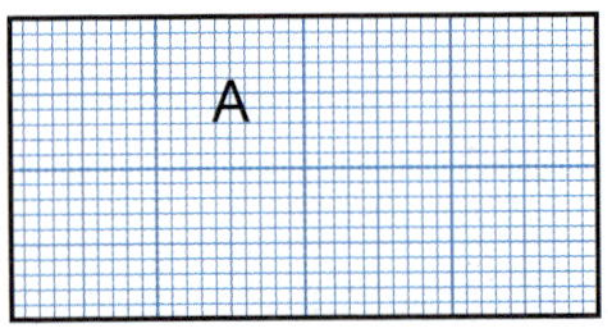

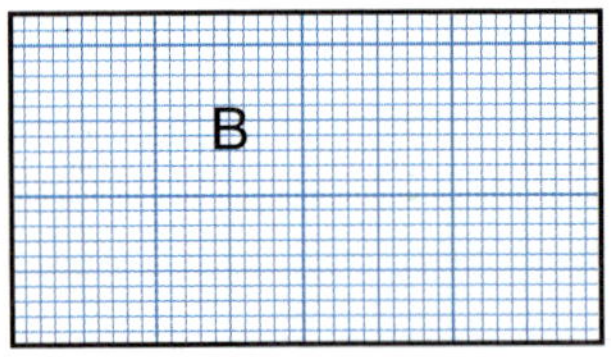

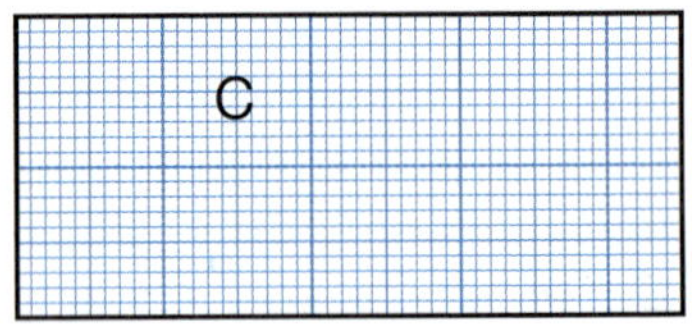

b. Voici un rectangle D. Essaie de faire aussi bien que Théo.

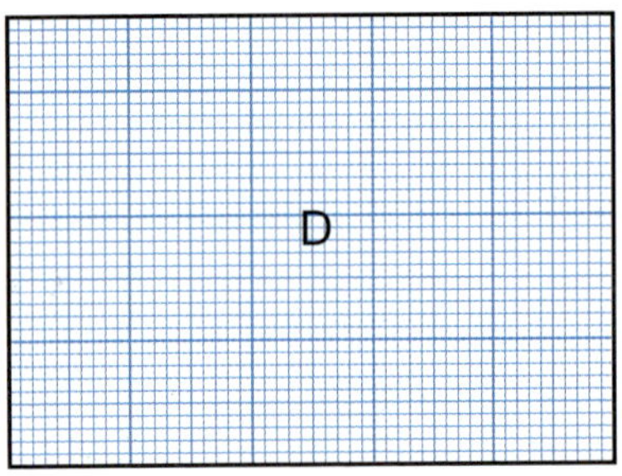

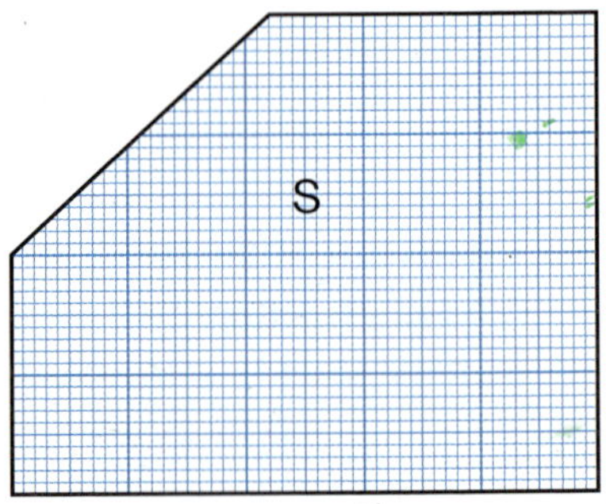

c. Compare l'aire de la surface S avec celle du rectangle D.

2 a. Quelle est l'aire la plus grande : 8 cm^2 ou 800 mm^2 ? Explique ta réponse.

b. Quelle est l'aire la plus grande : 24 dm^2, 2 400 cm^2 ou 0,24 m^2 ? Explique ta réponse.

Pour changer d'unités d'aire, on peut s'aider d'un tableau de conversion.

km^2	hm^2	dam^2	m^2	dm^2	cm^2	mm^2
00	00	00	01	00	00	00

Par exemple : 1 m^2 = 100 dm^2
1 m^2 = 0,01 dam^2

Dans 1 m, il y a 10 dm.
Dans 1 m^2, il y a 100 dm^2.
Dans 1 dm, il y a 0,1 m.
Dans 1 dm^2, il y a 0,01 m^2.

grandeurs et mesures
10 17 39 40 41 42 43 47 58 59 71 79 80

EXERCICES

1 Transforme (tu peux utiliser le tableau de conversion) :

a. en m^2 : 4,7 km^2 65 dm^2 25 000 cm^2

b. en cm^2 : 8 dm^2 600 mm^2 3,25 m^2

c. en km^2 : 1 000 m^2 8 278 968 m^2

2

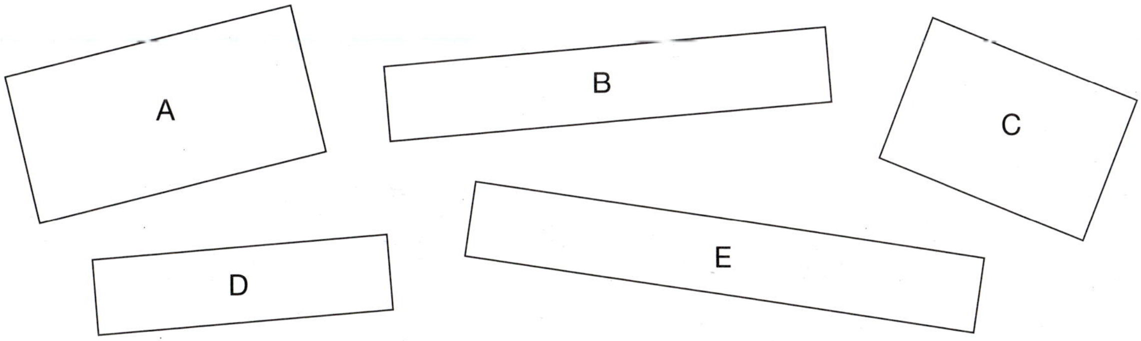

Qui a raison ? Explique ta réponse.

3 Les dimensions d'un terrain de football varient de 110 m au maximum à 100 m au minimum pour la longueur, et de 75 m au maximum à 64 m au minimum pour la largeur.

a. Quelle est la différence de superficie entre le plus petit terrain possible et le plus grand possible ?

b. Il faut 1 kg de gazon pour engazonner 40 m^2.
Trouve la quantité de gazon nécessaire pour engazonner le plus petit terrain de football, puis le plus grand.

4 **a.** Dans un jardin floral, un massif de tulipes a la forme d'un rectangle de dimensions 10 m et 3,6 m. Calcule l'aire de ce massif.

b. Un massif carré a la même aire que le massif précédent.
Quelle est la longueur de son côté ? Les deux massifs ont-ils le même périmètre ?

5 Calcule l'aire d'un triangle dont un côté mesure 4,5 cm et la hauteur associée à ce côté mesure 6 cm.

6 Calcule l'aire d'un triangle rectangle dont les côtés de l'angle droit mesurent respectivement 5 cm et 5,2 cm.

CALCUL MENTAL
Conversion de mesure d'aires. Ex. : 3 dm^2, c'est combien de cm^2 ? C'est combien de m^2 ?

Nombres décimaux et mesure de contenances

Objectifs : connaître les unités légales de contenance du système métrique, faire le lien avec les unités légales de masse.

DÉCOUVERTE

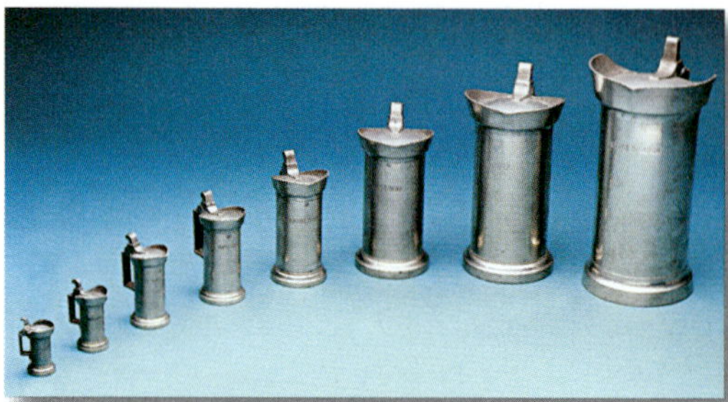

Les récipients étalons du centilitre au double-litre

Dans les manuels scolaires d'autrefois, on trouvait les unités de capacité suivantes :

- l'hectolitre, le demi-hectolitre ;
- le double-décalitre, le décalitre, le demi-décalitre ;
- le double-litre, le litre, le demi-litre ;
- le double-décilitre, le décilitre, le demi-décilitre ;
- le double-centilitre, le centilitre.

Voici le tableau de conversion des unités de contenance :

hectolitre	décalitre	litre	décilitre	centilitre	millilitre
hL	daL	L	dL	cL	mL
0	0	1	0	0	0
1	0	0	0	0	0

Par exemple : 1 L = 100 cL   1 hL = 100 L

1 **a.** Combien de litres contient un demi-hectolitre ? un double décalitre ? un double-litre ?
b. Combien de centilitres contient un double-décilitre ? un demi-litre ? 10 millilitres ?

2 La contenance standard des bouteilles de vin est de 75 cL.
Qwang affirme :
« 4 bouteilles, cela fait trois litres. »
A-t-il raison ?

3 Le « souverain » est le nom donné à une bouteille de 26,25 litres.
Trouve avec quels récipients étalons on peut remplir d'eau le souverain en faisant le minimum de transvasements.

4 Un litre d'eau pèse un kilogramme.
Une carafe vide pèse 600 g.
Pleine d'eau, elle pèse 1,35 kg.
Quelle quantité d'eau contient-elle ?

EXERCICES

1 Combien y a-t-il de centilitres dans un quart de litre ? dans trois quarts de litre ?

2 Transforme

a. en litres :	235 cL	450 mL	7 hL	65,4 hL
b. en centilitres :	2 L	0,2 L	3,6 L	235 mL
c. en décilitres :	45 L	3 L	42 cL	750 mL

3 Quelle unité choisirais-tu pour donner une estimation de la contenance

a. d'un pot de yaourt ?
b. d'une bouteille d'eau minérale ?
c. d'une baignoire ?
d. d'une cuillère à café ?
e. d'une piscine ?
f. d'une casserole ?

4 Combien de centilitres manque-t-il à 65 cL pour faire un litre ?

Quelle quantité faut-il retirer à 65 cL pour avoir un demi-litre ?

5 Il faut 22 litres de lait pour fabriquer 1 kg de beurre.

Combien de litres de lait faut-il pour fabriquer une plaque de 250 g de beurre ?

6 2,2 L de lait sont nécessaires pour fabriquer un camembert de 250 g.
Sophie a découpé un camembert en huit portions.

Combien de millilitres de lait a-t-il fallu pour fabriquer une portion ?

7

Théo demande : « Qu'est-ce que c'est un baril de pétrole ?
– C'est une unité de mesure de capacité, lui répond Alice.
– Oui, mais cela fait combien en litres ? demande encore Théo.
– J'ai entendu hier qu'un baril, ça faisait 159 litres. » dit Qwang.

a. En 2005, l'Algérie a produit environ 850 000 barils de pétrole par jour.
Avec le renseignement donné par Qwang, trouve combien de litres de pétrole cela représente.

b. On sait que cette quantité de pétrole représentait environ un centième de la production mondiale journalière.

À ton avis, en 2005 la production mondiale journalière de pétrole était de l'ordre de :
8 500 000 barils ? 85 000 000 barils ? 850 000 000 barils ?

Remue-méninges

Thomas est près d'une source. Il dispose d'un bidon de 4 litres et d'un bidon de 3 litres qui ne sont ni transparents, ni gradués.

Comment peut-il obtenir exactement deux litres d'eau dans l'un d'eux en utilisant seulement ces bidons ?

60

CALCUL MENTAL
Conversion de mesure de capacité. Ex. : ½ L, c'est combien de dL ? C'est combien de cL ?

Relation entre des grandeurs : proportionnalité

Objectif : utiliser des procédures expertes pour résoudre des problèmes familiers.

DÉCOUVERTE

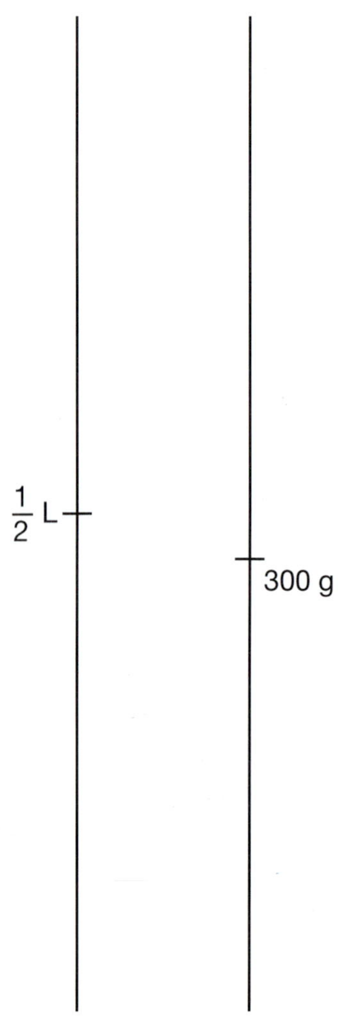

Sur ce verre mesureur cylindrique, figurent des segments de droite destinés à mesurer des ingrédients utilisés en cuisine. On a reproduit en grandeur réelle les deux segments dont on a besoin pour mesurer du liquide et de la farine.

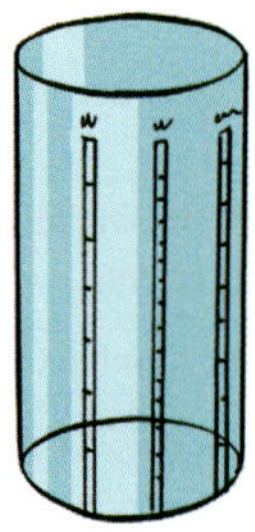

Crêpes
Ingrédients (pour 12 crêpes) :
– 250 g de farine ;
– 2 œufs ;
– 1/2 l de lait ;
– 1 cuillère à soupe d'huile ;
– 1/2 cuillère à café de sel.

1 Reproduis ces segments. Trace un trait pour noter exactement le niveau qu'il faudra atteindre en versant la farine pour 12 crêpes.
Tu peux te servir de la machine à partager.

2 Quelles sont les quantités de farine et de lait nécessaires à la préparation de cette recette pour faire 18 crêpes ?
Fais le calcul, puis note les niveaux sur les segments.
Pour le calcul, tu peux utiliser des tableaux.

Farine

Quantité	cm
300	6

Lait

Quantité	cm
½ L	6,6

3 On prévoit en moyenne 4 crêpes par personne.
Quelles sont les quantités d'ingrédients nécessaires à la préparation pour 9 personnes ?
Le verre mesureur est-il assez grand ?
Sinon, comment faire ?

EXERCICES

1 On a représenté sur une droite graduée 22 km par 8 cm.
Quelle distance représente 12 cm sur cette droite graduée ?

2 Dans les marais salants, 1 tonne d'eau de mer produit 30 kg de sel gris.
Quelle est la masse d'eau nécessaire pour produire 660 kg de sel gris ?

CALCUL MENTAL
Petits problèmes oraux de proportionnalité. Ex. : 3 stylos coûtent 10 €. Quel est le prix de 15 stylos ?

Proportionnalité : la règle de trois

Objectif : apprendre une nouvelle méthode pour effectuer un calcul de proportionnalité : la règle de trois.

DÉCOUVERTE

1 8 mètres de ruban valent 24 euros. Calcule le prix de 20 mètres de ce ruban.

2 Pour résoudre ce problème, Qwang et Leïla ont chacun leur méthode.

• Vérifie que l'on obtient bien le même résultat en utilisant chacune de ces deux méthodes puis compare avec ton résultat.

EXERCICES

1

a. Utilise la règle de trois pour résoudre ce problème.
« Pour faire 4 petits gâteaux au chocolat, on a besoin de 160 grammes de farine.
Quelle quantité de farine faut-il pour faire 7 petits gâteaux au chocolat ? »

b. Résous ce problème :
« Pour faire 3 petits gâteaux au raisin, on a besoin de 130 grammes de farine.
Quelle quantité de farine faut-il pour faire 12 petits gâteaux au raisin ? »
Explique la méthode que tu as employée pour le résoudre.

2

12 billes valent 6,62 euros, combien valent 30 billes ?
Pour t'aider, tu peux compléter le tableau ci-dessous.

nombre de billes	prix
12	6,62
6	?
30	?

3

Un restaurateur doit acheter 45 boîtes de coulis de tomate.
Dans le magasin Nosica, un lot de 3 boîtes de coulis de tomate est vendu 2 €.
Dans le magasin Catac, le lot de 5 boîtes est vendu 3 €.

Dans quel magasin le restaurateur a-t-il intérêt à faire son achat ?
Explique ta réponse.

62

CALCUL MENTAL
Calcul réfléchi : le professeur propose plusieurs opérations avec les nombres entiers ou décimaux à calculer mentalement (ex. : 2,5 × 8 ; 34 × 0,2 ; 17,5 + 3,6 ; 45,7 – 0,8).

Utiliser la calculatrice (3)

Objectif : utiliser la calculatrice à bon escient pour résoudre des problèmes ou pour vérifier des calculs.

DÉCOUVERTE

Aux États-Unis et dans plusieurs pays anglo-saxons, la température est souvent donnée en degré Fahrenheit (°F) alors qu'en France elle est donnée en degrés Celsius (°C).
Certains thermomètres, comme celui ci-contre, sont gradués dans les deux unités.

1 Sur ce thermomètre, lis la température affichée en degré Celsius puis en degré Fahrenheit.
Lorsqu'il fait 0° Fahrenheit, fait-il chaud ou froid ?

2 Pour convertir précisément des degrés Celsius (C) en degrés Fahrenheit (F), on utilise la formule : F = (C × 1,8) + 32.

a. En utilisant cette formule, vérifie qu'une température de 10° C correspond à 50°F.

b. La température du corps humain est d'environ 37°C, l'eau bout à 100°C, elle gèle à 0°C.
Quelles sont ces températures en degré Fahrenheit ?
Utilise ta calculatrice pour trouver ces trois résultats.

c. Trouve un encadrement en degré Celsius d'une température de 100°F.
Utilise ta calculatrice pour faire des essais.

3 Reporte les résultats que tu as déjà trouvés dans le tableau de correspondance entre les degrés Celsius et les degrés Fahrenheit et continue de le remplir en utilisant ta calculatrice.

Celsius	Fahrenheit
0	
5	
10	50
37	
	100
100	

4 Voici les températures moyennes, pour chaque saison, à Paris et à New York.

	printemps	été	automne	hiver
Paris	14,1°C	18,5°C	8,4°C	5,7°C
New York	61,7°F	73,4°F	46,9°F	35,6°F

Compare la température à Paris et à New York à chaque saison.
Utilise ta calculatrice pour effectuer les conversions qui te semblent utiles.

EXERCICES

1 Tatiana a acheté 3 croissants à 0,85 € et un pain au chocolat à 0,96 €.
Combien a-t-elle payé ? Vérifie ton calcul avec la calculatrice.

2 À La Poste, pour affranchir son courrier, la mère de Jeanne a utilisé 7 timbres à 0,55 € et 2 timbres à 0,88 €.

Combien lui a coûté l'affranchissement de son courrier ?
Vérifie ton calcul avec la calculatrice.

3 Pour multiplier 32 par 2,5 Alice, Théo et Qwang se sont donné pour défi d'effectuer le calcul en deux étapes. Voici ce qu'ils ont proposé :

	Affichage	Étape 1	Étape 2
Alice	32	× 10	divisé par 4
Théo	32	× 5	divisé par 2
Qwang	32	× 0,5	× 5

Ils affirment tous trouver le bon résultat.

Ont-ils raison ?
Explique ta réponse.
Pour vérifier, utilise ta calculatrice.

4 Au cinéma, un adulte paie 8,10 € et un enfant de moins de 12 ans paie 5,50 €. Trois adultes et sept enfants viennent d'acheter leurs billets.

Combien la caissière a-t-elle encaissé ?
Vérifie ton calcul avec ta calculatrice.

5 Voici le schéma d'un triangle équilatéral ABC et d'un losange ABDC.

Calcule le périmètre du triangle ABC et celui du losange ABDC.
Explique comment tu fais.
Utilise ta calculatrice pour vérifier ton calcul.

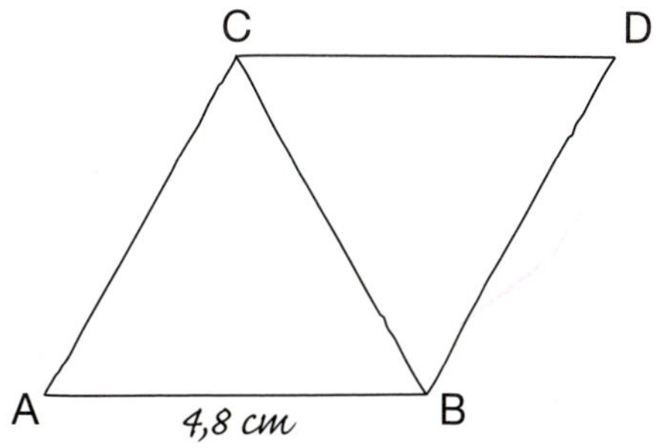

Remue-méninges

Dans les bulles sont inscrites des séquences d'opérations effectuées à la calculatrice.
Choisis la séquence qui permet de compléter chaque égalité :

× 4) + 3,6 — × 25) – 0,75 — ÷ 5) × 7

a. (7,5 ◯ = 10,5 **b.** (2,56 ◯ = 13,84 **c.** (0,85 ◯ = 20,5

CALCUL MENTAL. Jeu de mémoire : le professeur écrit cinq nombres décimaux, puis les cache. Après dix secondes, les élèves les écrivent dans l'ordre décroissant.

Décimaux et fractions

Objectifs : entretenir ses connaissances sur les décimaux et les fractions.
Revoir les techniques de calcul avec les nombres décimaux.

1 Range les nombres suivants du plus petit au plus grand :

2,02 2 20,02 0,22 20,2

2 Parmi les nombres suivants, recopie ceux qui sont entre 3,9 et 5,17.

3,59 4 3,95 4,9 5,2

3 Recopie, souligne le plus grand nombre et mets le signe qui convient : < ou > ou =.

a. 3,7 … 3,64 **b.** 6,08 … 6,4 **c.** 17,3 … 15,7 **d.** 3,15 … 3,015 **e.** 14,05 … 14,050

4 Voici une liste de nombres rangés du plus petit au plus grand.
Place les nombres 3,1 et 3,45 dans cette liste.
Complète ensuite la liste avec des nombres qui conviennent.

… 2,94 … 3 … 3,07 … 3,11 … 3,4 … 3,5 … 3,65 … 4

5 Encadre chaque nombre par deux nombres entiers consécutifs.
Souligne ensuite l'entier le plus proche.

a. 1 234,47 203,08 26,9 371,62 1 089,1 30,26

b. $\frac{305}{10}$ $\frac{3\,764}{10}$ $\frac{74}{100}$ **c.** $14 + \frac{53}{100}$ $6 + \frac{8}{100}$ $\frac{4}{10} + \frac{9}{100}$

6 Parmi les quatre nombres de chaque liste, deux sont égaux. Lesquels ?

a. 0,25 0,4 1,4 $\frac{1}{4}$ **b.** 0,75 3,4 $\frac{3}{4}$ $\frac{4}{3}$

7 Recopie le nombre égal à $80 + \frac{4}{100}$.

80,400 804,100 80,04 480 84,100

8 Entoure le nombre égal à $\frac{625}{100}$.

0,625 6,25 62,5 625,100 62 500

9 Écris les nombres suivants sous la forme d'un nombre à virgule puis d'une fraction décimale.

Exemple : cinquante deux et trois dixièmes → 52,3 = $\frac{523}{10}$.

a. sept et huit dixièmes **b.** douze et deux dixièmes **c.** quatre et cinquante-trois centièmes

10 Écris en chiffres les nombres :

a. 7 dizaines
b. 7 dixièmes
c. 81 dizaines
d. 81 dixièmes
e. 3 centaines
f. 3 centièmes
g. 267 centaines
h. 267 centièmes

11 Effectue les calculs :

a. 0,4 × 5
b. 0,4 × 50
c. 2,5 × 400
d. 0,25 × 400
e. 13,16 × 4
f. 13,16 × 400
g. 4,07 × 50
h. 4,07 × 5 000

12 Complète les égalités :

a. 0,5 × … = 3
b. 2 × … = 3
c. 4 × … = 3
d. 0,4 × … = 3
e. 20 × … = 5
f. 0,2 × … = 5
g. 2 × … = 0,4
h. 5 × … = 0,4

13 Pose et effectue :

a. 547,2 + 70,78
b. 84,07 + 435,93

14 Pose et effectue :

a. 35,4 – 12,7
b. 89,7 – 36,04

15 Pose et effectue 19,76 – 2,42.
Utilise ce résultat pour calculer :

a. 19,74 – 2,40
b. 19,8 – 2,46

16 Pose et effectue 7 803 × 46.
Utilise ce résultat pour calculer :

a. 78,03 × 46
b. 7 803 × 4,6

17 Écris le quotient exact décimal ou entier de :

a. 35 divisé par 10
b. 460 divisé par 10
c. 8 462 divisé par 100
d. 50 divisé par 100

18 Un pack de soda contient 6 bouteilles de 0,33 litre. Un magasinier range 25 de ces packs.

a. Combien de bouteilles a-t-il rangées ?
b. À combien de litres de soda cela correspond-il ?

19 Calcule le quotient au dixième près (avec un chiffre après la virgule).
Précise à chaque fois si le quotient obtenu est exact ou approché.

a. 17 divisé par 5
b. 47 divisé par 3
c. 51 divisé par 4
d. 31 divisé par 7
e. 45 divisé par 6

Remue-méninges

On veut recouvrir entièrement un rectangle de 3 m × 4 m avec des feuilles rectangulaires de différentes couleurs de 0,75 m × 0,8 m, sans qu'elles débordent ni se chevauchent.

Est-ce possible ?

63

CALCUL MENTAL
Compétition calculatrice/calcul mental.

Les grands nombres

Objectif : réinvestir les connaissances sur les grands nombres.

Les aéroports des capitales européennes

A Les capitales de l'Union européenne disposent d'au moins un aéroport international. De nombreux passagers y arrivent, ou en partent, ou encore y transitent pour d'autres destinations. Voici les 10 capitales dont les aéroports ont accueilli, en 2006, plus de seize millions de passagers :

BRUXELLES
Brussels airport
16 593 000

AMSTERDAM
Schiphol
42 998 000

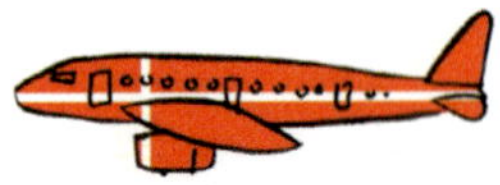

COPENHAGUE
Kastrup
20 694 000

LONDRES
Gatwick 34 080 000 | *Heathrow* 67 339 000

DUBLIN
Dublin
21 063 000

MADRID
Barajas
45 064 000

PARIS
Orly 25 604 000 | *Charles-De-Gaulle* 56 449 000

ROME
Fiumicino
28 950 000

STOCKHOLM
Arlanda
17 539 000

VIENNE
Schwechat
16 808 000

1 Quel aéroport de l'Union européenne a vu passer le plus de passagers en 2006 ? Dans quel pays se trouve-t-il ?

2 « Parmi toutes les capitales de l'Union européenne, je suis la troisième en nombre de passagers en 2006. Qui suis-je ? Quel est le nom de mon aéroport ? »

3 Une capitale a vu passer quatre-vingt-deux millions cinquante-trois mille passagers dans ses aéroports internationaux en 2006. De quelle capitale s'agit-il ?

4 Range les douze aéroports ci-dessus, de celui qui a vu passer le moins de passagers à celui qui en a vu passer le plus.

B Dans le tableau ci-contre, tu trouveras le nombre de passagers des aéroports internationaux d'autres capitales européennes.

Capitales	Nom des aéroports	Nombre de passagers en 2006
Athènes	*Eleftherios Venizelos*	15 073 000
Berlin	*Tegel*	11 769 000
Bratislava	*Stefánik*	1 905 000
Bucarest	*Henri Coanda*	3 498 000
Budapest	*Férihégy*	8 246 000
Helsinki	*Vantaa*	12 142 000
La Valette	*Luqa*	2 700 000
Lisbonne	*Portela*	12 281 000
Ljubljana	*Brnik*	1 327 000
Luxembourg	*Findel*	1 597 000
Nicosie	*Larnaca*	4 884 000
Prague	*Ruzyne*	11 513 000
Riga	*Riga*	2 488 000
Sofia	*Sofia*	2 190 000
Tallin	*Ulemiste*	1 533 000
Varsovie	*Frédéric Chopin*	8 117 000
Vilnius	*Vilnius*	1 447 000

1 Les nombres suivants correspondent au nombre de passagers d'aéroports qui figurent dans le tableau ci-dessus.
Retrouve-les et précise le nom de la capitale correspondante.

a. un million quatre cent quarante-sept mille

b. un million trois cent vingt-sept mille

c. un million cinq cent quatre-vingt-dix-sept mille

2 « Je suis un aéroport de l'Union européenne. Si j'avais eu 100 000 passagers de plus en 2006, le nombre de mes passagers dépasserait deux millions. Qui suis-je ? »
Écris le nombre de passagers en chiffres et en lettres.

C **1** Calcule, pour l'année 2006, le nombre total de passagers de tous les aéroports internationaux cités dans les questions A et B.

2 En 2006, la population européenne était environ de quatre cent quatre-vingt-huit millions d'habitants. La population mondiale était approximativement 13,5 fois celle de l'Europe.
Donne une estimation de la population mondiale, écris ce nombre en chiffres et en lettres.

3 En 2006, le nombre de passagers des aéroports du monde entier correspondait approximativement au tiers de la population mondiale. Donne une estimation de ce nombre.

Ce que je suis capable de faire

1 Range les nombres du plus petit au plus grand :

70,7 7,07 7 77,07 0,77 77,7

2 Recopie les nombres qui sont entre 4,8 et 6,13.

4,38 5 6,15 4,83 5,8 6,2

3 Encadre chaque nombre par deux nombres entiers consécutifs, puis souligne l'entier le plus proche.

23,17 18,6 39,3 143,9 28,5 1 049,1 $\frac{436}{10}$ $\frac{75}{100}$ $\frac{65}{10}$

4 Recopie le nombre égal à la fraction $\frac{543}{100}$.

0,543 5,43 54,43 543,100 54300

5 Recopie le nombre égal à $56 + \frac{3}{100}$.

56,300 563,100 356 59,100 56,03

6 Complète :

a. $0,7 = 7 \times \ldots$
b. $1,8 = 18 \times \ldots$
c. $0,4 = 2 \times \ldots$
d. $2,8 = 4 \times \ldots$
e. $34 = 0,1 \times \ldots$
f. $45 = 0,5 \times \ldots$
g. $4,2 = 0,1 \times \ldots$
h. $1,2 = 12 \times \ldots$

7 Il faut 12 litres de lait de vache pour fabriquer 1 kg de fromage de gruyère.

Combien faut-il de litres de lait pour fabriquer un morceau de 200 g ?

8 En août 2004, Anne Quéméré a effectué la traversée de l'Atlantique Nord à la rame en solitaire et sans assistance, en 87 jours. Elle a parcouru environ 5 052 kilomètres.

Combien de kilomètres a-t-elle parcourus en moyenne par jour ?
Donne le résultat au km près par défaut

9 a. Calcule l'aire d'un rectangle de dimensions 4,2 cm et 3 cm.
Donne le résultat en cm^2 puis en mm^2.

b. Calcule l'aire d'un carré de côté 42 mm.
Donne le résultat en mm^2 puis en cm^2.

10 Transforme :

a. en L :	340 mL	85 dL	1,4 daL
b. en cL :	70 mL	6,3 dL	5 L
c. en dL :	480 mL	7 cL	18 L
d. en mL :	45 cL	3 dL	0,5 L

11 Trouve les figures pour lesquelles les phrases suivantes sont vraies.

a. Les diagonales sont perpendiculaires.

b. Les diagonales ont le même milieu.

c. Les diagonales ont la même longueur.

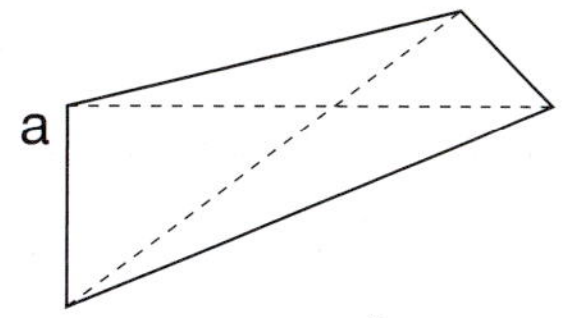

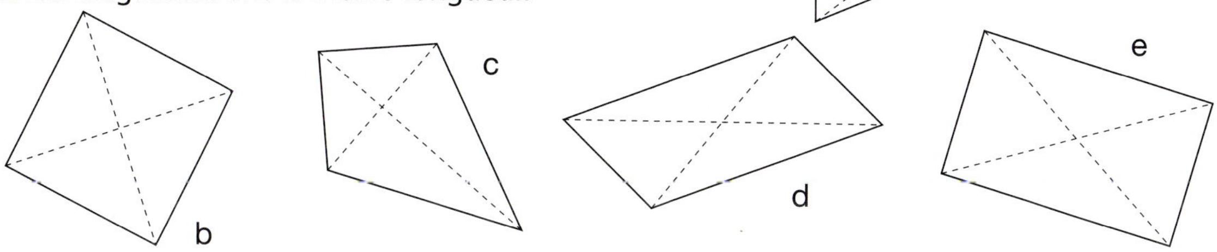

12 En observant le schéma à main levée et les signes qui sont placés, écris la liste de tout ce que tu sais sur la figure, puis construis-la avec tes instruments.

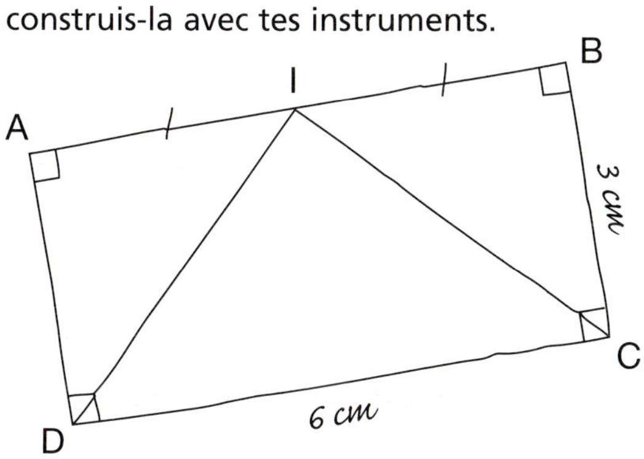

13 Voici le schéma à main levée d'une figure. Écris la liste de tout ce que tu sais sur la figure puis construis-la avec tes instruments.

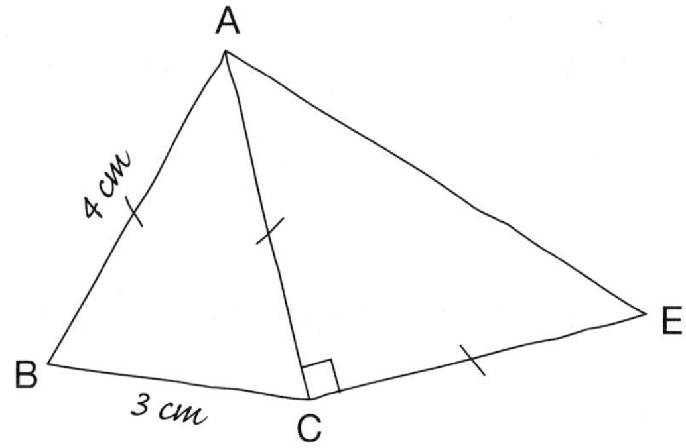

14 Voici le schéma à main levée d'une figure et des informations pour le compléter :
- ABCD est un rectangle ;
- le point A est sur le cercle de centre B ;
- le cercle coupe le segment [BC] au point E.

Quelle est la longueur du segment [EC] ?
Construis la figure en vraie grandeur pour vérifier.

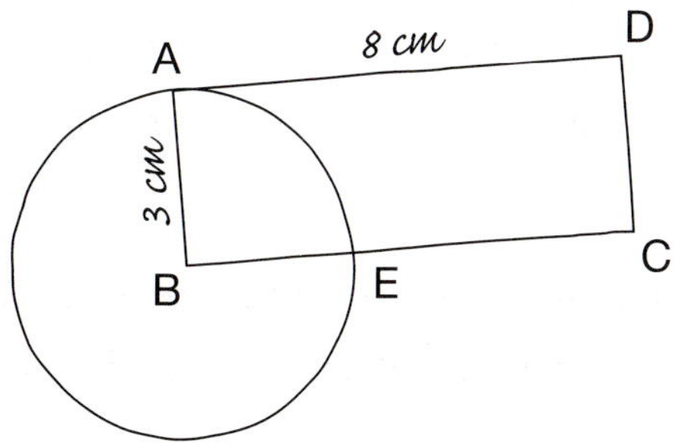

15 Construis un carré ABCD et sa diagonale [AC].

À quelle fraction de l'angle droit correspond l'angle BAC ?

16 Le trapèze isocèle ABCD est composé de trois triangles équilatéraux superposables.
I est le milieu de [AD].
On sait que l'angle AID est un angle plat.

a. À quelle fraction de l'angle plat correspond l'angle AIB ?

b. À quelle fraction de l'angle droit correspond-il ?

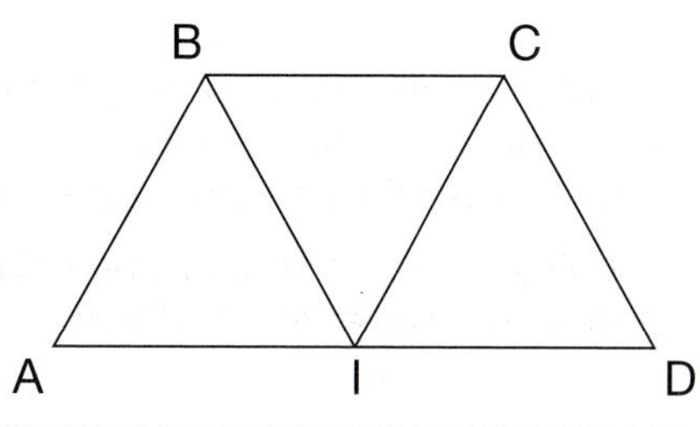

Un outil pour agrandir ou réduire les figures

Pour agrandir ou réduire des figures ou des schémas, les hommes ont mis au point des mécanismes ingénieux comme le **pantographe**.

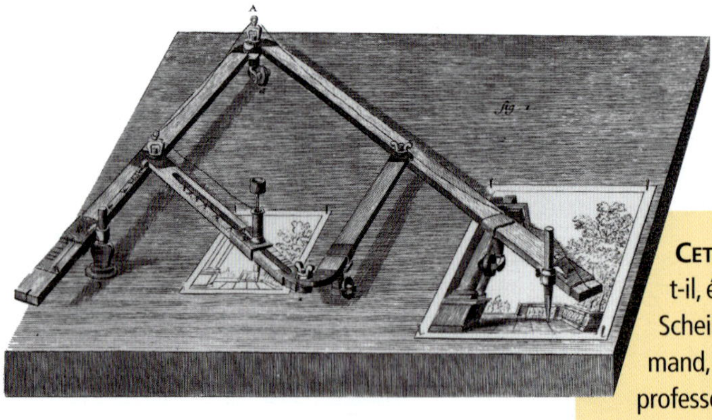

CET INSTRUMENT a, semble-t-il, été inventé par Christoph Scheiner, un astronome allemand, né en 1573, qui fut aussi professeur de mathématiques. Voici le pantographe tel qu'il est représenté dans l'*Encyclopédie* de Diderot et d'Alembert, dont les 28 volumes furent publiés entre 1751 et 1772.

De nos jours, le pantographe est encore utilisé par des artisans (sculpteurs par exemple). Il est aussi intégré dans des machines-outils très modernes (des robots) qui permettent de fabriquer en série des objets à partir de formats réduits en plâtre ou en résine.

Pour fabriquer un pantographe, il faut prendre quatre baguettes de bois ou de carton épais et prévoir des trous équidistants et un trou qui servira de pivot ou de place pour le crayon. Le point A est le point fixe. M, N, B, D sont articulés.

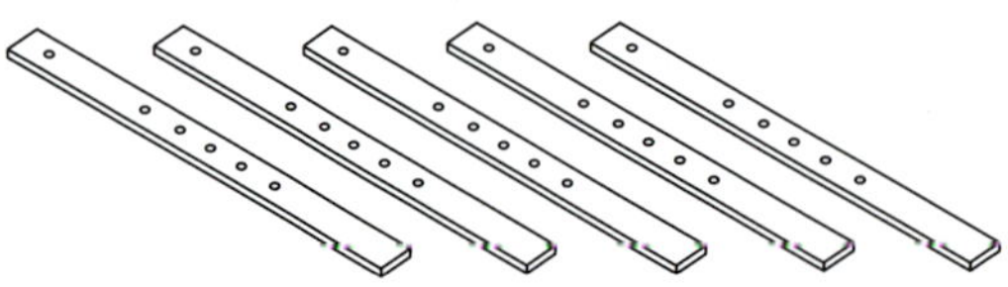

Les positions de M et N peuvent se régler, mais les longueurs MD et BN doivent rester égales, ainsi que les longueurs MB et DN.

Pour faire un agrandissement, on place un crayon en C. On suit la figure à agrandir avec une pointe placée en D ; le crayon trace alors la figure agrandie.

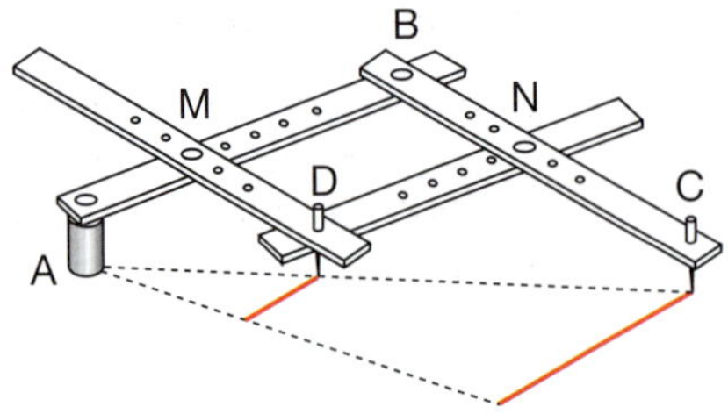

Quel est le nom du quadrilatère particulier MDNB ?

Fabrique un pantographe.

- **Utilise-le** pour agrandir une figure. Tu seras surpris de la précision de la figure obtenue.

Le mot « pantographe » est aussi utilisé pour désigner un élément des locomotives électriques.

- **Cherche** sa signification dans un dictionnaire.

Période 5

Solides et figures planes

Tu t'entraîneras à décrire et à construire le cube, le parallélépipède rectangle et d'autres solides.

Tu aborderas la notion de volume dans le cas du parallélépipède rectangle.

Et tu utiliseras tout ce que tu as appris pour construire de belles figures géométriques !

Proportionnalité, échelles et pourcentages

Les cartes et les plans permettent de connaître les dimensions réelles de ce qui est représenté. Tu vas apprendre à utiliser les échelles en te servant de la proportionnalité.

Les pourcentages sont très utiles dans la vie quotidienne et pour faire des comparaisons, tu vas apprendre à les calculer.

Aire et périmètre

Ces deux notions ne doivent pas être confondues. Tu vas bien faire la différence.

Quant au cercle, tu découvriras le lien entre la mesure de son diamètre et la mesure de son périmètre.

Calculs et problèmes

Dans certaines situations, il est utile de prolonger aux nombres décimaux la division que tu connais déjà : tu vas apprendre à le faire

C'est en évaluant l'aire de rectangles que tu vas être amené à définir et effectuer le produit de deux nombres décimaux, mais tu reverras cela plus en détail en 6e !

Traitement de données numériques

Il s'agit de découvrir des régularités dans l'étude de quelques phénomènes et de voir comment les mathématiques peuvent contribuer à les étudier.

64

MISE EN ROUTE
Dictée géométrique (à main levée). Ex. : Construis un rectangle ABCD. Trace la diagonale [AC], puis le carré ACEF qui contient B.

Problèmes pour apprendre à chercher : reproduire une figure (2)

Objectifs : chercher les propriétés d'une figure pour comprendre comment la reproduire.
Faire des tracés supplémentaires pour les mettre en évidence.

DÉCOUVERTE

- Observe cette rose des vents que l'on trouve sur certaines boussoles.
- Cherche les propriétés de cette figure qui vont te permettre de la reproduire sans la décalquer.
- Reproduis-la sur du papier quadrillé, puis sur du papier uni.
  Explique comment tu as fait.
- Quelles propriétés as-tu repérées et utilisées pour reproduire cette figure ?

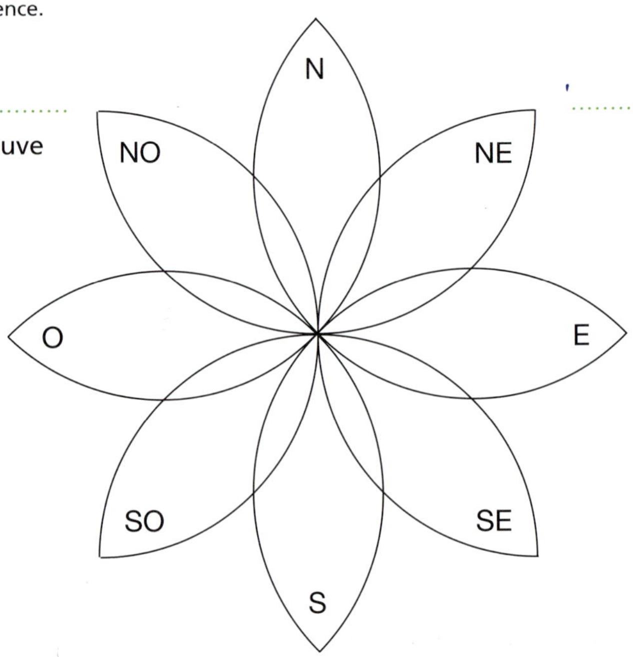

EXERCICE

Cherche les propriétés de chacune des figures qui vont te permettre de les reproduire sans les décalquer, puis reproduis-les.

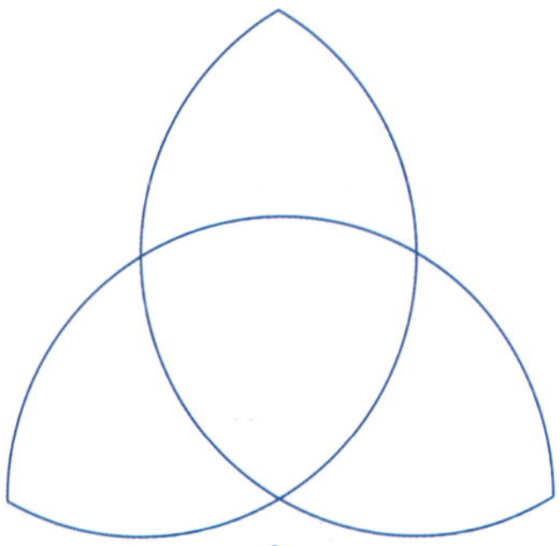

A

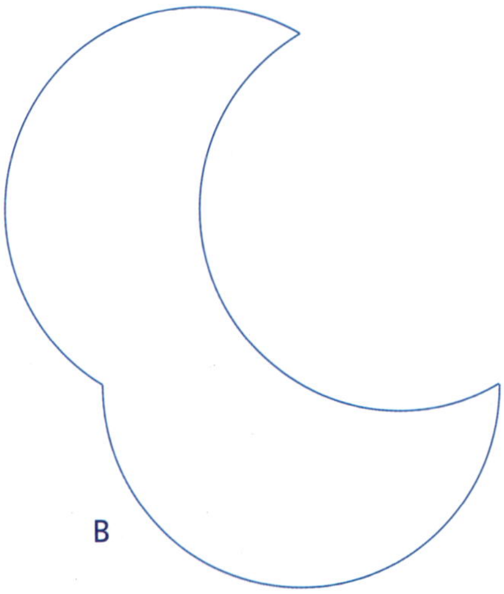

B

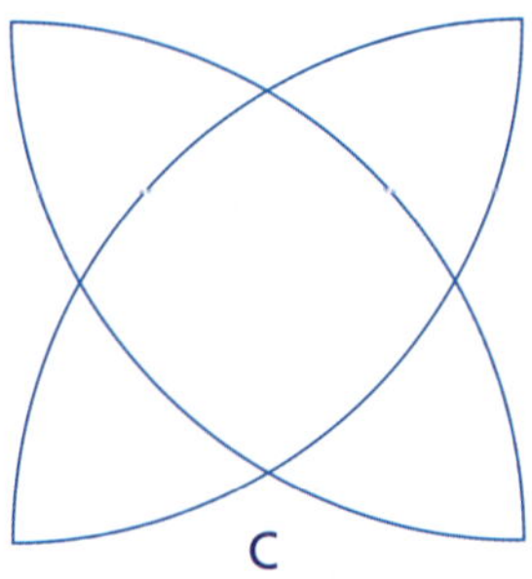

C

Quelles propriétés as-tu repérées et utilisées pour reproduire chacune des figures ?

CALCUL MENTAL. Petits problèmes oraux de proportionnalité.
Ex. : Une voiture consomme en moyenne 6 L d'essence aux 100 km. Quelle sera environ sa consommation pour 300 km ? 150 km ? 450 km ? 10 km ?

La proportionnalité : problèmes

Objectifs : résoudre des problèmes de proportionnalité. Apprendre à s'aider, quand c'est nécessaire, en les résolvant dans un champ numérique plus petit.

EXERCICE DIRIGÉ

Cherche à résoudre le premier problème. Si tu ne le comprends pas bien, résous le deuxième problème, puis recommence à réfléchir au premier.

1er problème

Chez le boucher, le rôti de bœuf est vendu 15 € le kilo.

Quel est le poids d'un morceau de bœuf vendu 18 € ?

2e problème

Chez le boucher, le rôti de dinde est vendu 10 € le kilo.

Quel est le poids d'un morceau de dinde vendu 15 € ?

EXERCICES

1

1er problème

Un kg de caramels coûte 14 €.

Quel est le prix de 1,450 kg de caramels ?

2e problème

Un kg de bonbons acidulés coûte 6 €.

Quel est le prix de 1,5 kg de bonbons acidulés ?

2

1er problème

Pour faire 5 petits gâteaux aux noisettes, on a besoin de 300 g de farine.

Quelle quantité de farine faut-il pour faire 36 petits gâteaux aux noisettes ?

2e problème

Pour faire 3 petits gâteaux au chocolat, on a besoin de 120 g de farine.

Quelle quantité de farine faut-il pour faire 7 petits gâteaux au chocolat ?

3

1er problème

6 compas identiques coûtent 21 €.

Combien coûtent 15 compas ?

2e problème

4 règles identiques coûtent 7 €.

Combien coûtent 6 règles ?

4

1er problème

17 DVD identiques coûtent 204 €.

Combien coûtent 23 DVD ?

2e problème

6 jeux vidéos identiques coûtent 150 €.

Combien coûtent 7 jeux vidéos ?

65

CALCUL MENTAL
Le défi à 100 : le professeur affiche la grille des nombres de 0 à 99 et 5 nombres (par ex : 4 ; 5 ; 7; 3 et 8), les élèves trouvent le plus de nombres possibles de la grille en faisant des opérations qui utilisent les cinq nombres une fois seulement.

Utiliser la calculatrice, le rôle des parenthèses

Objectifs : comprendre le fonctionnement de sa propre calculatrice pour effectuer des calculs en ligne. Revoir le rôle des parenthèses. S'entraîner à utiliser la calculatrice pour vérifier divers calculs.

DÉCOUVERTE

1 Calcule mentalement, puis avec ta calculatrice « 4 × 2 + 5 » et « 5 + 4 × 2 ».

J'appuie sur	ON	4	×	2	+	5	=
Je vois							

J'appuie sur	ON	5	+	4	×	2	=
Je vois							

Compare les résultats que tu obtiens par le calcul mental et en utilisant ta calculatrice.

2 Compare ce que tu trouves avec ce que trouvent tes camarades.

3

Quand tu compares avec tes camarades, fais-tu la même constatation que Leïla et Qwang ?

EXERCICES

1 **a.** Calcule mentalement (12 + 8) × 6 puis 12 + (8 × 6). Quels résultats obtiens-tu ? Quel est le rôle des parenthèses ?

b. Réalise les mêmes calculs avec ta calculatrice en utilisant les touches (et).
Obtiens-tu les mêmes résultats ?
Si tu n'as pas de touches (et), comment dois-tu t'y prendre ?

2 Calcule à l'aide de ta calculatrice : 1 285 + (356 × 27) puis (1 285 + 356) × 27.
Les résultats sont parmi les nombres suivants : 14 448 ; 10 897 ; 41 337 ; 405 927 ; 44 307.

3 Effectue les calculs et complète le tableau.

Calcul	Utilises-tu		Résultat
	la calculatrice ?	le calcul mental ?	
358 + 15			
1 356 – 297			
427 × 100			
35 × 14			
358 × 134			
184 + 3 247 + 285			

4 Calcule avec ta calculatrice :
a. quatorze virgule huit plus quarante-sept virgule zéro quatre plus trente virgule vingt-quatre.
Le résultat est parmi les nombres suivants : 102,8 82,67 92,08 90,36

b. vingt-cinq et quatre dixièmes plus trente et trois centièmes plus six et quinze centièmes.
Le résultat est parmi les nombres suivants : 57,8 61,58 102,36 64,84

5 Par combien faut-il multiplier mille pour obtenir un million ? Vérifie avec ta calculatrice.

6 Une meule de gruyère de 34 kg est vendue 629 euros.
Quel est le prix du kilo de gruyère ?
Vérifie avec ta calculatrice.

7 Qwang a parcouru 240 m en faisant 400 pas réguliers.
Quelle est la longueur de son pas ?
Vérifie avec ta calculatrice.

8 Un bureau de poste reçoit un carton de catalogues de vente par correspondance à distribuer.
Sur le carton, l'étiquette indique 22 kg 975 g. Un catalogue pèse 645 g.
Le carton vide pèse 400 g.
Quel est le nombre de catalogues contenus dans le carton ? Utilise ta calculatrice.

CALCUL MENTAL
Le défi à 100 (suite) : cette fois le professeur choisit les nombres à atteindre parmi ceux qui ne sont pas encore trouvés.

Les pourcentages

Objectifs : résoudre des problèmes de proportionnalité en construisant des raisonnements appropriés. Utiliser les pourcentages pour faire des comparaisons.

DÉCOUVERTE

1 Dans l'école Sonia Delaunay, les élèves ont fait un sondage à propos des aventures de Harry Potter. Voici les résultats qu'ils ont obtenus :
Sur 30 élèves de 9 ans interrogés, 24 disent aimer lire ces aventures.
Sur 40 élèves de 10 ans interrogés, ils sont 34 à aimer les lire.
Sur 50 élèves de 11 ans, ils sont 44.

D'après ce sondage, à quel âge les aventures de Harry Potter sont-elles le plus appréciées dans cette école ?

2 Qwang a fait le même sondage dans son école.
Il a interrogé 140 élèves âgés de 9 à 11 ans et a calculé que 80 % aimaient lire les aventures de Harry Potter.
Sur les 140 élèves interrogés, combien apprécient la lecture de ces livres ?

3 Dans laquelle de ces deux écoles le pourcentage des élèves qui aiment lire les livres d'Harry Potter est-il le plus élevé ?

EXERCICES

1 Pour la promotion d'un spectacle, 25 % des places ont été distribuées gratuitement. Dans la salle de spectacle, il y a 200 places.

À combien de places ce pourcentage correspond-il ?

2 Pour la promotion d'un autre spectacle, 25 places ont été distribuées gratuitement sur les 125 places que la salle contient.

Quel est le pourcentage de places gratuites ?

3 Dans une classe de 20 élèves, 12 élèves disent qu'ils aiment aller à la piscine.
Dans une autre classe de 30 élèves, 15 élèves disent qu'ils aiment aller à la piscine.

Dans quelle classe, l'activité piscine est-elle la plus appréciée ?

4 **a.** Quelle masse de sucre (glucide) absorbe-t-on lorsqu'on boit un litre de chacune de ces boissons ?

b. Range ces boissons dans l'ordre de leur concentration en sucre : de la moins sucrée à la plus sucrée.

Glucides : 15,1 g pour 100 mL 9,4 g pour 100 mL 10,5 g pour 100 mL

5 Calcule les 15 % de : **a.** 400 **b.** 30 000 **c.** 1 200 **d.** 560 **e.** 842 **f.** 408

6

Calcule les nouveaux prix de ces articles.

7 Le 15 juin, le prix d'un VTT est 150 €.
Au 15 septembre, ce prix augmente de 10 %.
Au 15 janvier suivant, le vélo est soldé avec 10 % de réduction.

Calcule le prix du vélo le 15 janvier.
Que constates-tu ?

8 Le prix d'une voiture le 1er janvier est 10 000 €.
Son prix augmente de 3 % au 1er juin et il augmente encore de 3 % au 1er décembre.

Calcule son prix le 1er décembre.
Quel est le pourcentage d'augmentation depuis le 1er janvier ?

Remue-méninges

Les côtés d'un carré mesurent 5 cm. On augmente chaque côté de 10 %.

Ont-ils raison ?

67

CALCUL MENTAL

Petits problèmes oraux sur les pourcentages. Ex. : Si 15 enfants sur 20 aiment lire des romans, quel pourcentage cela représente-t-il ?

Décrire des solides

Objectifs : décrire divers solides. Les associer à leur représentation en perspective. Identifier les polyèdres. Identifier les informations que l'on perd lorsqu'on représente un solide en perspective.

ACTIVITÉ PRÉPARATOIRE DE DÉCOUVERTE : jeu de portrait avec divers solides.

DÉCOUVERTE

Voici la représentation en perspective de certains solides.

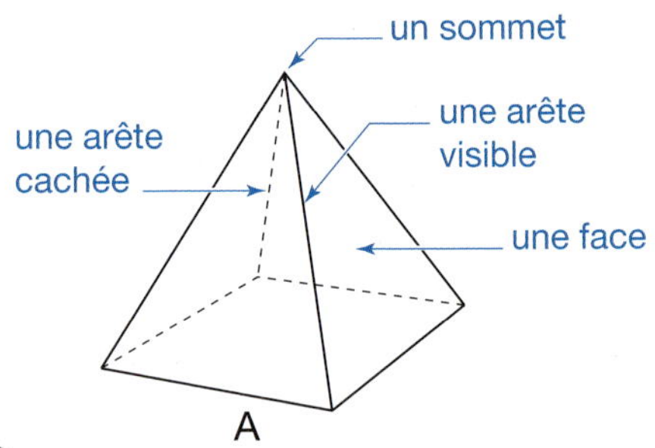

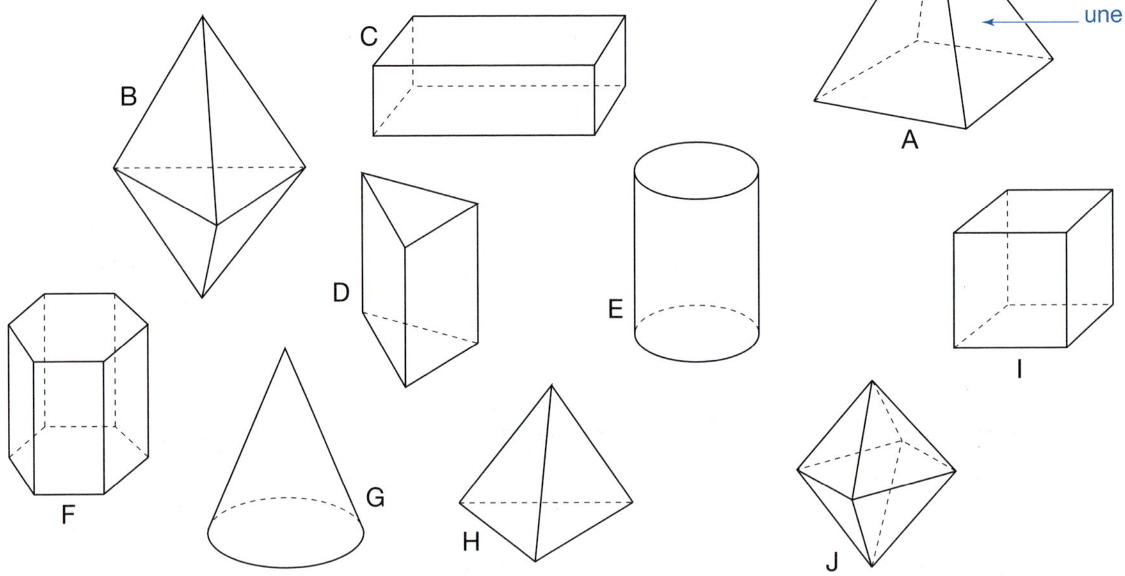

Un polyèdre est un solide fermé limité par des polygones appelés « faces ».

1 Trouve le ou les solides qui correspondent à chacun des portraits :

a. « Je ne suis pas un polyèdre, j'ai deux faces planes qui sont des disques et une surface latérale. Qui suis-je ? »

b. « Je suis un polyèdre, j'ai 6 faces, j'ai 5 sommets et 9 arêtes. Qui suis-je ? »

2 Fais le portrait du solide J.

3 Qwang a mis ensemble les solides A et D parce qu'ils ont une propriété commune. Laquelle ?

4 Observe un cube et sa représentation en perspective (I).

Alice : « Les 6 faces d'un cube sont carrées, mais sur la représentation en perspective, quatre ne le sont pas. »

Leïla : « Les 12 arêtes d'un cube ont la même longueur, c'est vrai aussi sur la représentation en perspective. »

Que penses-tu des affirmations d'Alice et de Leïla ?

solides

67
68
70

EXERCICES

1

a. Leïla a mis ensemble les polyèdres I, C et J de la découverte, car ils ont une propriété commune. Laquelle ?

b. Théo, lui, a regroupé les solides B, J et H de la découverte, car ils ont une propriété commune. Laquelle ?

2

Complète la fiche d'identité du polyèdre F de la découverte.

Solide F
Famille : *polyèdre*
Nombre de faces : ....
Nombres d'arêtes : ....
Nombre de sommets : ....
Forme des faces : ....
Nom : *prisme à base hexagonale*

Puis établis la fiche d'identité des solides C, D, I, J de la découverte.

3

Qwang a fait ce dessin pour représenter un cube.

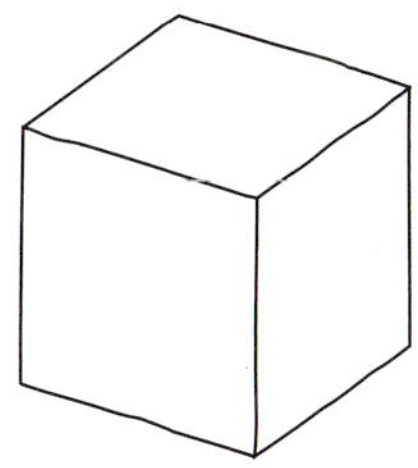

a. On ne voit pas tous les sommets du cube ; combien ne sont pas visibles ?

b. On ne voit pas toutes les arêtes du cube ; combien ne sont pas visibles ?

4

Voici une représentation en perspective d'un polyèdre.

a. Combien ce solide a-t-il d'arêtes ?

b. Combien ce solide a-t-il de faces ?

c. Si le solide représenté ici en perspective était en bois et posé ainsi, combien de faces ne seraient pas visibles ?

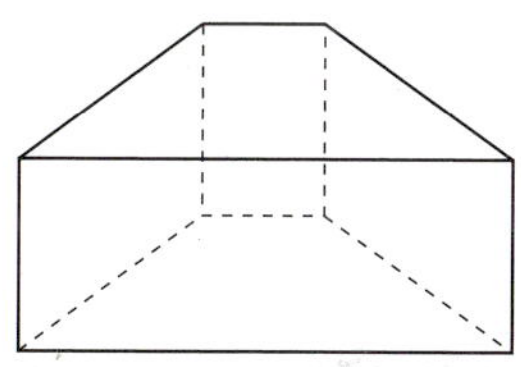

Remue-méninges

Une fourmi se promène sur les arêtes du cube représenté ci-dessous.

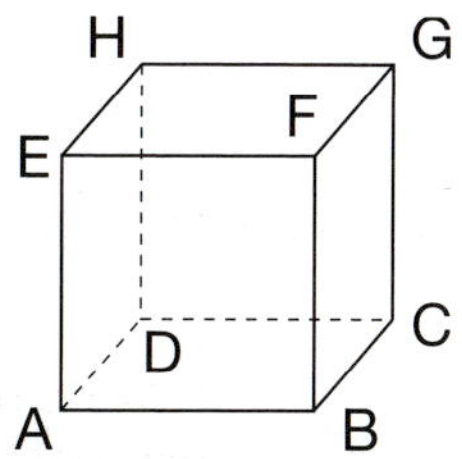

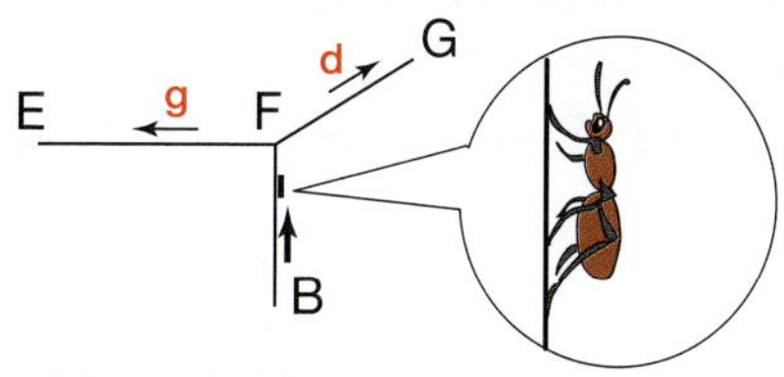

Quand elle arrive à chaque sommet, elle peut aller sur l'arête à sa droite (**d**) ou sur l'arête à sa gauche (**g**).

Elle part du sommet B et se dirige vers le sommet F.
Ensuite, elle se dirige en tournant à chaque sommet qu'elle rencontre en suivant les choix : **d**, **g**, **g**, **d**, **g**, **d**, **g**, **d**.

À quel sommet arrive-t-elle ?

MISE EN ROUTE
Jeu de portrait sur les solides : le professeur présente des solides désignés par des lettres. Il en décrit un sans le nommer. Les élèves trouvent lequel.

Construire des cubes et des parallélépipèdes rectangles

Objectifs : étudier les relations d'adjacence sur un patron. Vérifier en construisant les cubes et les parallélépipèdes rectangles. Calculer l'aire d'un parallélépipède rectangle.

DÉCOUVERTE

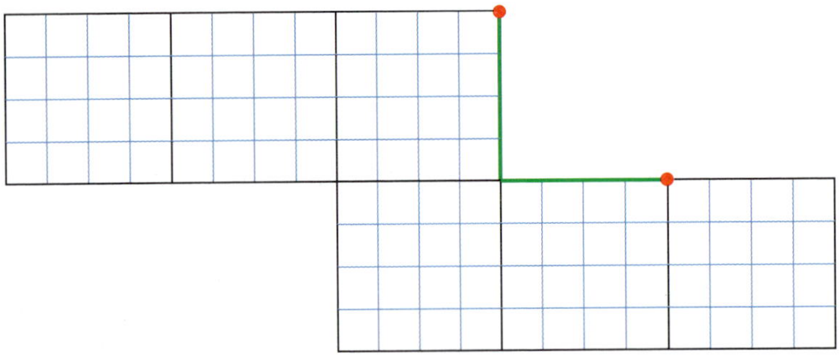

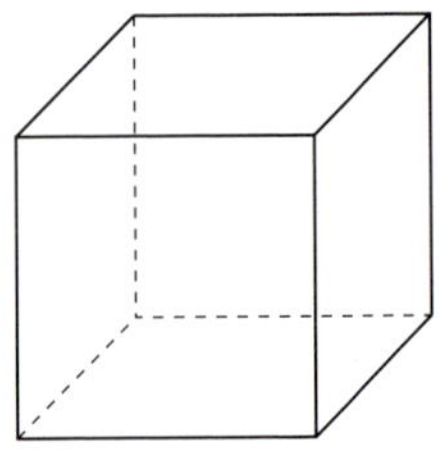

❶ Sur ce patron de cube, les traits verts indiquent les segments qui vont coïncider au montage pour former une arête lorsque le solide sera construit.

Reproduis ce patron sur une feuille quadrillée, puis continue d'indiquer avec d'autres couleurs les segments qui vont coïncider au montage pour former une arête : choisis une couleur différente pour chaque arête.

❷ Les points rouges indiquent les sommets qui vont coïncider lorsque le cube sera construit.

Sur ton patron, continue d'indiquer avec d'autres couleurs les sommets qui vont coïncider au montage.

❸ Vérifie tes prévisions en construisant le cube.

EXERCICES

1 Parmi ces assemblages de carrés, lesquels sont des patrons de cubes ? Explique ta réponse. Vérifie en reproduisant les assemblages sur du papier quadrillé, puis en construisant sommairement le cube.

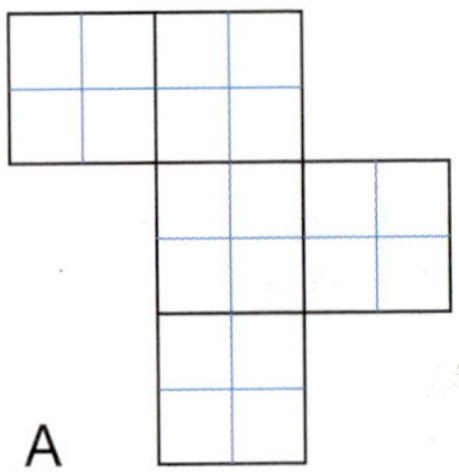

A

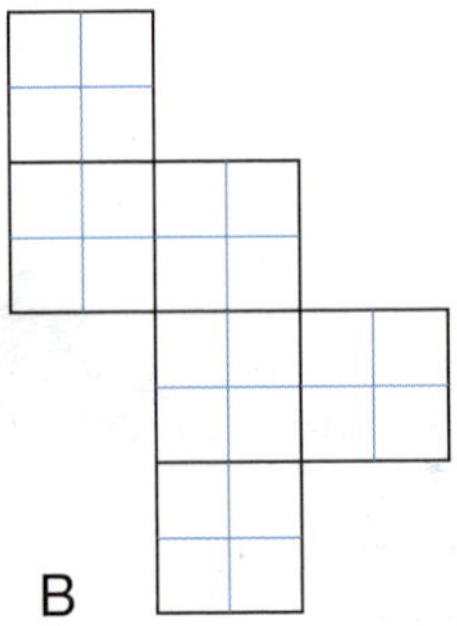

B

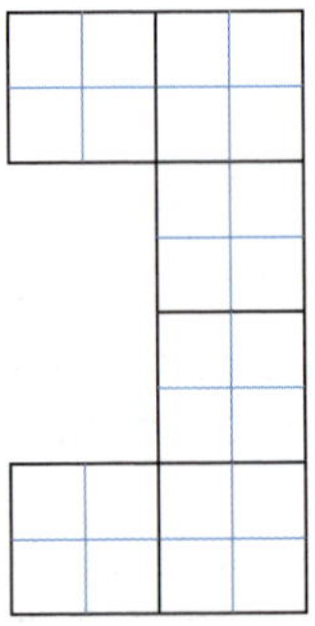

C

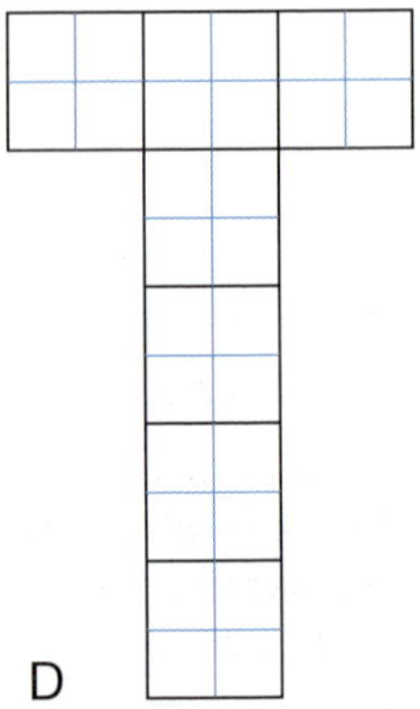

D

2 On veut construire un dé à jouer.
La somme des points inscrits sur deux faces opposées est 7.

- Reproduis ce patron sur du papier quadrillé en doublant les dimensions et continue d'inscrire les points sur chaque face.
- Vérifie ta prévision en découpant le patron et en construisant le dé.

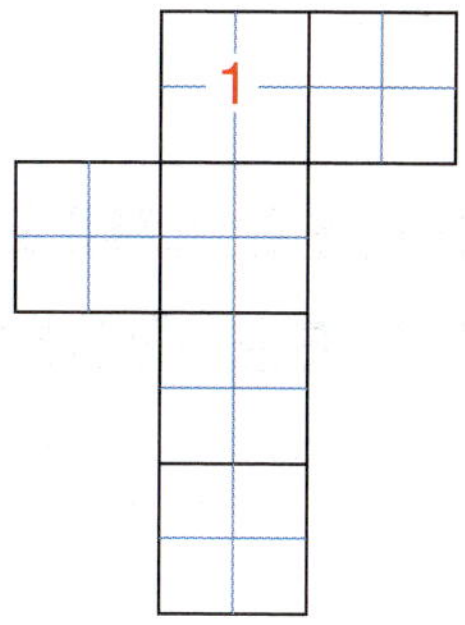

3 Ces patrons de parallélépipèdes rectangles sont incomplets : il manque des faces.

- Reproduis-les sur du papier quadrillé en doublant les dimensions, puis complète-les.
- Vérifie en construisant les parallélépipèdes.

A
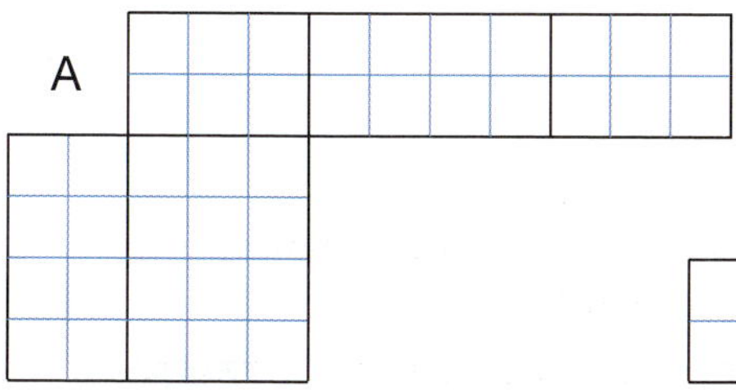

B
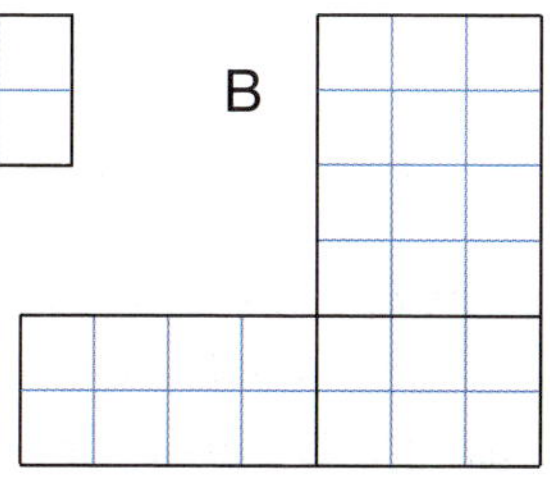

C
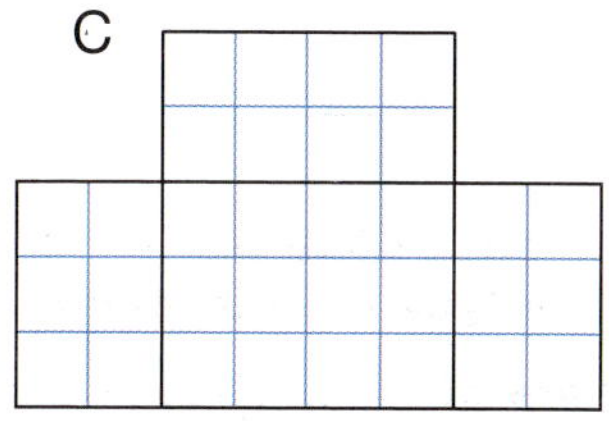

4 Deux faces d'un parallélépipède rectangle sont dessinées.
Construis le patron de ce parallélépipède.

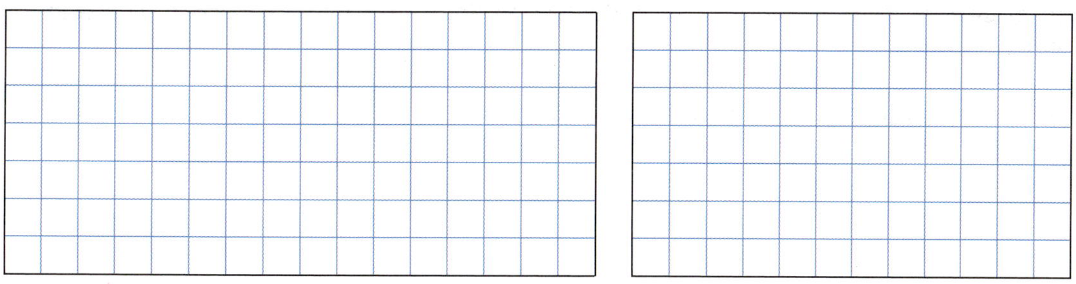

5 **a.** Construis un cube dont la longueur totale des arêtes est 48 cm.

b. Construis un cube dont l'aire totale est 54 cm^2.

6 **a.** Dessine les différentes faces nécessaires pour construire un parallélépipède rectangle de dimensions 12 cm, 5 cm et 10 cm.

b. Quelle est l'aire d'un patron de ce parallélépipède ?

c. Leïla dispose d'une feuille cartonnée rectangulaire de format A4 (21 cm x 29,7 cm).
Cette feuille suffit-elle pour construire en un seul morceau chacune des faces du parallélépipède ?
Si oui, quelle est l'aire de la surface de la feuille qui n'est pas utilisée ?
Sinon, quelle est l'aire de la surface qui manque ?

MISE EN ROUTE
Jeu de portrait sur les solides : le professeur présente des solides désignés par des lettres. Il en choisit un sans dire lequel. Les élèves posent des questions pour le trouver.

Représentation de données : phénomènes statistiques

Objectif : faire apparaître des régularités dans l'étude de quelques phénomènes statistiques.

DÉCOUVERTE

1 Le jeu du scrabble existe dans plusieurs langues.
Voici la valeur des lettres du scrabble en français et en anglais.

	A	B	C	D	E	F	G	H	I	J	K	L	M	N	O	P	Q	R	S	T	U	V	W	X	Y	Z
Français	1	3	3	2	1	4	2	4	1	8	10	1	2	1	1	3	8	1	1	1	1	4	10	10	10	10
Anglais	1	3	3	2	1	4	2	4	1	8	5	1	3	1	1	3	10	1	1	1	1	4	4	8	4	10

a. Compare la valeur des lettres du jeu de scrabble en français et en anglais.

b. Le mot « kiwi » existe en français et en anglais.
Trouve la valeur de ce mot dans le jeu français et dans le jeu anglais.

2 Voici un texte écrit en français et en anglais. Il concerne les animaux en voie de disparition dans l'Union européenne.

Texte en français (314 lettres)

Si tu pensais que la dernière extinction connue était celle des dinosaures, eh bien tu te trompes ! Au cours des dernières décennies, 64 plantes européennes ont disparu ! Le premier mammifère à disparaître à l'entrée dans le nouveau millénaire a été l'ibex pyrénéen. Le dernier survivant de cette sous-espèce, trouvé dans la région des Pyrénées espagnoles, est mort le 6 janvier 2001.

Texte en anglais (248 lettres)

If you think that extinction ended with the dinosaurs, think again !
Over the last few decades, 64 European plants have become extinct ! The first mammal to disappear in the new millennium was the Pyrenean ibex. The last survivor of this sub-species, found in the Spanish alpine region, died on 6 January 2001.

a. Dénombre les fois où les lettres « k » et « w » apparaissent dans chaque texte.

b. Essaie alors d'expliquer pourquoi ces deux lettres n'ont pas la même valeur au jeu du scrabble dans les deux langues.

organisation et gestion de données
13
19
30
45
53
63
69

EXERCICES

1 Voici sous forme de tableaux et d'un graphique les résultats d'une étude. Ils donnent le nombre d'apparitions des lettres en anglais et en français, dans des textes de 10 000 lettres.

ANGLAIS			
a	808	n	738
b	167	o	747
c	318	p	191
d	399	q	9
e	1 256	r	642
f	217	s	659
g	180	t	915
h	527	u	280
i	724	v	100
j	14	w	189
k	63	x	21
l	404	y	165
m	260	z	7

FRANÇAIS			
a	840	n	713
b	106	o	526
c	303	p	301
d	418	q	100
e	1 726	r	655
f	112	s	808
g	127	t	708
h	92	u	574
i	734	v	132
j	31	w	5
k	5	x	45
l	601	y	30
m	296	z	12

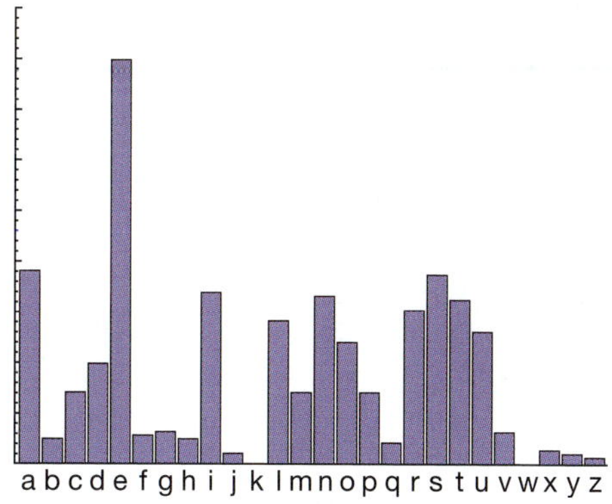

a. En comparant les deux tableaux, les différences constatées dans la découverte à propos des lettres « k » et « w » sont-elles confirmées ?

b. La représentation graphique est celle d'un des deux tableaux, lequel ?

2 En étudiant les tableaux de l'exercice 1, trouve parmi les affirmations suivantes lesquelles sont sans doute fausses, lesquelles sont sans doute vraies, lesquelles sont « risquées ».

a. En français, la lettre « e » est la moins utilisée.

b. En anglais, la lettre « e » est la plus utilisée.

c. La lettre « c » est plus souvent utilisée en anglais qu'en français.

d. La lettre « w » est bien moins utilisée en français qu'en anglais.

3 Pour un nombre de lettres donné, il y a une grande différence entre :
– le nombre de fois où la lettre « s » apparaît dans un texte courant ;
– le nombre de fois où elle apparaît dans les mots définis dans le dictionnaire.

D'après toi, quelle est la raison de cette différence ?

Remue-méninges

Un lipogramme est un texte dans lequel on s'impose de ne pas utiliser une ou plusieurs lettres de l'alphabet. La difficulté d'écrire un lipogramme dépend évidemment des lettres que l'on souhaite éviter : plus ces lettres sont fréquentes dans la langue ordinaire, plus l'exercice est difficile.

Georges Perec a écrit un roman de 300 pages dans lequel ne figure jamais la lettre « e ». Son titre est *La Disparition*, il raconte… l'histoire de la disparition de la lettre « e » !

À ton tour, invente un lipogramme de trois phrases sans utiliser la lettre « a ».

D'autres polyèdres : prismes et pyramides

Objectifs : prévoir les polyèdres obtenus par section d'un cube par un plan. Construire divers polyèdres à partir de leurs faces et étudier les relations d'adjacence.

ACTIVITÉ PRÉPARATOIRE DE DÉCOUVERTE : jeu du cube « coupé » (voir livre du professeur).

DÉCOUVERTE

Qwang, Leïla et Alice disposent de trois cubes identiques de 8 cm d'arête, en polystyrène.
Ils ont coupé chaque cube en deux morceaux avec une scie.
Voici les polyèdres qu'ils ont obtenus.

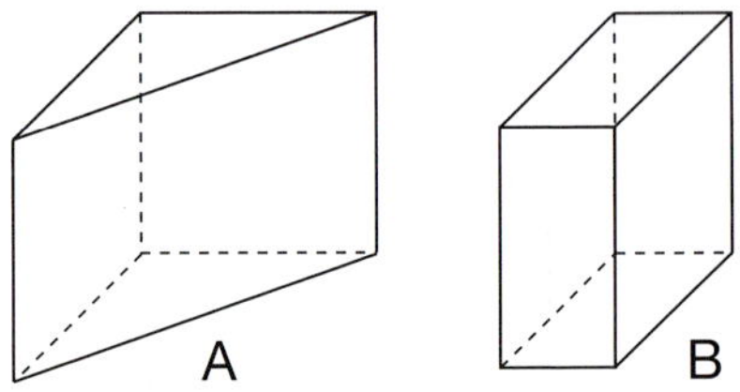

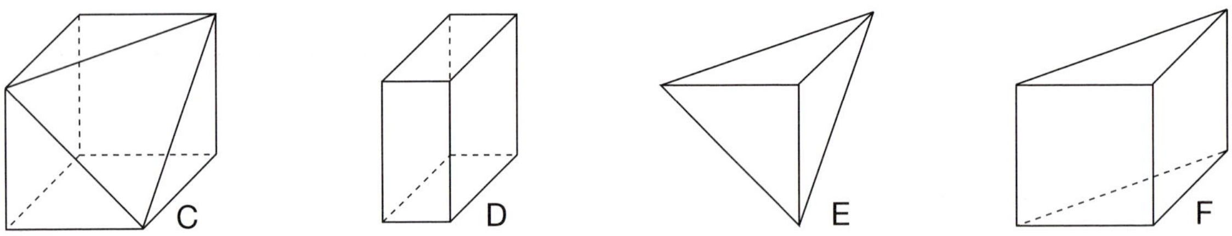

a. Quels polyèdres faut-il assembler pour reconstituer les cubes ? Note tes prévisions et explique comment tu as fait.

b. Qwang a fait les patrons ci-dessous pour les polyèdres E et C. À ton avis, a-t-il réussi ?
Reproduis les patrons sur du papier quadrillé en respectant les dimensions indiquées sur le dessin et, pour vérifier si les patrons sont corrects, construis les polyèdres.

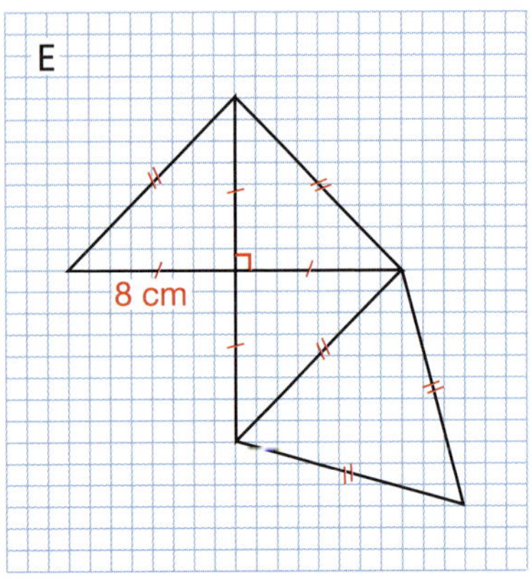

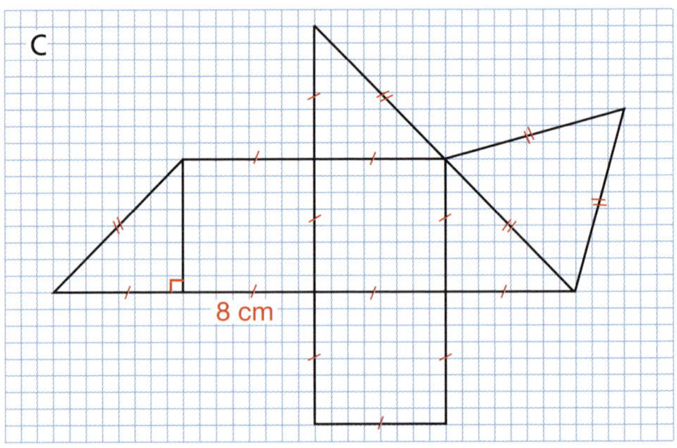

c. Alice a commencé un patron pour le polyèdre A, il manque encore une face. Reproduis le travail d'Alice sur du papier quadrillé en respectant les dimensions indiquées et complète le patron.
Vérifie en construisant le polyèdre.

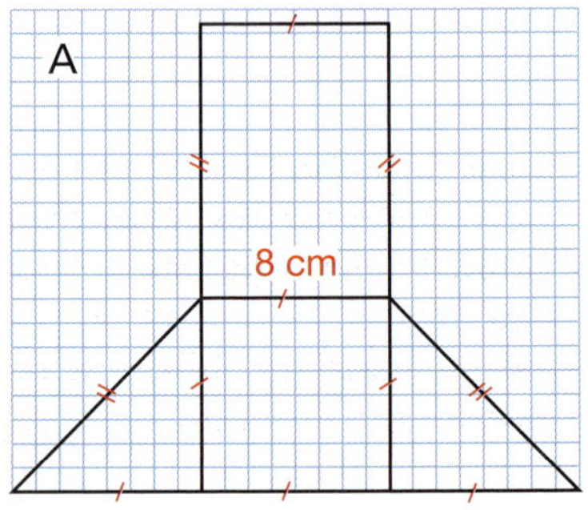

d. Construis le polyèdre B.

e. À l'aide des polyèdres que vous avez construits, vérifie avec ton voisin si les prévisions que vous avez faites à la question **a** sont exactes.

solides
67
68
70

EXERCICES

1 On a coupé un parallélépipède rectangle en deux prismes identiques.
Voici la représentation en perspective d'un de ces prismes et son patron incomplet.

a. Reproduis-le en triplant les dimensions et complète-le.

b. Construis le prisme et, avec ton voisin, assemblez vos deux prismes pour reconstituer le parallélépipède rectangle.

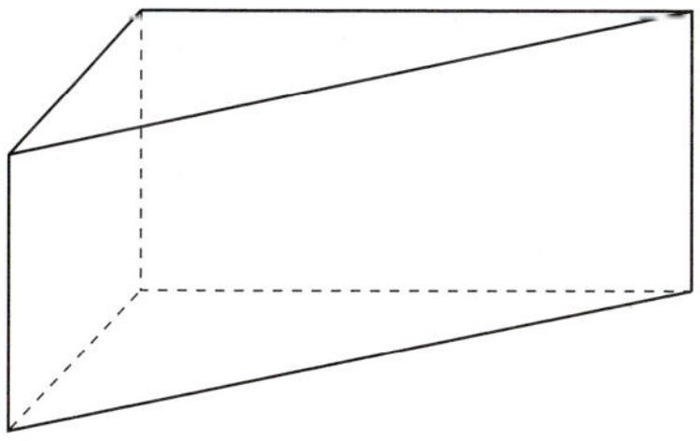

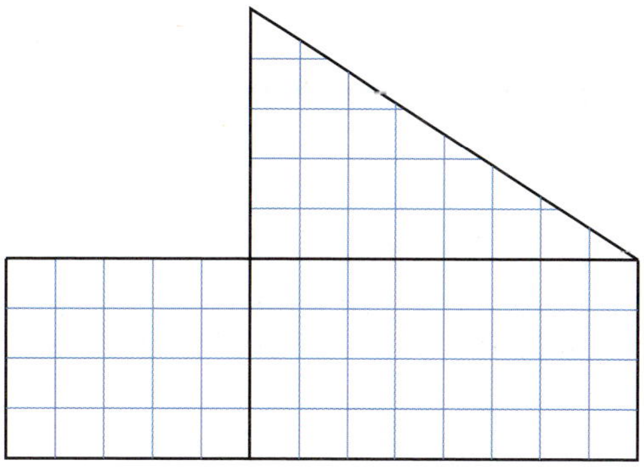

2 Voici une pyramide et son patron incomplet : il manque une face.

a. Trouve la forme de la face manquante.

b. Trouve à quels endroits du patron tu peux placer cette face.

c. Décalque le patron incomplet.
Dessine la face manquante à la place que tu as choisie.
Vérifie en construisant la pyramide.

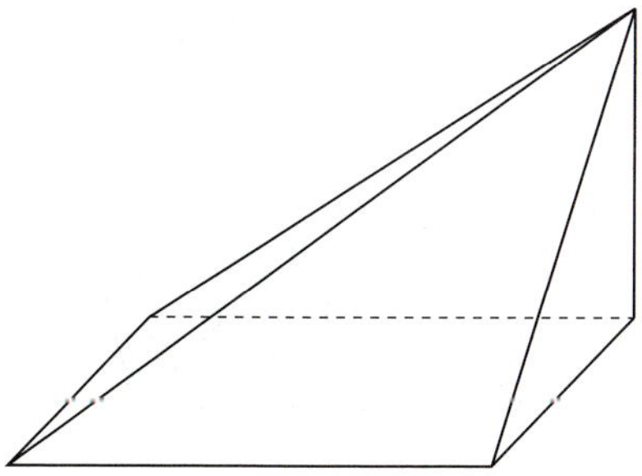

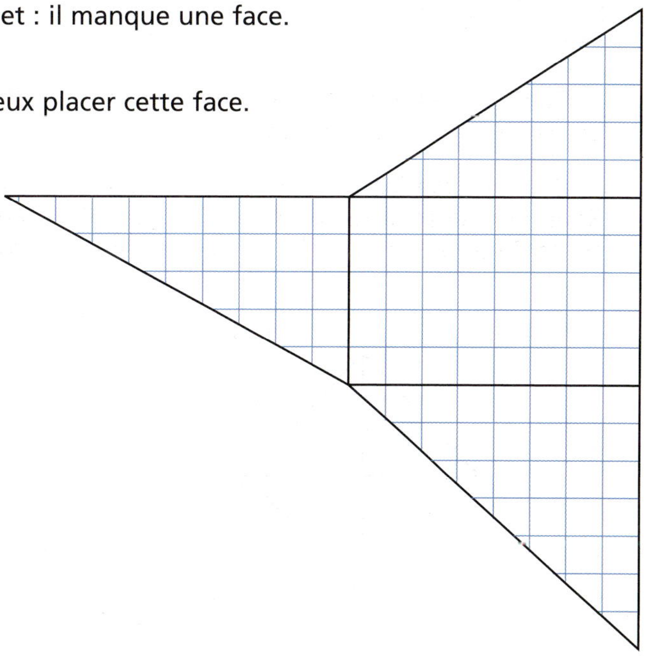

Remue-méninges

Sur ce cube, un chemin a été tracé en rouge sur les faces visibles et en pointillés rouges sur les faces cachées.
Reproduis le patron en prenant 4 cm pour le côté du carré et dessine ce chemin sur ton patron.

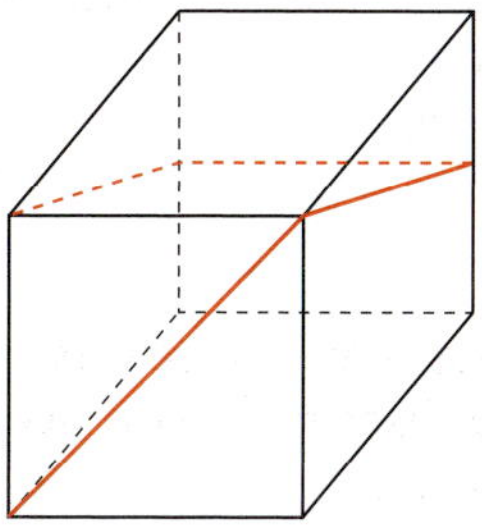

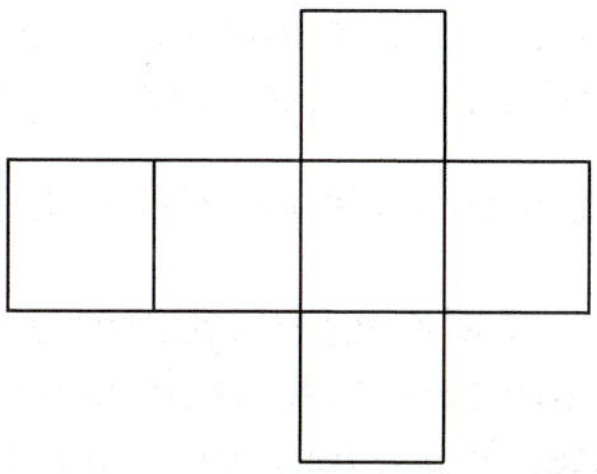

CALCUL MENTAL
Jeu de portait sur les nombres entiers ou décimaux.

Volume du pavé

Objectifs : comprendre le lien entre les notions de volume et de contenance. Se familiariser avec la formule de calcul du volume dans le cas particulier du parallélépipède rectangle, appelé parfois pavé droit.

ACTIVITÉ PRÉPARATOIRE DE DÉCOUVERTE : transvasement de sable ou d'eau dans divers contenants dont des pavés droits, remplissage de différentes boîtes avec des cubes unités.

DÉCOUVERTE

Voici une boîte de sucre dont on a déchiré le carton pour voir comment sont disposés les morceaux.

1 **a.** Combien y a-t-il d'étages ?

b. Combien y a-t-il de morceaux de sucre sur un étage ?

c. Combien y a-t-il de morceaux quand la boîte est pleine ?

2 Ont-ils raison ?

3 **a.** Avec la formule donnée par le furet, calcule le volume en cm^3 de la boîte de sucre.

Compare ce nombre avec le nombre de morceaux de sucre que tu as trouvé à la question **1 c**.

b. Calcule le volume des boîtes de Théo et d'Alice.

4 **a.** Combien de morceaux de sucre (cubes d'arête 1 cm) sont nécessaires pour remplir un cube d'arête 1 dm ?

b. Quel est le volume de ce cube ?

c. Complète l'égalité : $1\ dm^3 = \dots\ cm^3$.

EXERCICES

1 Une malle parallélépipédique a pour dimensions 90 cm, 60 cm et 50 cm.
Quel est son volume ?

2 Le volume d'une boîte parallélépipédique est 1 260 cm^3 ; le fond est un rectangle de 12 cm sur 15 cm.
Quelle est la hauteur de la boîte ?

3 a. Combien de cubes d'arête 1 cm sont nécessaires pour remplir un cube d'arête 1 m ?
b. Le volume d'un cube d'arête 1 m est 1 m^3. Complète l'égalité : 1 m^3 = … cm^3.

4 Complète. Tu peux t'aider du tableau de conversion.
a. 1 dm^3 = … cm^3 1 cm^3 = … dm^3
b. 1 m^3 = … dm^3 1 dm^3 = … m^3
c. 1 cm^3 = … mm^3 1 mm^3 = … cm^3

m^3	dm^3	cm^3	mm^3
000	001	000	000
000	000	001	000

5 Quel est le volume d'un récipient qui contient $\frac{1}{2}$ L ?

6 a. Combien de litres sont contenus dans un récipient qui a un volume de 1 m^3 ?
b. Complète le tableau.

Volume	1 m^3	1 dm^3	1 cm^3	1 mm^3
Contenance	… L	… L	… cL	… mL

7 Quelle est la contenance en litres d'une boîte parallélépipédique de dimensions 30 cm, 5 cm, 10 cm ?

8 Un flacon contient 25 cL de liquide.
Quel est son volume en cm^3 ?

9 Une piscine municipale mesure 25 mètres de long, 10 de large et a une profondeur constante de 1,5 mètres. Un m^3 d'eau pèse une tonne (1 000 kg).
Quel est la masse d'eau totale, en tonnes ?

10 Un semi-remorque pèse 3,75 tonnes.
À combien de semi-remorques la masse d'eau de la piscine de l'exercice 9 correspond-elle ?

Remue-méninges

On a placé deux aquariums cubiques dans un jardin. L'arête du premier mesure 30 cm, l'arête du second mesure 20 cm.
Après une forte averse, la hauteur d'eau dans le premier aquarium est 4 cm.
Quelle est la hauteur d'eau dans le second ?

Ce que je suis capable de faire

1

10 objets identiques coûtent 24 €.

Combien coûtent 15 de ces objets ?

2

14 objets identiques coûtent 35 €.

Combien coûtent 21 de ces objets ?

3

8 objets identiques ont une masse de 480 g.

Quelle est la masse de 9 de ces objets ?

4

Sur 200 adhérents d'un club de sports, 30 font du judo.

Quel pourcentage d'adhérents cela représente-t-il ?

5

Quelles sont les masses de spaghettis, de tomates et de viande de bœuf contenues dans ce plat pour 1 personne ?

6

a. Pour pouvoir reproduire la figure A sans la décalquer, cherche ses propriétés.
Reproduis-la.
Explique comment tu as fait.

b. Fais de même avec la figure B.

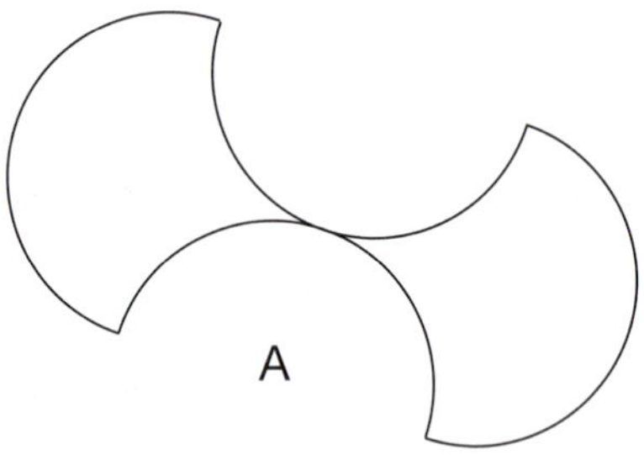

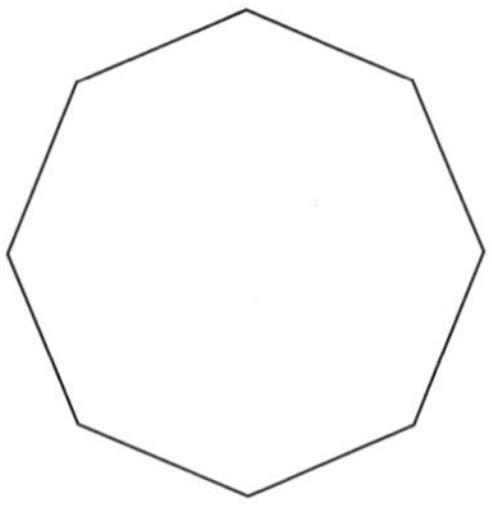

7

Écris la fiche d'identité : a. du cube b. du parallélépipède rectangle

8

Voici le dessin d'un parallélépipède rectangle.
On ne voit pas tous les sommets du parallélépipède.
Combien de sommets ne sont pas visibles ?

On ne voit pas toutes les arêtes du parallélépipède.
Combien d'arêtes ne sont pas visibles ?

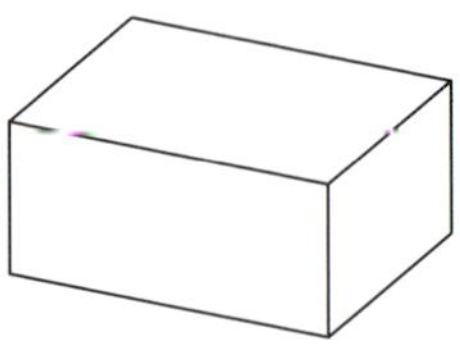

9

Le patron du cube est incomplet. Reproduis-le en doublant les dimensions et complète-le.

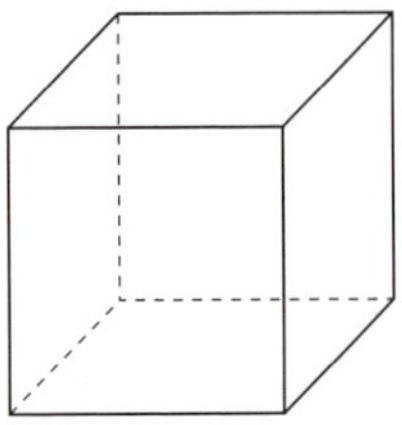

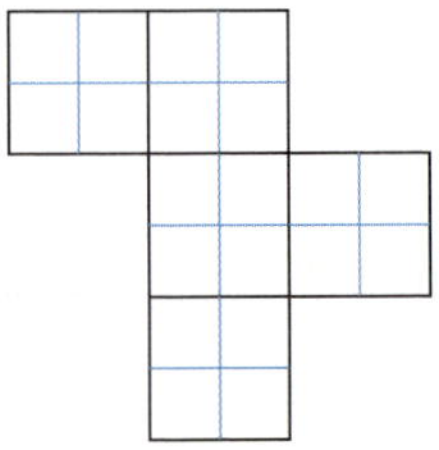

Calcul automatisé, calcul réfléchi

Objectif : effectuer, mentalement ou avec l'aide de l'écrit, des calculs sur des nombres entiers en utilisant de façon implicite les propriétés des nombres et des opérations.

1 Calcule les produits :

a.	b.	c.	d.	e.	f.
15 × 11	15 × 9	14 × 12	14 × 15	13 × 21	13 × 19
25 × 11	25 × 9	25 × 12	25 × 15	25 × 21	25 × 19
37 × 11	37 × 9	31 × 12	31 × 15	32 × 21	32 × 19
42 × 11	42 × 9	45 × 12	45 × 15	46 × 21	46 × 19
75 × 11	75 × 9	72 × 12	72 × 15	53 × 21	53 × 19

2 Calcule le quotient entier et le reste de chaque division :

a. 150 divisé par 5 — 65 divisé par 5 — 75 divisé par 5 — 80 divisé par 5
154 divisé par 5 — 62 divisé par 5 — 74 divisé par 5 — 83 divisé par 5

b. 36 divisé par 2 — 72 divisé par 2 — 94 divisé par 2 — 150 divisé par 2
37 divisé par 2 — 71 divisé par 2 — 95 divisé par 2 — 149 divisé par 2

c. 68 divisé par 10 — 106 divisé par 10 — 170 divisé par 10 — 1 315 divisé par 10

d. 150 divisé par 50 — 560 divisé par 50 — 950 divisé par 50 — 1 200 divisé par 50

e. 140 divisé par 20 — 560 divisé par 20 — 930 divisé par 20 — 1 600 divisé par 20

3 Cherche au moins trois décompositions multiplicatives possibles des nombres :

72 64 56 75 81 100

Exemple : 72 = 8 × 9 72 = 2 × 6 × 6 72 = 3 × 24 72 = 2 × 3 × 3 × 4 etc.

4 Calcule :

a. le double de :	120	82	95	135	360
b. la moitié de :	160	220	250	350	470
c. le quadruple de :	30	35	49	56	230
d. le quart de :	72	120	180	260	412
e. le triple de :	15	200	45	250	12
f. le tiers de :	60	240	75	99	102

5 **a.** Calcule : 8 074 825 + 9 999 999 4 053 207 – 2 000 001 49 999 × 5

b. Donne le quotient entier et le reste de 43 237 divisé par 1 000.

calcul automatisé, calcul réfléchi

72

CALCUL MENTAL
Jeu de mémoire : le professeur écrit quatre nombres décimaux, puis les cache. Après dix secondes, il cite deux entiers consécutifs. Les élèves écrivent les nombres cachés qui sont situés entre les deux entiers.

Les différents quotients : entier ou décimal, exact ou approché

Objectif : identifier les situations dans lesquelles il faut utiliser la division euclidienne et celles dans lesquelles il faut chercher un quotient décimal exact ou approché. Réfléchir aux approximations pertinentes.

DÉCOUVERTE

1 On répartit équitablement 15 L d'eau dans 11 récipients.

a. Trouve, selon ta méthode, la quantité d'eau, au centilitre près, que l'on doit verser dans chaque récipient.

b. Voici comment Théo et Alice résolvent le problème :

1 5	1 1
− 1 1	1
4 0	$+ \frac{3}{10}$
− 3 3	
7	
−	+ ....

Termine le travail des enfants et compare avec ta méthode.

c. Donne le résultat sous forme décimale en prenant le litre comme unité.
▸ Le nombre que tu as obtenu s'appelle le quotient approché au centième près par défaut de 15 divisé par 11.

d. Quelle est la quantité d'eau qui n'a pas encore été répartie dans les récipients ?

2 Résous les deux problèmes ci-dessous.
Dans quel cas le partage du reste a-t-il un sens ? Dans ce cas, donne le quotient décimal approché au millième près par défaut.

Problème 1. Avec 150 mètres de ficelle on veut faire 33 morceaux de même longueur les plus longs possibles. Trouve la longueur de chaque morceau.

Problème 2. On répartit 150 cL d'eau dans des bouteilles contenant 33 cL.
Combien de bouteilles seront pleines ?

EXERCICES

1 Pour chacun des nombres : 3,456 17,52 108,46 7,06 12,034

a. donne la valeur approchée au dixième près par défaut ;

b. donne la valeur approchée au dixième le plus proche.

2 À l'aide de ta calculatrice, effectue la division de 1 071 par 84.

Utilise ce qui est affiché pour trouver le quotient décimal exact ou approché au centième près par défaut.

3 À l'aide de ta calculatrice, effectue la division de 870 par 17.

Utilise ce qui est affiché pour trouver le quotient décimal exact ou approché par défaut au centième près.

4 Peut-on partager équitablement 395 € :

a. entre 5 personnes ?

b. entre 4 personnes ?

c. entre 7 personnes ?

5 Martin dispose de 750 g de graines de capucines. Il prépare des sachets qui doivent contenir 18 g de graines.

a. Combien de sachets lui faut-il ?
b. Quelle masse de graines manque-t-il pour remplir le dernier sachet ?

6 Avec 4 litres de jus d'orange, Victor remplit 26 verres identiques.

Quelle quantité de jus d'orange contient chaque verre ? Donne le résultat au centilitre le plus proche.

7 Combien de verres de 26 cL peut-on remplir avec 4 litres de jus d'orange ?

8 On verse 100 g de poudre de cannelle dans des flacons. Chaque flacon doit contenir 15 g de cannelle.

Combien de flacons peut-on remplir ?

9 On veut répartir équitablement 360 g de paprika dans 25 sachets identiques.

Quelle masse de paprika y aura-t-il dans chaque sachet ?

10 Le prix d'un voyage scolaire est estimé à 34 € par élève.

Avec une subvention de 1 000 €, combien d'élèves pourraient participer au voyage ?

11 Un voyage scolaire pour les 48 élèves de l'école Anne Frank a coûté 1 560 €.

Quel est le coût de ce voyage scolaire pour un élève ?

12 **a.** Effectue les divisions et donne les quotients exacts ou approchés par défaut au centième près.

146	8

18	7

306	24

b. Effectue les divisions et donne les quotients exacts ou approchés par défaut au millième près.

165	26

91	8

341	6

73

CALCUL MENTAL
Jeu de mémoire : le professeur écrit cinq nombres entiers ou décimaux, puis les cache. Après dix secondes, les élèves écrivent les nombres obtenus en multipliant par 10 (par 100) les nombres cachés.

Division d'un nombre décimal par un nombre entier

Objectif : comprendre que la division avec un dividende décimal prolonge la division décimale de deux nombres entiers.

DÉCOUVERTE

Qwang a effectué 3 tours du parcours VTT du parc. Le compteur de son vélo montre qu'il a effectué 4,25 km.

1 **a.** D'après toi, ce parcours fait à peu près 1 km, 1,4 km ou 12 km ?
b. Trouve, à ta façon, la longueur la plus exacte possible du parcours.

2 Théo et Leïla et Alice veulent connaître la longueur la plus exacte possible du parcours.

$1,3 \times 3 = 3,9$
$1,4 \times 3 = 4,2$
$1,5 \times 3 = 4,5$
$1,42 \times 3 = 4,26$

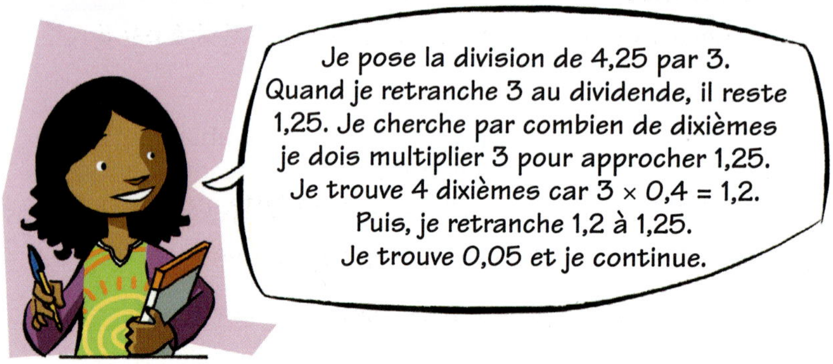


```
  4, 2 5 | 3
– 3      |------
  1, 2 5 | 1, 4...
– 1, 2   |
  0, 0 5 |
  .......|
```

a. Termine le travail de chaque enfant et compare avec ta méthode.
b. Donne le résultat en mètres, puis en kilomètres.
c. Complète l'écriture en ligne de la division de 4 250 par 3 puis celle de la division de 4,25 par 3 qui donne le quotient approché au centième près par défaut.

3 Tape sur ta calculatrice [4] [.] [2] [5] [÷] [3]. À l'aide de l'affichage obtenu, donne la longueur du parcours au décimètre près par défaut.

4 Qwang a effectué la division de 18,42 par 7, il écrit :

- 18,42 = (7 × 2,6) + 0,22 et conclut que 2,6 est le quotient décimal au dixième près par défaut ;
- 18,42 = (7 × 2,63) + 0,01 et conclut que 2,63 est le quotient décimal au centième près par défaut.

Effectue la division de 18,42 par 7 et vérifie les conclusions de Qwang.

EXERCICES

Dans les exercices, tu effectueras les divisions avec la technique usuelle, comme Leïla.

1 Effectue les divisions suivantes jusqu'au centième :

a. 12,5 divisé par 5
12,7 divisé par 5

b. 24,5 divisé 3
120,6 divisé par 3

c. 58,5 divisé par 12
34,2 divisé par 12

Pour chaque division, précise si tu obtiens un quotient décimal exact ou non.

2 a. Calcule le quotient de 85,4 divisé par 6 au centième près par défaut.

b. Prévois ce que l'on trouverait si on continuait la division ?

3 L'école Pablo Neruda a recueilli 2 357,5 € pour un voyage scolaire qui concerne les 52 élèves du CM2.

a. L'école peut-elle attribuer à chaque élève à peu près 2 400 € ? 54 € ? 45 € ?

b. Trouve la somme attribuée à chaque élève au centime d'euros près par défaut.

4 a. Calcule le quotient de 142 divisé par 6 au centième près par défaut.

b. Prévois ce que ta calculatrice va afficher lorsque tu lui commanderas cette division ?

c. En utilisant le calcul précédent, peux-tu prévoir si le quotient de 142,8 divisé par 6 sera exact ou approché ?

5 a. Prévois ce qui va s'afficher si l'on tape [1] [2] [0] [÷] [6] sur la calculette, puis vérifie.

b. Prévois ce qui va s'afficher si l'on tape [1] [÷] [3] sur la calculette, puis vérifie.

c. Prévois ce qui va s'afficher si l'on tape [2] [÷] [5] sur la calculette, puis vérifie.

6 Trois familles se partagent équitablement 5,250 kg de crevettes.

Quelle est la masse de chaque part ?

7 15 personnes se sont partagé équitablement des bouteilles de jus de fruit.
Chacune en a reçu 4,5 litres.

Combien de litres de jus de fruits y avait-il avant le partage ?

8 Aux 24 heures du Mans, le vainqueur 2007 a parcouru 5036,85 kilomètres en 369 tours.

Quelle est la longueur d'un tour du circuit ?

74

CALCUL MENTAL
Jeu de mémoire : le professeur écrit cinq nombres entiers ou décimaux, puis les cache. Après une dizaine de secondes, les élèves écrivent les nombres obtenus en divisant par 10 (par 100) les nombres cachés.

Les échelles : réduction, agrandissement

Objectifs : utiliser la proportionnalité et ses propriétés dans des situations de réduction ou d'agrandissement. Comprendre la notion d'échelle.

DÉCOUVERTE

A Réduction

1 Dans sa collection de voitures miniatures anciennes, Leïla a une DS 19 Citroën dont voici une photo.

Cette voiture miniature mesure 11,2 cm de long sur 3,4 cm de haut.

• Quelles sont les dimensions réelles de la DS 19 ?

2 Actuellement, on trouve des reproductions de voitures à l'échelle 1/18.

a. Une DS 19 reproduite à l'échelle 1/18 est-elle plus grande ou plus petite que celle de Leïla ?

b. Trouve les dimensions au millimètre près par défaut de la DS 19 à l'échelle 1/18.

B Agrandissement

Dans les cellules animales et végétales, on trouve des chromosomes. Sur cette photo, on voit un chromosome X à droite et un chromosome Y à gauche, à l'échelle × 11 500.

• Un chromosome mesure-t-il moins de 1 mm, plus de 1 mm, plus de 1 cm ?

EXERCICES

1 Trouve la longueur réelle du segment [MN] en utilisant les échelles suivantes. Donne à chaque fois cette longueur dans l'unité qui convient.

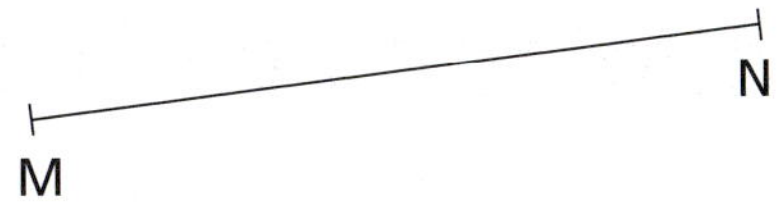

a. 1/100
b. × 100
c. 1/25 000
d. × 25
e. 1/50 000
f. × 1 000
g. 1/200 000
h. × 10 000

2 Sur une carte, l'échelle est 1/200 000. Recopie et complète le tableau.

Distance sur la carte	1 cm	12 cm	0,5 cm	6 mm		
Distance réelle					15 km	200 m

3 a. Reproduis ce triangle en le réduisant : le segment qui mesure 5 cm sur le modèle doit mesurer 2 cm sur la figure réduite.

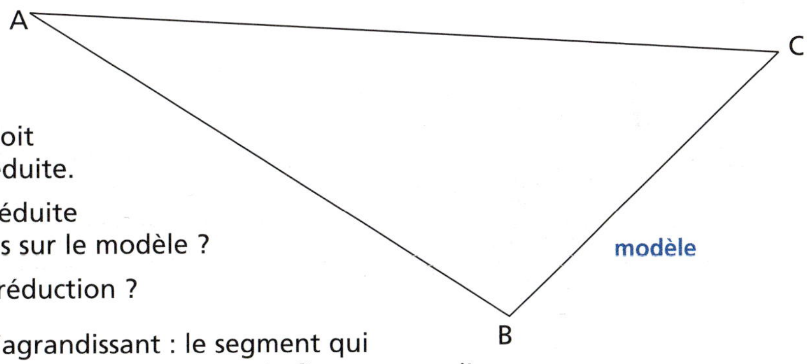

Combien 1 cm sur la figure réduite représente-t-il de centimètres sur le modèle ?

Quelle est l'échelle de cette réduction ?

b. Reproduis ce triangle en l'agrandissant : le segment qui mesure 5 cm sur le modèle doit mesurer 8 cm sur la figure agrandie.

Combien 1 cm sur la figure agrandie représente-t-il de centimètres sur le modèle ?

Quelle est l'échelle de cet agrandissement ?

4 La pile P2 (la deuxième à partir de la droite) du viaduc de Millau s'élève à 336 m au-dessus du niveau du sol.

a. Combien 1 cm sur la photo représente-t-il en réalité ? Quelle est l'échelle approximative de cette photo ?

b. La tour Eiffel mesure 320 m de haut. Si on la dessinait sur la photo à coté de la pile P2 et à la même échelle, où arriverait-elle ?

c. Si on dessinait les tours de Notre-Dame de Paris à la même échelle, elles arriveraient au cinquième de la hauteur de la pile P2. Quelle est la hauteur de ces tours ?

CALCUL MENTAL
Jeu de mémoire : le professeur écrit cinq nombres décimaux, puis les cache. Après une dizaine de secondes, les élèves écrivent leurs valeurs approchées au dixième (au centième) près par défaut.

Les échelles : plans et cartes

Objectif : utiliser la proportionnalité et ses propriétés pour comprendre des informations sur des plans et des cartes.

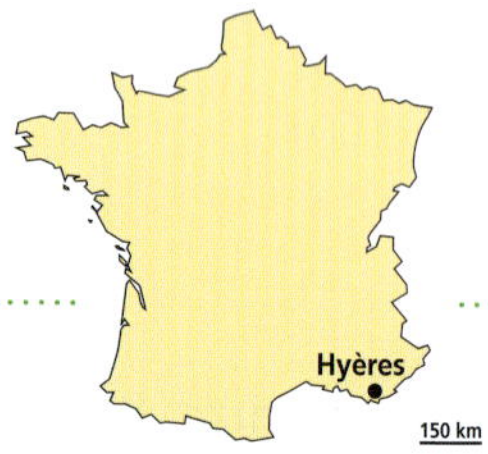

DÉCOUVERTE

Sur cette carte, on voit en pointillés le parcours des bateaux qui font la liaison entre la côte et plusieurs îles de la Méditerranée.

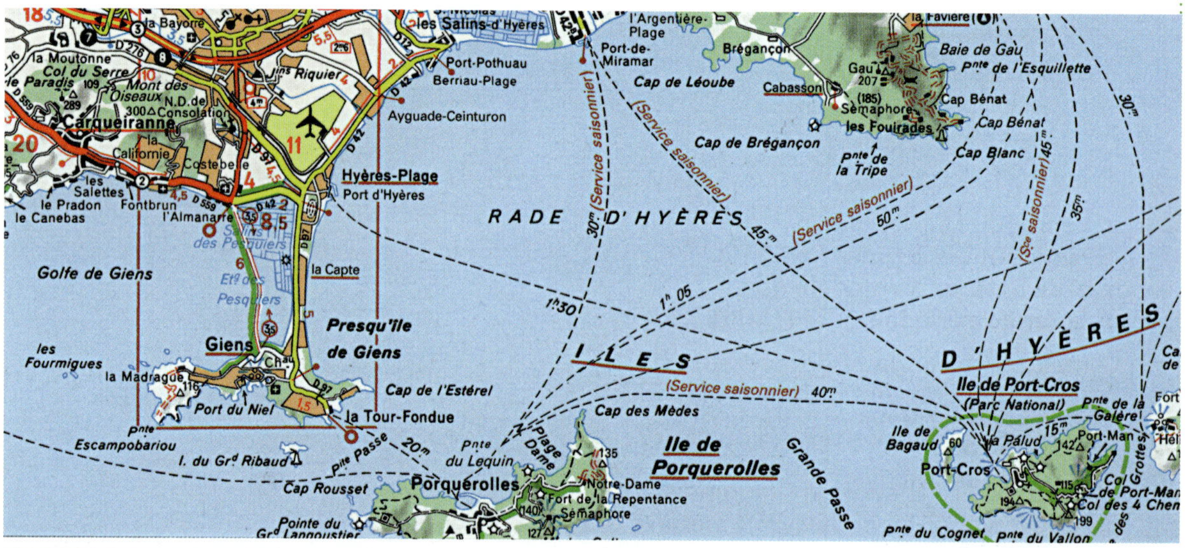

1 : 200 000 1 cm = 2 km

❶ Sur la carte, on lit 1 : 200 000 et 1 cm = 2 km.
Trouve ce que signifie le signe = . Compare ces deux informations.

❷ **a.** Quelle est la distance parcourue par les bateaux entre Hyères-Plage et Port-Cros ?

b. Quelles sont les informations que tu as prises sur le document ? Comment les as-tu utilisées ?

❸ **a.** Sur la carte, on peut lire la durée de la traversée. Quelle est cette durée ?

b. Déduis-en la vitesse moyenne du bateau sur ce parcours.

EXERCICES

1 L'Institut géographique national (IGN) propose des cartes à différentes échelles, 1/25 000 ou 1/100 000 par exemple.

a. Pour effectuer une randonnée à pied, laquelle de ces deux échelles faut-il choisir si l'on veut avoir le plus de détails possible ?

b. L'itinéraire d'une promenade prévue sur la carte au 1/25 000 mesure 30 cm. Combien de kilomètres cette promenade fera-t-elle ?

2 Sur cette carte qui représente une partie de la ville de Besançon, une indication doit te permettre de retrouver l'échelle.

Quelle est l'échelle de cette carte ?

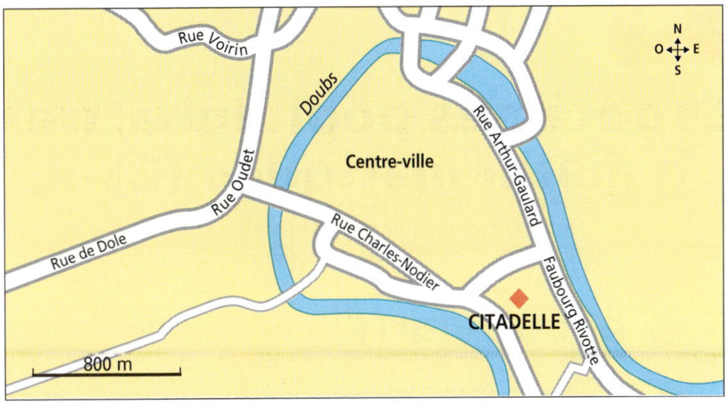

3 Voici un plan d'un quartier de Paris et une vue aérienne d'une partie de ce quartier.

Lorsque la photo a été prise, l'hélicoptère se trouvait à la verticale de l'hôtel de Sully.

a. Place une feuille de papier calque sur la photo aérienne et indique où se trouvent :
- la place des Vosges ;
- le square Louis XIII ;
- la rue de Turenne ;
- l'école primaire ;
- la maison de Victor Hugo.

b. Cherche sur le plan l'indication qui te permet de trouver l'échelle.
Quelle est cette échelle ?

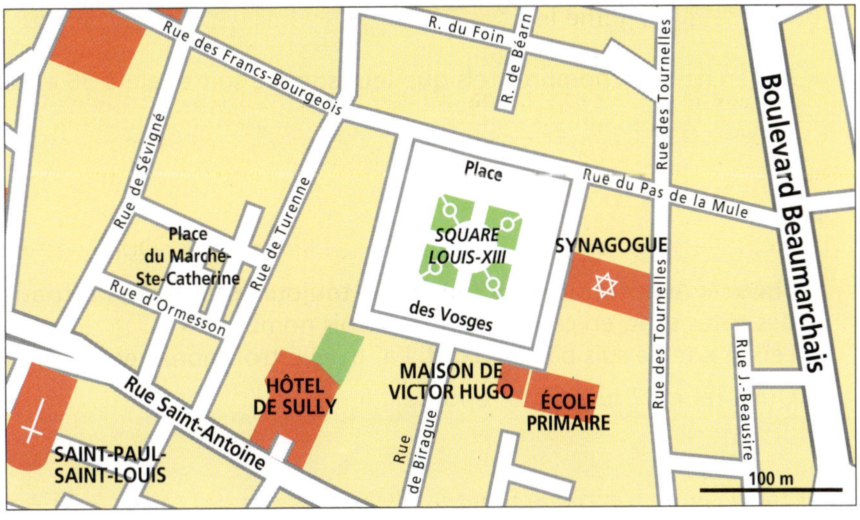

c. En partant de la place du Marché-Sainte-Catherine, un promeneur prend la rue d'Ormesson, la rue de Turenne, tourne à droite, fait le tour de la place des Vosges jusqu'à la rue du Pas de la Mule qu'il emprunte. Il s'arrête au coin du boulevard Beaumarchais.

Quelle distance a-t-il parcourue approximativement ?

CALCUL MENTAL
Calcul réfléchi : le professeur propose plusieurs opérations avec les nombres entiers ou décimaux à calculer mentalement (ex. : 21×6 ; 39×4 ; $17 \times 0,5$; $65 \times 0,2$).

Problèmes pour débattre en mathématiques (2)

Objectif : apprendre à argumenter en mathématiques : chercher à généraliser à partir d'exemples, trouver des contre-exemples, prendre en compte les propositions des autres élèves.

DÉCOUVERTE

1

Quels sont les deux nombres d'Alice ? et ceux de Théo ?

2

Es-tu d'accord avec Qwang ? Explique ta réponse.

3 Cherche deux nombres tels que leur somme soit égale à 36 et leur différence soit égale à 5.

EXERCICES

1 Théo : « Avec trois nombres, je peux toujours construire un triangle dont les mesures des côtés sont, en centimètres, ces trois nombres. »
Leïla : « Je ne suis pas d'accord, j'ai trouvé trois nombres pour lesquels ce n'est pas possible. »
Qui a raison ? Justifie ta réponse.

2
a. Cherche trois nombres entiers consécutifs dont la somme est 99.
b. Cherche trois nombres entiers consécutifs dont la somme est 3 429.
c. Cherche trois nombres entiers consécutifs dont la somme est 56.
d. Donne des nombres qui sont la somme de trois nombres entiers consécutifs et des nombres qui ne peuvent pas être la somme de trois nombres entiers consécutifs. Justifie ta réponse.

77

CALCUL MENTAL
Jeu des dominos oraux : calculs additifs, soustractifs, multiplicatifs sur les entiers ou les décimaux.

Produit de dixièmes par des dixièmes

Objectif : donner du sens au produit de $\frac{1}{10}$ par $\frac{1}{10}$.

DÉCOUVERTE

1 Voici un carré unité.

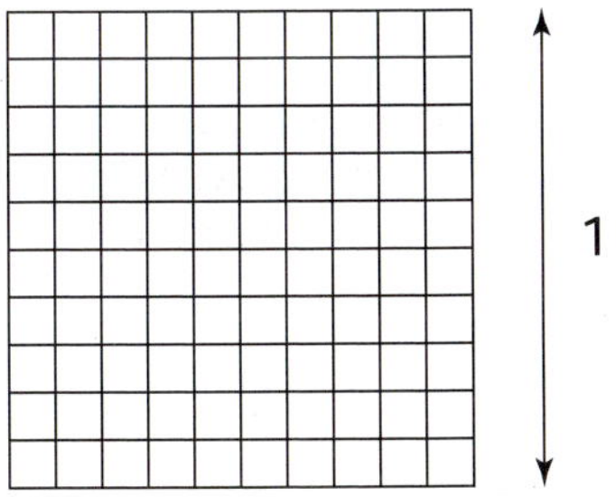

a. Quelle est l'aire de ce carré ?
Alice dit : « En comptant le nombre total de petits carrés contenus dans le carré unité, je peux calculer l'aire d'un petit carré. »
Es-tu d'accord ?

b. Quelle est la mesure d'un côté d'un petit carré ?

Quelle valeur doit-on alors donner au produit $\frac{1}{10} \times \frac{1}{10}$?

c. Écris ce produit sous forme décimale : 0,1 × 0,1 = …

2 Quelle est l'aire de chacune des figures coloriées dans le carré unité ?

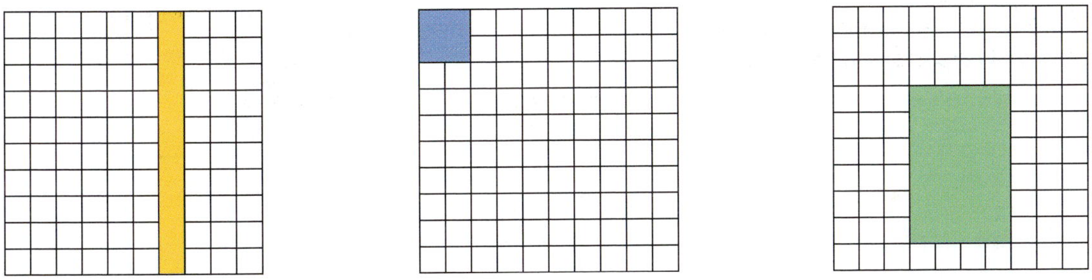

3 Leïla dit : « Quand on multiplie un nombre par 10, le produit est 10 fois plus grand. Quand on multiplie un nombre par 0,1, le produit est 10 fois plus petit. »

a. Es-tu d'accord avec elle ?

b. Calcule : 2,3 × 10 et 2,3 × 0,1.

EXERCICES

1 Calcule :

a. $\frac{1}{10} \times \frac{8}{10}$ **b.** $\frac{5}{10} \times \frac{1}{10}$ **c.** $\frac{1}{10} \times \frac{4}{10}$ **d.** $\frac{9}{10} \times \frac{1}{10}$ **e.** $\frac{2}{10} \times \frac{6}{10}$ **f.** $\frac{3}{10} \times \frac{5}{10}$

2

a. 0,1 × 0,6
0,4 × 0,1
0,7 × 0,1

b. 0,9 × 0,3
0,4 × 0,5
0,6 × 0,8

3

a. 4,2 × 0,1
7,5 × 0,1
0,1 × 4,8

b. 14,3 × 0,1
0,1 × 28,7
156,7 × 0,1

Produit de deux nombres décimaux

Objectif : donner du sens au produit de deux nombres décimaux et mettre en place une technique de calcul.

DÉCOUVERTE

Un rectangle bleu est dessiné sur un quadrillage.
Chaque carreau du quadrillage est lui-même quadrillé en 100 petits carreaux.
On veut calculer l'aire du rectangle bleu.

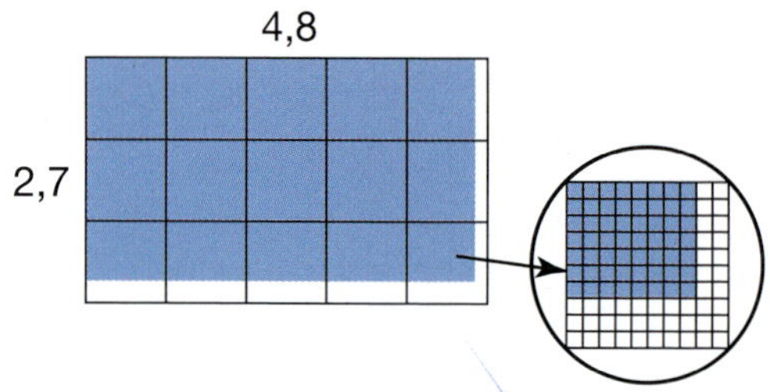

1 **a.** En te servant de la figure et en prenant le grand carreau comme unité, encadre la mesure de l'aire du rectangle bleu entre deux nombres entiers.

b. Calcule l'aire du rectangle bleu à ta façon.

2 **a.** **Théo** calcule cette aire de la façon suivante : il partage le rectangle en 4 rectangles de différentes couleurs et cherche l'aire de chaque rectangle en s'aidant du quadrillage.

- Calcule l'aire du rectangle vert, du rectangle jaune, du rectangle violet, du rectangle orange.
- Trouve ensuite l'aire totale du rectangle.

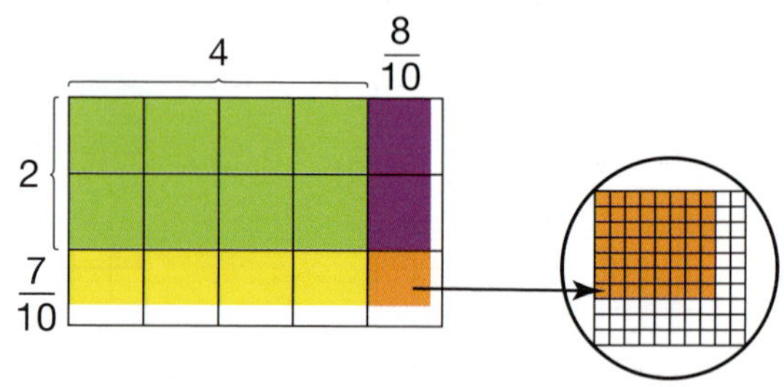

b. **Qwang** fait un plan de découpage. Termine son calcul.

	4	$\frac{8}{10}$
2	......	......
$\frac{7}{10}$	......	......

4,8 × 2,7 = ...

c. **Leïla** propose la multiplication en colonne, pas à pas :

```
        4, 8
×       2, 7
-------------
..............  ← 0,7 × 0,8
..............  ← 0,7 × 4
..............  ← 2 × 0,8
..............  ← 2 × 4
-------------
..............  ← 4,8 × 2,7
```

- Termine son calcul.

d. **Alice** utilise la technique usuelle.

```
      4, 8
  ×   2, 7
----------
    3 3 6
    9 6 0
----------
  1 2, 9 6
```

- Effectue la multiplication de 5,6 par 3,4 en utilisant la méthode d'Alice.

EXERCICES

1 **a.** Le produit 14,2 × 12,7 est-il plus proche de 14 × 12 ou de 142 × 127 ?
Calcule 14,2 × 12,7.

b. Le produit 25,2 × 10,25 est-il plus proche de 25 × 10 ou de 252 × 10 ?
Calcule 25,2 × 10,25.

2 Vérifie que 526 × 27 = 14 202, puis calcule :

a. 52,6 × 27   52,6 × 2,7   5,26 × 2,7

b. 5,26 × 0,27   526 × 2,7   0,526 × 27

3 Avec ta calculatrice, effectue 234 × 452.
Déduis-en le résultat de :

a. 234 × 4,52   **b.** 2,34 × 45,2   **c.** 23,4 × 4,52

4 Voici plusieurs rectangles dessinés dans le même papier que dans la découverte.

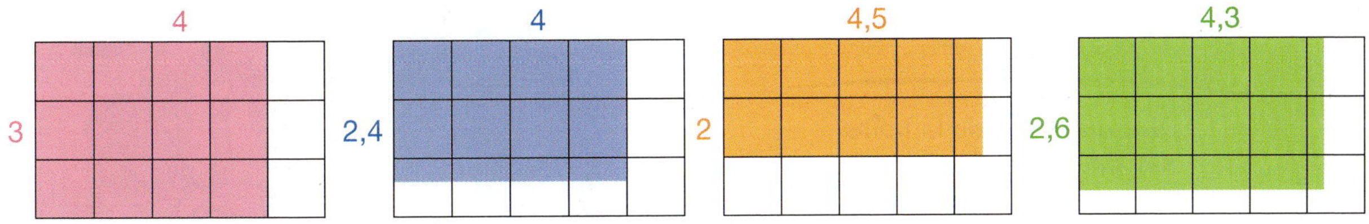

- Calcule l'aire de chaque rectangle coloré.
- Quel est le rectangle qui a la plus grande aire ?

5 Voici le dessin d'un jardin. Il est formé de deux petits terrains rectangulaires. Le premier mesure 11,5 m par 4,75 m. Le second mesure 3 m par 4,75 m.

a. Sur du papier millimétré, dessine le plan de ce jardin en prenant 1 cm pour représenter 1 m.

b. Trouve l'aire de chacun de ces deux terrains, puis l'aire totale du jardin.

c. En regardant le dessin et le plan, aurait-on pu trouver l'aire totale en faisant une seule opération ?

6 Pour se faire de l'argent de poche, un étudiant va garder le bébé de ses voisins 6 soirs par mois. Les voisins lui donnent 7,5 euros par soir. Combien va-t-il gagner en un mois ?

7 Un litre de jus d'oranges pressées coûte 1,84 euros.
Quel est le prix de1,5 litre ?

8 Au supermarché, le prix au kilo des pommes « Canada » est 2,15 €.
Quel est le prix de 3,5 kg ?

Périmètre du cercle

Objectifs : découvrir la relation de proportionnalité entre le périmètre d'un cercle et son diamètre (le nombre π).
Utiliser dans quelques cas simples la formule de calcul du périmètre d'un cercle.

ACTIVITÉ PRÉPARATOIRE DE DÉCOUVERTE : avec du matériel, faire réaliser par les élèves l'activité d'Alice, Qwang, Leïla et Théo dans la découverte.

DÉCOUVERTE

1 Alice, Qwang, Leïla et Théo ont fait rouler des objets cylindriques. Ils ont mesuré en centimètres le diamètre de chaque objet et la distance parcourue par celui-ci en un tour.

Voici leurs résultats :

	A	B	C	D
Diamètre	10	8,5	15,5	5
Distance parcourue	31,5	27	49	15,8

• Es-tu d'accord avec eux ? Explique tes réponses.

2 Théo dit que pour mesurer la distance parcourue en un tour, il suffit d'enrouler une cordelette une fois autour de la boîte et de mesurer la cordelette.
Alice, elle, préfère faire faire dix tours à la cordelette et diviser la mesure par dix.

Penses-tu que les deux méthodes donneront le même résultat ? Justifie ta réponse.
L'une de ces deux méthodes permet-elle d'obtenir une meilleure précision ?

Le nombre par lequel il faut multiplier le diamètre pour avoir le périmètre s'appelle π. Une valeur approchée au centième près de ce nombre est 3,14.

grandeurs et mesures
10 17 39 40 41 42 43 47 58 59 71 79 80

EXERCICES

1 Le grand bi était un vélo qui avait une grande roue à l'avant et une petite à l'arrière.
Sur les modèles les plus courants, le diamètre de la grande roue variait entre 130 cm et 150 cm.

a. De combien avançait-on lorsque l'on faisait un tour de roue de 140 cm de diamètre ?

b. Le record de grandeur d'une roue avant est 406 cm de diamètre.
Quel est le périmètre de cette roue ?

2 **a.** Quel est le périmètre d'un cercle de rayon 4 cm ?
b. Trouve le périmètre de cette figure.
Donne sa valeur au millimètre près.

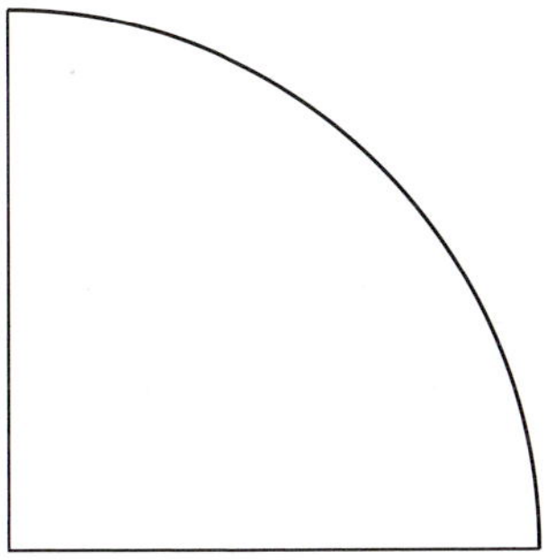

3 Pour cette bobine de fil, on a mesuré le périmètre à la hauteur de la flèche, puis le diamètre à la base.
En divisant le périmètre obtenu par le diamètre, on a trouvé 2,9 ce qui est assez loin de la valeur de π.

As-tu une explication ?

Remue-méninges

Un chien est attaché au coin d'un bâtiment carré de 5 mètres de côté.
Sa laisse mesure 10 mètres.

Fais le dessin à main levée du chemin que peut faire le chien lorsqu'il se déplace en tirant au maximum sur sa laisse.
En prenant 1 cm pour 1 mètre (échelle 1/100), fais maintenant le dessin précisément.

Quelle est la distance parcourue par le chien lorsqu'il tire jusqu'au bout sur sa laisse et qu'il fait un tour complet du bâtiment ?

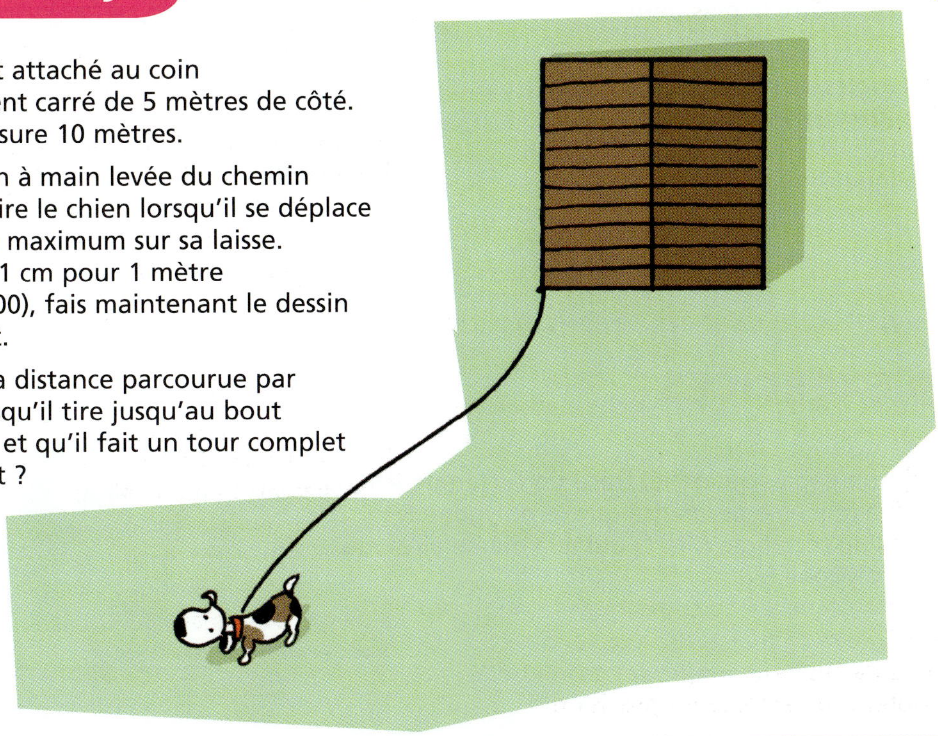

CALCUL MENTAL
Le compte est bon avec des nombres entiers et décimaux : un seul tirage (ex. : 4 ; 0,5 ; 0,2 ; 7 ; 5) et différents nombres-cibles donnés successivement (ex. : 8,7 ; 10 ; 4,8 ; 16,1).

Aire et périmètre

Objectif : distinguer aire et périmètre d'une figure plane.

DÉCOUVERTE

❶ Sur du papier millimétré, construis un rectangle d'aire 36 cm². Appelle x et y ses dimensions. Calcule son périmètre P.

❷ Construis d'autres rectangles d'aire 36 cm² (les dimensions des côtés peuvent être des nombres décimaux).

❸ Complète le tableau en utilisant les rectangles que tu as construits.

Rectangles	1	2	3	
Dimension x en cm				
Dimension y en cm				
Aire en cm²				
Périmètre en cm				

❹ Sur du papier millimétré, on a placé deux rectangles d'aire 36 cm² calés dans l'angle xOy : le rectangle OSVT (rouge) est en partie caché par le rectangle OABC (vert). Le dessin ci-contre est une réduction du dessin réel. Reproduis ce dessin à la bonne échelle et place à ton tour, de la même manière, les rectangles que tu as construits.

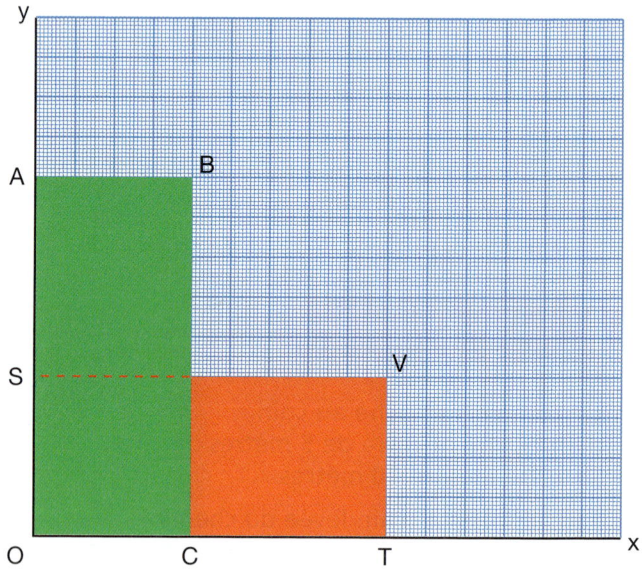

a. Parmi ces rectangles, lequel a le périmètre le plus petit ?

b. Peux-tu trouver d'autres rectangles de même aire dont le périmètre est encore plus petit ? Explique comment tu procèdes.

EXERCICES

1 Sur un papier quadrillé, trace un rectangle ABCD qui a le même périmètre que le polygone F, puis un rectangle MNPQ qui a la même aire que le polygone F.

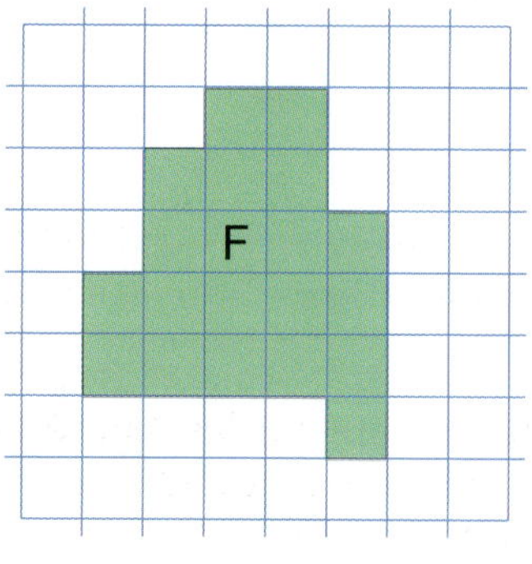

2 Construis un rectangle de dimensions 6 cm et 4 cm.
Construis un carré de même périmètre que le rectangle. Compare leurs aires.

3 Qwang veut découper des étiquettes rectangulaires toutes identiques sur une feuille rectangulaire.
Il en a déjà tracé six comme on le voit sur le schéma.

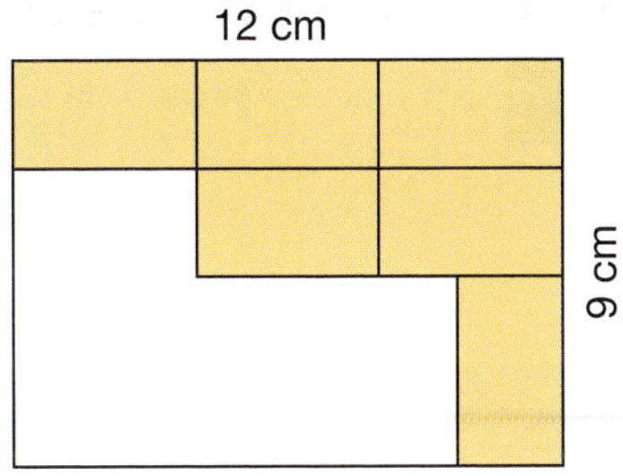

a. Calcule les dimensions réelles d'une étiquette.

b. Combien d'étiquettes identiques pourra-t-il découper ?

c. Toute la surface de la feuille sera-t-elle utilisée ?

4 Trouve l'aire des figures ci-dessous.

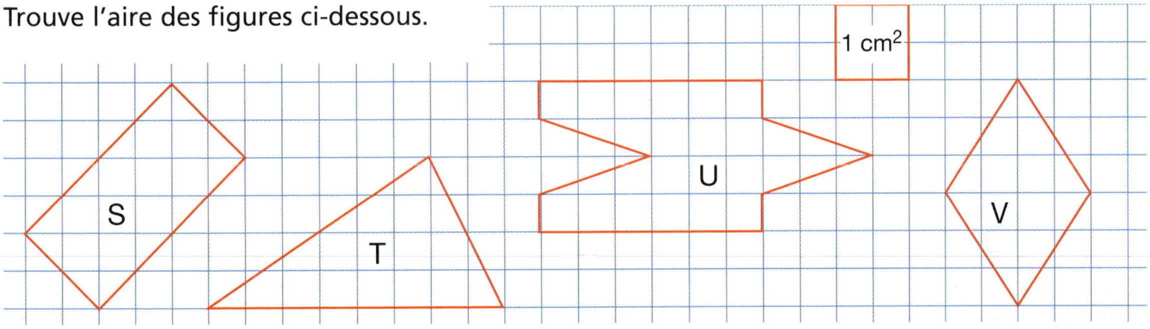

5 **a.** Une photographie de format 10 cm × 15 cm est agrandie au format 40 cm × 60 cm.
Par combien a-t-on multiplié les dimensions ?

b. Calcule le périmètre de la photo d'origine.
D'après toi, par combien faut-il multiplier ce périmètre pour obtenir celui de la photo agrandie ? Vérifie en calculant directement le périmètre de la photo agrandie.

c. Calcule l'aire de la photo d'origine.
D'après toi, par combien faut-il multiplier cette aire pour obtenir celle de la photo agrandie ?
Vérifie en calculant directement l'aire de la photo agrandie.

d. Complète : « Quand on multiplie par … les longueurs des côtés d'un rectangle, le périmètre est multiplié par … et l'aire est multipliée par … »

6 Tu sais déjà qu'un mile terrestre est une unité de longueur anglaise qui vaut environ 1,61 km.
Un mile carré est l'aire d'un carré de 1 mile de côté.

a. Combien de km^2 environ vaut 1 mile carré ?

b. La superficie du Royaume-Uni est environ de 88 680 miles carrés. Combien de km^2 cela fait-il ?

7 **a.** Le terrain des Martin est rectangulaire : il mesure 15 m sur 40 m.
Celui des Dupont est presque carré : il mesure 25 m sur 24 m.
Laquelle des deux familles a le plus grand terrain ?

b. Les deux familles ont décidé d'entourer leur terrain de thuyas, sauf sur les 4 m réservés au portail. Les thuyas sont plantés tous les 50 cm.
Combien de thuyas chaque famille va-t-elle planter pour la clôture ?

CALCUL MENTAL
Le compte est bon (avec des nombres entiers et décimaux).

Reproduction de figures

Objectif : réinvestir le travail de construction de figures et la proportionnalité.

Le drapeau de l'Union européenne

Le drapeau européen est le symbole de l'Union européenne depuis 1986. Sur le fond bleu du ciel, douze étoiles dorées à 5 branches forment un cercle représentant l'union des peuples d'Europe. Le nombre 12 a été choisi car c'est un symbole de perfection, de plénitude et d'unité. Ainsi, le drapeau reste le même, indépendamment des élargissements successifs de l'Union européenne.

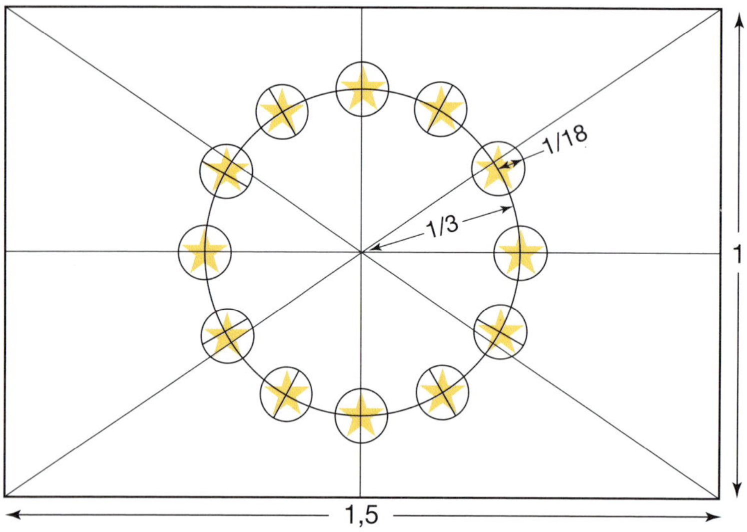

Le drapeau est un rectangle dont la longueur (le battant) est égale à une fois et demie la largeur (le guindant).
Les douze étoiles sont disposées comme les heures sur le cadran d'une montre.
Elles forment un cercle non apparent, dont le centre est le centre du rectangle.
Le rayon de ce cercle est égal au tiers du guindant.
Chacune des étoiles est construite dans un cercle non apparent, dont le rayon est égal à un dix-huitième du guindant.

A Construction du rectangle et des cercles

❶ Pour construire un drapeau de l'Union européenne, il faut déterminer les dimensions du rectangle, le rayon du grand cercle sur lequel sont disposées les étoiles, le rayon du petit cercle dans lequel est inscrite chaque étoile. Pour cela, complète le tableau ci-dessous.

Longueur du rectangle en cm		54			
Largeur du rectangle en cm					9
Rayon du grand cercle en cm				6	
Rayon du petit cercle en cm	10	2	1,5		0,5

❷ Construis un rectangle de largeur 9 cm et le cercle où seront disposées les étoiles. Trouve un moyen pour placer sur ce cercle les centres des petits cercles dans lesquels sont construites les étoiles.

B Construction d'une étoile à 5 branches.

Voici un programme de construction du pentagone étoilé. Il te permettra de construire une étoile du drapeau de l'Union européenne.

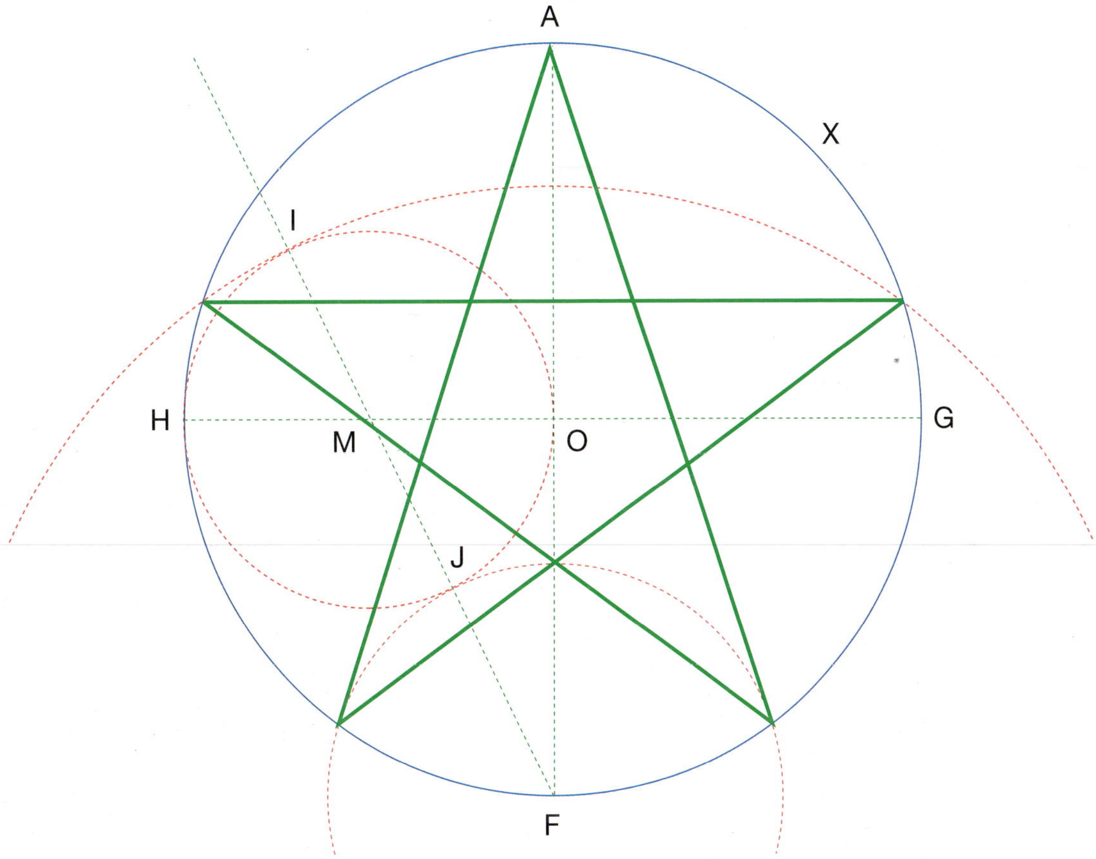

a. Construis un cercle X de centre O et de rayon 10 cm.

b. Construis deux diamètres perpendiculaires [AF] et [GH] de ce cercle.

c. Place le milieu M du segment [OH].

d. Trace le cercle de diamètre [OH].

e. La droite qui passe par F et M coupe ce cercle en I et J. Repère ces points.

f. Trace le cercle de centre F et de rayon FI puis le cercle de centre F et de rayon FJ. Ces deux cercles coupent le cercle X en 4 points. Avec A, ces quatre points forment les sommets de l'étoile à 5 branches.

g. Trace cette étoile en couleur puis efface tous les traits de construction.

C Construction du drapeau

Avec trois camarades, construisez un drapeau européen de guindant 27 cm sur une feuille de format A3 (297 mm sur 420 mm).

Ce que je suis capable de faire

1 Calcule :

a. $0,7 \times 0,1$ — $5,2 \times 0,1$ — $14 \times 0,1$ — $2,18 \times 0,1$ — $15,2 \times 0,1$

b. $0,6 \times 0,9$ — $0,4 \times 0,7$ — $0,5 \times 0,5$ — $0,8 \times 0,3$ — $0,6 \times 7$

2 Pose et effectue les opérations : a. $139 + 14,84$ b. $164,5 - 35,06$ c. $72,15 \times 34$

3 Avec la calculatrice, effectue 328×467. Note le résultat.

Déduis-en le résultat de :

a. $328 \times 46,7$ c. $3,28 \times 46,7$

b. $32,8 \times 467$ d. $32,8 \times 46,7$

4 Calcule le quotient au dixième près par défaut. Précise à chaque fois si le quotient obtenu est exact ou approché.

a. 37 divisé par 2 c. 43 divisé par 5

b. 65 divisé par 3 d. 52 divisé par 7

5 On veut répartir équitablement 230 g de poudre de curry dans 20 sachets identiques.

Quelle masse de curry y aura-t-il dans chaque sachet ?

6 On veut répartir équitablement 230 dragées dans 20 sachets identiques.

Combien de dragées peut-on mettre dans chaque sachet ?

7 On veut répartir équitablement 25 g de safran dans 7 sachets identiques.

Quelle masse de safran y aura-t-il dans chaque sachet ? Donne le résultat au mg près par défaut.

8 Le prix d'un kilo de pêches est de 4,60 €.

Quel est le prix de 2,5 kg ?

9 Pour faire des gaufres pour 6 personnes, il faut :

- 300 g de farine ;
- 12 cL de crème fraîche ;
- 90 g de beurre ;
- 6 cuillerées à soupe de sucre glace ;
- 3 cuillerées à soupe de fleur d'oranger.

Quelle quantité de chacun des ingrédients faut-il pour faire des gaufres pour :
a. 9 personnes ? b. 2 personnes ?

10 Une bouteille contient 75 cL de liquide.

a. Quelle est sa contenance en L ?

b. Quel est son volume en cm^3

11 Le prix d'un article est 18 €.
Il augmente de 10 %.

Quel est son nouveau prix ?

12 Une carte est à l'échelle 1/25 000.

Recopie et complète le tableau.

Distance sur la carte	1 cm	4 cm	7,5 cm	10 cm	17,5 cm		
Distance réelle						750 m	10 km

13

a. Quel est le périmètre d'un rectangle de côtés 2,3 cm et 4,7 cm.

b. Quelle est son aire ?

14

Un terrain rectangulaire mesure 54 mètres de long sur 25 mètres de large.

a. On réalise un plan de ce terrain à l'échelle 1/500. Calcule les dimensions du plan et dessine-le.

b. Quel est le périmètre du terrain ? Quel est le périmètre de sa représentation sur le plan ? Comment passe-t-on du périmètre du plan au périmètre réel ?

c. Quelle est l'aire du terrain ? Quelle est l'aire de sa représentation sur le plan ? Comment passe-t-on de l'aire du plan à l'aire réelle ?

15

Examine comment on passe de la figure 1 à la figure 2.

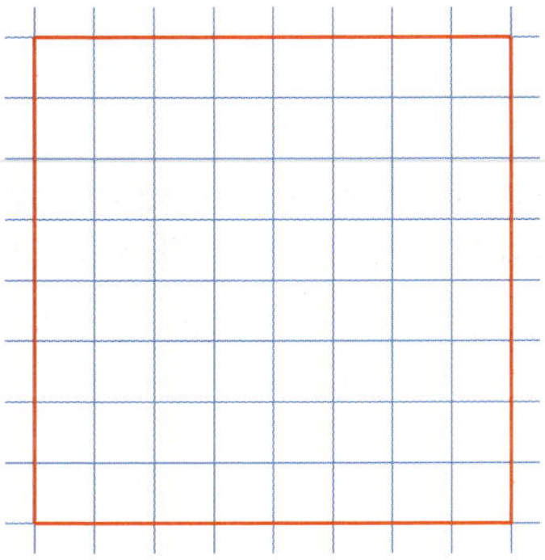

Figure 1

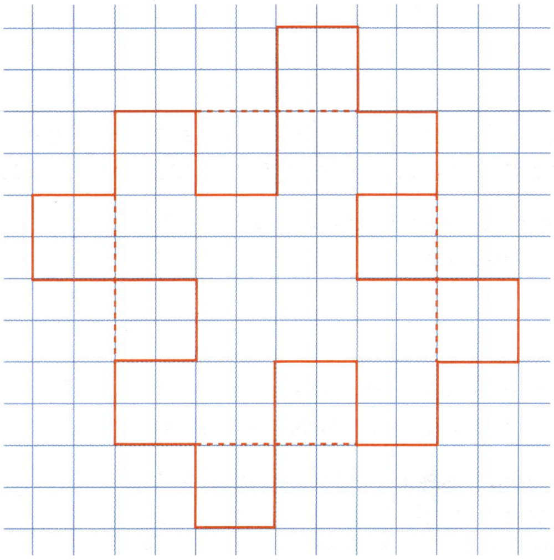

Figure 2

a. Calcule le périmètre de la figure 1 et celui de la figure 2.

b. Calcule l'aire de la figure 1 et celle de la figure 2.

c. Que constates-tu ?

Pour finir l'année « en beauté », avec tes camarades, relevez ce défi :

On a construit la figure 3 en utilisant le même procédé que pour construire la figure 2 à partir de la figure 1.

d. Calcule le périmètre et l'aire de la figure 3.

e. Si on continuait le procédé pour obtenir des figures 4, 5, 6…, que deviendrait le périmètre des figures successives ?
Que deviendrait leur aire ?

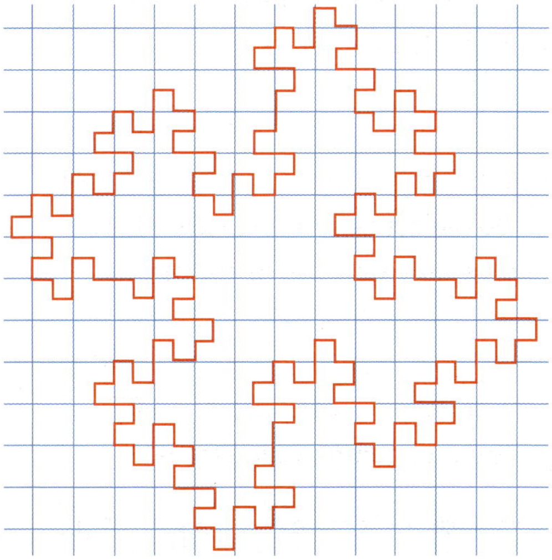

Figure 3

Les solides « parfaits » de Platon

Platon, né à Athènes en 427 et mort en 347 avant notre ère, est l'un des plus grands philosophes grecs de l'Antiquité. Ses œuvres traitent de nombreux thèmes philosophiques tels que le devoir, la vertu, la sagesse, la beauté, l'amour...

APRÈS LA MORT DE SOCRATE dont il fut l'élève, Platon voyagea en Égypte, en Sicile, en Italie et prit connaissance de l'œuvre mathématique de l'école de Pythagore. À son retour à Athènes en 387, il fonda « l'Académie », école de philosophie et des sciences où il enseigna tout en rédigeant ses « dialogues » mettant en scène Socrate et ses élèves.

Platon, détail de *L'École d'Athènes*

Platon s'est beaucoup intéressé à la géométrie et à l'astronomie. Au fronton de l'Académie, on pouvait lire : « Que nul n'entre ici s'il n'est géomètre ».

Pourquoi cinq polyèdres réguliers et cinq seulement ?

Pour Platon et les Grecs de l'Antiquité, cinq éléments essentiels, le **Feu**, l'**Air**, l'**Eau**, la **Terre** et l'**Univers**, façonnent le monde. Platon associe à chacun d'eux un polyèdre régulier inscriptible dans une sphère : le tétraèdre symbolise le feu, l'octaèdre l'air, l'icosaèdre l'eau, le cube la Terre et le dodécaèdre l'Univers.

Un polyèdre régulier

Un polyèdre régulier est un solide dont les faces sont des polygones réguliers identiques ; à chaque sommet du polyèdre, le nombre de polygones qui se rejoignent est le même.

- Ce nombre est au minimum de 3, **peux-tu expliquer** pourquoi ?

Recherche des polyèdres réguliers convexes

Pour trouver tous les polyèdres réguliers convexes (sans trous ni creux), il suffit d'être un peu méthodique et de disposer de polygones réguliers convexes.

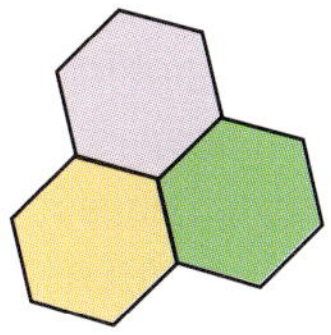

Assemblage de trois hexagones

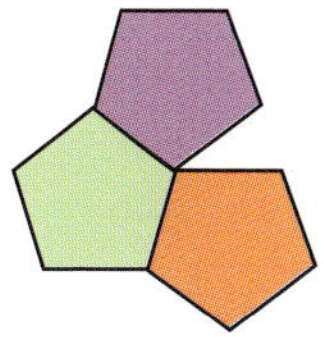

Assemblage de trois pentagones

Avec des hexagones réguliers

Si on assemble 3 hexagones réguliers à chaque sommet du polyèdre, on n'obtient pas un polyèdre mais un carrelage plan.

Il est inutile d'essayer d'assembler trois polygones réguliers de plus de 6 côtés parce qu'ils se chevaucheraient.

Avec des pentagones réguliers

Si on assemble 3 pentagones réguliers à chaque sommet, on obtient le **dodécaèdre régulier** qui a douze faces.

Avec 4 pentagones, on obtient un chevauchement.

Avec des carrés

On peut placer 3 carrés à chaque sommet du polyèdre régulier pour former le cube qui a 6 faces.

- **Avec 4 carrés**, que se passe-t-il ?

À toi maintenant d'essayer avec des triangles équilatéraux.

Tu vas obtenir 3 polyèdres différents suivant le nombre de triangles que tu vas assembler à chaque sommet : le **tétraèdre régulier**, l'**octaèdre régulier**, l'**icosaèdre régulier**.

- **Combien** chacun d'eux a-t-il de faces ?

DANS *L'ÉCOLE D'ATHÈNES*, immense fresque mesurant 770 cm de long, Raphaël (1483-1520) a regroupé des grands savants de tous les temps en leur prêtant les visages de certains de ses contemporains. Observe le centre de la fresque : Platon est à gauche, et Aristote à droite. Devant, sur la gauche, à genoux en train d'écrire, on retrouve Pythagore et à droite, penché en avant, Euclide.

Table des illustrations

Iconographie : Hatier Illustration

Achevé d'imprimer par Grafica Veneta S.p.A. - Italie
Dépôt légal : 93624 - 1/03 - avril 2010